分享京城“提升能力最强”学校的智慧

赢在中学

来自北京十一学校的60个历练故事

吴振邦 陈天泽 ★ 著

中国城市出版社
·北京·

图书在版编目（CIP）数据

赢在中学 / 吴振邦等著. -- 北京 : 中国城市出版社，2012.10
ISBN 978-7-5074-2678-6

Ⅰ. ①赢… Ⅱ. ①吴… Ⅲ. ①中学生－学习方法 Ⅳ. ①G632.46

中国版本图书馆CIP数据核字(2012)第199460号

责任编辑	唐 浒 伍四运 杨亚妮
装帧设计	谷亚丽
责任技术编辑	张建军 张雅琴 张美欣 沈永勤
出版发行	中国城市出版社
地址	北京市西城区广安门南街甲30号（邮编100053）
网址	www.citypress.cn
电话	(010)63275378（营销策划中心）
传真	(010)63489791（营销策划中心）
总编室信箱	citypress@sina.com 电话：(010) 68171928
投稿信箱	world66@263.net（营销策划中心）
经销	新华书店
印刷	北京缤索印刷有限公司
字数	380千字 印张22.5
开本	710×1000（毫米） 1/16
版次	2012年10月第1版
印次	2012年10月第1次印刷
定价	48.00元

推荐

十一学校是一所梦的学校，不只因她创造出了令人瞩目的奇迹，更因为每个十一人对崇高梦想与现实奋斗的由衷认同。

——陈嘉证（保送清华经管学院）

在我看来，学生会的工作并没有耽误自己的学习，而是加速了自己的成长；学校丰富多彩的活动激发了我的创新思维：思辨大课堂、校园慈善舞会、校园狂欢节等等，每一次的创意都是对自己能力的挑战与突破。

——石嘉雯（14届校学生会主席，《大学指南》封面人物）

这些同学，成天忙于工作，却一点不耽误学习。他们怎么会如此优秀？我一位老师的话说得非常好："学习能力是综合素质的反映，同时应该与特长相结合，而它的提高需要依靠课堂外的各种活动去培养。"而十一学校恰恰提供了这样一个平台。

——李慧（国际部社团联合会主席，21世纪英文报明星记者）

如果不在十一学校，我或许会为了学分、"声名显赫"而被动地做社会工作，但十一学校赋予了我极大的创造空间，使我愿意为完善一所伟大的学校而竭尽全力。

——钟杉（会中、英、德三国语言，代表学校接待各外宾）

在十一学校，开阔了我的视野，提升了我的境界，丰富了我的经历，我学会了谦虚，忍耐和坚持，我有了责任感，我希望将来能成为对世界有贡献和有影响力的人，成为十一的骄傲！

——陶司聪（意大利钢琴大师迪托马的学生）

当我带着我的成品走出画室，打开窗户面对光明的时候，我发现我获得了一种新的力量——一颗无比坚定的心。我战胜了困难，令它们变成了我的力量，在任何时候不动摇，不迷惘，永远向着我应该走的方向前进。

——王栊正（被美国芝加哥艺术大学录取）

在十一学校，我们一直被鼓励要有自己的创意和想法。正是在这样一个开放的环境里，似乎一切都是“不怕我们做不到，只怕我们想不到”。

——张天实、李梦天（十一圆梦银行行长）

十一学校拓宽了我的眼界，增强了我的责任感，我很感谢母校给予我一个破茧成蝶的过程！

——李博特（创办了十一学校的公益组织“蒲公英社”）

十一学校给我提供许多机会和平台，让我能根据自己的需要和选择来锻炼自己，让我认识许多优秀的、有独特想法的人。她不像一些把你“囚”在教室里让你背书做题考试、让你在单一价值观里活着的学校，她能帮你打开面前的门，让你走出去，让你知道：世界原来是这样。

——陶泽平（获“卓越学生”称号，获奖无数）

目录 CONTENTS

前言

为什么会有这本书?

因为有太多的学生在高考后迷失了人生的方向，因为有太多的人才在标准化考试中消磨了自己的青春，因为有太多的梦想破灭在萌芽之初。

我们想写出一些故事，一些属于自己的故事；我们想讲述一些不同的人生经历，说说梦想的力量；我们想展示青春的风采，铭记一段美好的时光。

这本书里面有60个成长的故事，它们的作者来自从初一到高三不同年级，其中有竞赛达人，也有艺术天才。每一个人都展示了一段不平凡的经历，我想，他们的故事为我解答了下面的这个问什么才是好的教育？

作为一名90后的学生，我小学时懵懵懂懂地成为了第一批“实验教材”的试验品，2006年见到奥数产业的崛起，2007年又碰上了小升初的狂潮；中学进入十一学校二四制课程实验班（直升高中），眼看着同龄的同学们在五花八门的教育机构下经历中考的腥风血雨；高一之后决定出国，又渐渐了解到中西方教育的迥然不同。这一切，让我急切地想知道困扰我们这一代人的问题。

在这本书中，每个人的起点都不一样，有调皮捣蛋的机灵鬼、也有一直目标很明确的“智者”。我静静地阅读每一个人的故事，发现在这本20万字的书中，提到了68次“快乐”，以及109次“梦想”。现实很残酷，不是每个梦想都有快乐的结局，但是在追求梦想的路上，我们是快乐的。

我想，成功的教育在于让我们能寻找到适合自己的梦想，在于学会如何去追求自己的梦想。对于大多数学生来说，梦想或者是在遥不可及的未来，或者仅仅终结于进入某个学府。虚无缥缈的梦想不能称为梦想，只能被称为梦。而只有当我们知道如何一步步走向自己的梦想时，我们才真正拥有了自己的梦想。

在我初中第一次进入十一学校时，在报告厅的门口挂了一条红绳，叫做“梦想的起点”。我郑重地跨了过去，却不知道自己的梦想是什么。

很多时候，物理老师会说梦想是成为顶尖的物理学家，数学老师会说梦想就是获得“菲尔兹奖”，但是十一学校并没有这么说。在这里，他们告诉我，好的学生不仅仅是那些高考状元、竞赛奖牌得主。最聪明的学生不一定要学习竞赛，选择的大门为每一个学生敞开。学校提供不同难度的课程，但是选最难的课程的同学不会骄傲，因为学习成绩不再是衡量所有学生的标准。在这里，只要拥有梦想，并且付诸实践，都会获得尊重。如果想成为一名歌手，不妨从学校的录音棚开始；想要成为未来的政治家，大使社团就是历练的最佳舞台——只要我们敢想，我们就可以开起学生银行、广告公司、文学杂志社。

这也就是为什么会有这本书，希望它能够让更多的学生敢于拥有自己的梦想，知道如何去追求自己的梦想。因为知道自己离终点有多远，才能拥有充足的动力。

最后，特别感谢李茂和李强两位老师，因为他们的倾情策划和努力付出，给我提供了很多灵感。感谢张韫老师，提醒我在催稿的同时不要忘记交自己的稿子。感谢所有的作者们，是你们的慷慨分享让这本书得以成型。感谢徐子晗和李睦麟两位同学认真的编辑。还要感谢其他所有老师和同学们为这本书提供的支持，以及十一学校提供的这片孕育梦想的土地，希望各位能够有所收获。

陈天泽 北京市十一学校第十四届学生会副主席

2012年9月23日

试着序一把

崔永元

十一学校的60位同学联合出书，作者之一吴帆把写序的工作交办给我，为此，我苦恼了半个月，关键是，我想争口气。

当我和校长李希贵一同参观学校时，他会和教室里读书的同学说，对不起，打扰你们了。当我站在十一学校礼堂做完演讲时，同学会当面说，讲得一般，当我随手掏出烟时，学生会说，这是无烟校园，请勿吸烟。学生们用自己的举动告诉我们，学校是他们的，他们说了算！

面对应试，面对扑面而来的升学压力，这些“孩子”哪里来的这份自信？

徐子晗的文章一段：

爱咖啡，爱奶昔，不爱柚子茶。

爱品读经典，爱享受生活，不爱枷锁的束缚。

爱16点11分的自由，不爱7点29分的慌张。

成不了学霸，也不期待大神。

我只是特立独行与非主流的代表。

我和你一样，都是世界的奇葩。

左烜晅的题目是《左岸右语》，片断如下：

思维缜密是我在辨论队学到最重要的东西。想事情要顺着一个脉络往下进行，浮于表面且平铺很广，其实并没有扎到深入的东西。就好比说一个印章和一根针在纸上，透过纸面进去的一定是针。

王桄正最终考上美国芝加哥艺术大学，他回忆如此：

离高考还有1000天时，我发现了问题。长期挣扎在考试的泥潭里，没有选择，没有自由，被太多惟一的观点灌输着，我越发感到我变成了一架没有自我的机器。在一次出国旅行后，我决定颠覆现况，走属于自己的漫画家之路——而这种选择付出的代价是惨重的。我曾经的朋友逐渐远离我，孤立我，把我视作这个一心学习班级中的异类。

在徐关厅徐老师的帮助下，我得到了位于音美楼六层的画室里屋的两张桌子，并把它们布置成自己的工作室，在那里夜以继日地画画。画室的条件十分艰苦，我必须忍受夏日的酷暑，冬天的严寒，两次画到冻伤右手。

……

在一个大一统的教育语境中，我们感受到一股清新的风，当然，良好的教育氛围和教化系统也让这里的同学面对应试时依然得心应手，只不过他们的目标不只是清一色的清华、北大，还充满了远渡重洋的机会。

这些同学长大后不会那么顺从，因为他们在校内模拟联合国会场就会代表“自己的国家”——法国亦或是几内亚投出庄重的一票，这一票经过大脑的洗礼和理性的判断，有权利有责任。

这些同学会有涵养的张扬，因为学校有他们自己办的社团、印厂、广告公司和银行，那个酷爱钢琴的同学还有琴房，以自己名字命名的琴房。

在这里，校长老师和同学促成了一定意义上的平等，见到李希贵，你可以叫他“校长”，也可以叫“李希贵”，当然还可以叫“贵哥”。

其实，中国的城市中很多学校都可以办成这样，之所以凤毛麟角，一是不知怎么办，二是不想这么办，十一学校于是成了中国教育大书的序，试着序一把。

崔永元

2012 秋

part 1

光荣引航

灯塔，也是从平地一砖一瓦筑垒而成。在这个意识朦胧的时刻，闪烁明光。

“叛逆青年”的选择和梦想

文/陈嘉证

陈嘉证，十一学校2012届毕业生，保送至清华大学经管学院。曾任中华全国学生联合会第24届委员、北京市学联第11届主席团成员、北京市学联中学委员会常务委员，十一学校第13届学生会主席、第12届校学生会委员、EMAP教育主任助理、年级学生会学习部长、海淀区优秀学生干部、性格习惯研究社社长、朝颜文化主编。曾荣获第28届全国中学生物理竞赛决赛二等奖银牌；第28届全国中学生物理竞赛复赛理论北京市第一名，总成绩第二名。

六年前，我来到十一学校，作为补录生进入了直升班。与身边才华横溢的同学们相比，那时的我几乎谈不上有任何突出之处。今天，我在十一收获了远超自己想象的成长，带着自信和对未来的无限憧憬即将展开一段新的旅程。十一学校是一所梦的学校，不只因她创造出了令人瞩目的奇迹，更因为每个十一人对崇高梦想与现实奋斗的由衷认同。我这六年的经历和所见所闻证实：只要你心怀梦想，脚踏实地，就会收获成长，就会梦想成真。

初中两年，最令我骄傲的是我选择了属于自己的生活方式与态度，那是青涩的我的第一次蜕变。入学时的我是一名不折不扣的“叛逆青年”，到十一学习之后，这里的环境开始让我思考。在一次次带头在课堂上嬉闹、在教室播放“魔兽”的对战录像、在球场上惹出一次次麻烦之后，我开始质疑这些与既往规则的对抗在带来“风光”之余究竟令我收获了什么，质疑孩子气的英雄主义背后到底有多少勇气与力量。也就在这时，十一学校向我展示了一种不同的生活方式的魅力——通过自己的思考与实践寻找自己的理想，坚持自己的理想并为之付出一切努力。

基于对之前生活方式的质疑，我决定至少尝试一下改变。之后的几年，我愈发感念当时的这个看似小小的决定。一次态度的转变直接带来了整个人的华丽转身，我从身边的点滴小事做起改变自己。我比平时更早到校准备好学习，我在课上努力提出问题，我在作业中做了密密麻麻的批注和改正……我开始见到每个老师都主动问好，帮助每一个我遇到的同学，不管之前我们是否相识。对于集体的活动，我不再漠不关心，而是主动帮忙。不将自己的目标定位在成绩的提升上，而是追求自己在对待每个问题上采取更加积极向上的态度，然后尽己所能去做到。从端正自己的态度做起，从细节做起，这些微不足道的小改变使得反叛代表只用了几个月就成为了励志典型。在“十佳中学生”的评选现场，我分享了自己的故事，得到了大家的认可。我相信有太多人怀有和我相同的愿望，经历过和我类似的挣扎。任何人都希望“成功”，每个人都渴求上进，只不过我们选择了不同的方式。大多数人只是随波逐流，就像从前的我一样，只看到了叛逆小青年的风光，于是毫不犹豫地投身这一行列。可事实上，你的内心在召唤你做出适合自己的选择。当你选择了自己认同的生活方式，你就会迸发出无穷的力量。我不再焦虑和质疑，我不再在意他人的眼神，我拥有了让自己无比确定的生活方式。每天睁开双眼的瞬间，我都感到自己前进在正确的轨道上。

人生最重要的选择无非有两个：走什么样的路和怎样去走。在选定了生活方式之后，我还需要明确自己前进的轨迹。为此我进行了大量的思考，阅读了大量的书籍。十一校友金一南老师的《苦难辉煌》所展现出的波澜壮阔的人生观与历史观让人钦慕，余秋雨先生提供的一系列文化视角与人文情怀十分有助于个人的生活方式与历史坐标的结合，许知远的系列作品则给人批判思维的初步养成。加上一次次的和师长交流，最终我决心以强我中华为己任，成为一名具有中国灵魂、世界眼光的顶尖复合型人才。这绝不是一句空话，而是认真思考的结果，为此我愿意付出一切努力。为实现这一人生目标，我将自己高中的规划与其紧密相连。我针对实现目标所需的各种素质实行了有计划性的训练：通过扎实的课内学习打下了学习能力的强大基础并取得了优异的学业成绩；通过多学科自主研修与之前的自学自研进一步提高了学习能力和自我规划能力；通过学科竞赛的历练锻炼了坚强的意志品质和学术素养；通过科技创新活动锻炼了思维与探究精神；通过社会工作开阔了视野，磨炼了性格和组织领导能力……我在所有这些广泛参与中不图虚名，达到战略目标所必需的能力，成为了衡量收获的惟一判断标准。

在奋斗的过程中自然会遇到困难。物理竞赛绝非我“与生俱来”的强项，在身边战友一道道解决难题时，我只有瞪着空白的卷子咬牙。每一次假期走进空荡荡的教学楼独自面对书本，都是一次内心的斗争。但我不曾退缩，我知道这不仅是突破自我的过程，也是践行理想的过程。休息的时间可以放弃，面对自己实力的欠缺，向老师和同学虚心求教。时间很快过去，“五一”之后是力学竞赛，暑假之后是全国赛，过年的那几天恰好是练习泛珠邀请赛历年套题的日子，大年初六要南下去比赛……我的成长也开始显现。社会工作方面亦是如此。记得刚刚加入社团时，我对一切无所适从，腼腆到不敢在大家面前大声说出自己的想法。为了最大限度超越自我，我投入了大量的时间与精力，几乎未曾缺席身边任何一次大型活动的组织筹划。我从一名报名参加EMAP社团的初二小同学开始，在活动中从帮忙看门、打扫会场做起，发宣传单、联系经费、主持活动……我担当过每一个角色，直至最终带领团队，设计长期的团队目标，负责系列活动的策划与组织。

这几年里，每一项技术的修炼我都倾力而为。一次普通的讲话，我会每天夜里反复思考如何把它做到最好。简单的发言稿要经历无数版修改，记不清多少次我的嗓子都练到发声困难，上下台那短短的几步都经过了一次次演练……经历了这一切，不知不觉中我看到了自己的蜕变。每个人的成长都不是空中楼阁，都是一步步踏踏实实走过来的。但你也大不必被所谓的“困难”吓倒。当你坚定了自己的信念，沿着一条自己选择的道路前进，你会发觉自己可以创造原先不敢想象的奇迹。我的学部主任也是我四年的物理老师田俊老师有一句话：“一心向着自己目标前进的人，整个世界都会给他让路。”我坚信这句话的内涵，事实也从未令我失望。

我始终坚信，比起干巴巴的成绩与简历，是一个人的内涵真正决定了他的价值。令我自己感到骄傲的不是某项成就，而是我在中学六年的不断探索和追求。一个人不必纠结于困难之中，也不必考虑太多诸如成绩、荣誉等身外之物。我坚信如果我付出了努力，付出了思考，我就会有相应的成长，而成长是我最大的收获，是我孜孜以求的目标。坚持做一名有梦想的十一人，规划属于自己的生活，选择自己认同的生活方式，付出脚踏实地的努力。倘若一个人能做到这些，他就一定会无比幸福的生活，他也定能实现自己的理想。最后在离开十一之际，祝福所有十一人能够在这所伟大的校园里发掘十一精神的深刻内涵，用理想与现实的完美结合书写自己无悔的青春。

附：

个人战略发展规划

尊敬的李校长：

首先，我想先向您介绍我的人生目标。我觉得只有树立远大的人生目标才能理解阶段性目标取舍的深层含义。很多想法虽然思考已久但尚处于不断完善修正中，望您多多指教。

人生战略目标：

成为一名具有中国背景，立足于世界舞台的顶尖复合型人才。

中国背景是根本

21世纪是中华民族复兴的世纪，是世界文明中心重新由西向东转移的世纪，中国凭借她的民族精神、深厚的文化底蕴及领导人高瞻远瞩的战略思维实现新的腾飞。这一飞跃有其历史的必然。面临关键的时代机遇，中国的顶尖人才必将扮演带领中华民族重塑辉煌的关键角色，并将随着中国的伟大复兴而成就个人波澜壮阔的人生。每每念此，我就不禁以自己黄皮肤、黑眼珠的身份而骄傲，并为自己有幸生于这一历史时期而由衷地激动不已。我是一个中国人，我的身份早已标定，中国的背景是我的根本，是我的优势所在。屹立于历史的浪潮之巅，我感到由衷的使命感，惟有全身心地投入，淋漓尽致地发挥自己的禀赋，强我中华，才是我所向往的人生。

世界人才是国之所需、时之必须

那么，为什么要成为站在世界舞台上的顶尖人才？作为引领一个团队乃至一个国家的精英，必须具备超越这一平台的视野与高度。目前中国的物质财富已今非昔比，却屡屡在国际交锋中处于劣势。究其原因，是我们能够与国际顶尖人才对位比拼的人才寥寥无几。最终决定哪个民族、哪个国家能屹立于世界的关键因素并非GDP指标，而是诠释民族精神、制定并贯彻国家战略的民族精英。以中国为背景，站在世界舞台上的顶尖人才将成为时之必须。鉴于此，我决心前往世界舞台磨砺自己。成为世界顶尖人才绝不仅仅是留学那么简单，而是包括完成学业、参与工作、向顶级大师求教、进入核心圈等一系列过程。我未来具体的舞台是哪里并不重要，重要的是它牵连的国之所需、时之必须的世界思想、世界水平与世界舞台。

为实现这一人生战略，我和家人进行了一系列的规划，在一个个节点作出抉择，一步步向战略目标前进。小学时家人为我选择了思维活跃、重视全面发展的五一小学。中学时，十一学校以她鼓励多元发展的校风、思维开放活跃的氛围，和国际化的眼光深深吸引了我，成为我的不二之选。进入十一学校后，我深感十一学校的战略目标和培养目标与我的个人发展战略完全吻合，在十一学校提供的广阔平台上我如鱼得水。我针对实现目标所需的各种素质实行了有计划性的训练：通过扎实的课内学习打下了学习能力的强大基础并取得了优异的学业成绩；通过多学科自主研修与之前的自学自研进一步提高了学习能力和自我规划能力；通过学科竞赛的历练锻炼了坚强的意志品质和学术素养；通过科技创新活动锻炼了思维与探究精神；通过社会工作开阔了视野，磨炼了性格和组织领导能力……我在所有这些广泛参与中不图名利。达到战略目标所必需的能力，成为了衡量收获的惟一判断标准。

在大量查阅资料，反复结合目标思考之后，我暂将自己下一阶段的平台定为北大元培学院。本科在国内就读有助于我打下坚固的中国基础，包括对祖国的了解与人脉积累。北大“思想自由、兼容并包”的校风与其在国内无法撼动的理论学习优势地位是吸引我的关键。元培学院“加强基础、淡化专业、因材施教、分流培养”的原则与十一学校的教育理念一脉相承，加之其允许学生在全校范围内自由选课的政策与我成为一名复合型人才的发展方向十分契合。这一目标还在商议阶段，我也非常希望您能提供一些宝贵意见。

综上所述，我一直努力将个人的战略目标同世界大环境、历史大趋势相结合，在每一个关键节点做出最优选择，并不断使自己具备达成目标所需素质。下面是我就高中、大学阶段的阶段战略规划。

高中剩余阶段：

一、阶段战略目标

优先保证学业成绩，争取提前保送或考取北大元培学院；注重全面发展、能力发展，为未来打下尽可能宽广、坚实的基础。

二、关键成功因素

1. 学科竞赛，课内学习，综合素质。

（1）不断细化、校正物理竞赛时间表与训练计划。确保不断向9月份进入市代表队并取得保送资格的阶段目标迈进。

（2）加大对于物理竞赛的投入。通过践行新的学习方法、主科自主研修等方法保证在6月份集训前每天有5小时以上竞赛学习时间。在基础投入上不少于同级北京选手。

（3）不断改进竞赛自学、解题方法。进一步完善并内化“四线自研”、“恒等式解题”等个人技术。遇到问题不浮于表面，深挖本质，不断与竞赛教练沟通，确保方法技术的领先。

（4）培养相关习惯。通过竞赛全面改进学习习惯，做到基于竞赛，终于提升。

（5）效率第一。通过时间规划、自我调节等相关高级能力的培养与技术的不断改进确保高效。

（6）注重落实。做过的练习务必有收获，学过的知识必定系统总结。

（7）理论与实验并重。提前进行实验学习，并提前进行实操训练。

（8）组织参与学习讨论。通过与教练、同学的广泛交流提升学习素养。

2．课内学习

（1）重视动力因素对成绩的影响。不断通过反思与技术培养，完成由“目标指向型”向“兴趣、目标指向型”的动力转变。进一步减少外界环境对于自身动力的影响。

（2）重视学习对于性格的培养。进行问题分析时一定要深化至性格层面，在学习的方方面面展现强有力的意志与性格。

（3）效率第一。相同的时间只选择收获最大的学习，学习就必须确保收获。

（4）不断细化、校正课内学习时间表与训练计划。做好参加保送生考试、自主招生考试与高考的几手准备。

（5）不断完善并改进课内自学、复习技术。进一步完善并内化“自学自研方法”、“四线复习”等个性化技术。

（6）培养相关习惯。制定习惯培养时间表，确保在学习方面的优秀习惯得到系统地有计划地培养。

（7）加强与老师的沟通。通过知识提问提高自研效率，通过方法沟通完善学习方法，通过计划沟通得到老师的支持并校正自身计划。

（8）重视积累。学习不带功利色彩，对于基础学习与积累不打折扣。

3. 综合素质

（1）沟通合作能力。通过在班级、年级、社团继续和同学、老师的合作与交流锻炼自己。

（2）领导能力。注重以领袖的视角思考问题，不在其位，亦谋其政。

（3）分析能力。通过对政治、经济、文化方面精选书籍的研读使自己进一步具备纵横时空、深入内心的分析广度与深度。

（4）人文素养。培养自身阅读、写作等的深度，为今后的全面发展打下坚实基础。

大学本科阶段：

一、阶段战略目标

奠定坚实的中国根基，锻炼开阔的国际视野，为前往美国顶尖大学攻读硕士博士及成为具有中国背景，立足于世界舞台的顶尖复合型人才打下坚实的基础。

二、关键成功因素

思想水平，实践，人脉，学业成绩。

三、成功因素量化分解

1. 思想水平

（1）充分了解中国。深入阅读并思考中国政治、经济、文化等各个领域的代表著作，并拜访相关大家求教。

（2）不断拓宽国际视野。绝不限制自己的思维。在充分咀嚼中国式思想的同时一定要有国外思想作为参照，并通过国际友人、国际交流与和国外名家的交流使思想具备足够的广度。

（3）展示自己的思想。如水平允许，通过参与专业学术讨论，发表文章等展示自己的思想成果，以期能够迅速提高并获得更多学习机会。

（4）拓宽思想领域。涉足各类全新领域（如各类艺术），以期点燃更多思想的火花。

2. 实践

（1）丰富的校园活动实践。有针对性的参与校园活动，如学生会、相关行业社团等。进一步通过丰富的实践锻炼组织领导能力、交流合作能力等。

（2）未来相关行业的工作实践。参与相关行业实习工作，尽可能深入了解中国相关行业的内在发展规律、发展趋势等。

（3）初步的社会实践。尽可能多地安排在国内的考察旅行，多角度地了解中国社会现状，分析中国社会发展趋势。

（4）广泛的兴趣爱好实践。涉足各类体育、艺术等活动，丰富复合型经历。

3. 人脉

（1）校园人脉。充分利用身边资源，在中学、大学校园中通过各类社会、学术活动结交身边有品德、有追求、有思想的志同道合之士，包括同龄段（前后6年同学、校友）及不同龄段（学者、教授等）。

（2）行业人脉。通过不断积极参与认可度高的行业活动、国内校际交流、国际交流等与未来同行业与相关行业业内同龄人的结交。

（3）跨行业人脉。注重未来可能身处不同圈子人士的结交（文化界、科学界等）。利用校园时代和学生身份的契机建立一些跨行业的友谊，打破圈子的局限性。

（4）国际友谊。参与国际交流活动，在各国普遍寻找志同道合的友人。

（5）与大师为伍。拜访各界有思想的成功人士，虚心求教。

4. 学业成绩

（1）过硬的学业素养。能力、方法的锻炼优先，分数其次，为未来打下坚实基础。

（2）优异的大学学业成绩。在国际顶尖大学的研究生申请中占到优势。

（3）国际学术背景。尽早将个人学业学习与学术钻研与国际接轨，为未来进入国际顶尖大学及单位的深层学习打下基础。

（5）多门外语。在大学期间完成至少一门第二外语的学习，为国际交流与国际化做好准备。

北京市十一学校
高二4班　　陈嘉证

狗狗未来不是梦

文/李雨晗

李雨晗，十一学校高中2013届学生。担任过校团委学生书记，年级学生会副主席、班长，是健美操队的一员；校园电视台主持人，主持狂欢节、新年联欢会、开学典礼、成人仪式等；采访过李云迪、美国大使骆家辉夫妇，郑渊洁等。于高二赴美国交换一年，从来自世界各地的两千多名交换生中脱颖而出，被评为“月度之星”。交换期间，举办中国周活动，担任市电视台主持及编导，城市青年议会副会长，动物园义工。2012年当选十一学校首届年度荣誉学生。

小前言

我很喜欢狗，喜欢把自己和狗们混为一类。

我最喜欢的歌，就叫《狗狗未来不是梦》。

狗狗未来不是梦，要勇敢地过每一分钟，

忘掉所有的苦痛，摇摇尾巴去争取成功。

狗狗未来不是梦，要坚强地过每一分钟，

哪怕不是优良品种，也要努力成为狗中英雄，成为狗中英雄！

在十一学校的这些年，便是对这首歌最真实的写照。

一、圆梦

•三个梦想

向四周望去，各种颜色的校服斑斓却又整齐地排在一起。这个学校的人很多，听说有四五千。台上的女主持是短发，很干练，据介绍是学生会主席。然后是初一新生代表上台，和学长们肩并肩提出新学年倡议。

李雨晗与黄启皓黄金搭档
主持十一学校首届狂欢节

这是六年前的开学典礼，当时我初一。没有那种一眼便可以在人群中被发现的高度和外貌，成绩平平，偌大的校园中认识的人不超过十个。

突然觉得自己好渺小。望着台上的人，心中有一个小小的声音在说：为什么不是我？

在那次开学典礼上，我默默地给自己定下了三个目标：主持升旗仪式，成为学生会主席，当学生电视台主持人。站在大操场上我设想着未来，觉得如此遥不可及。

六年过去了，这三个梦想都实现了。

•理，予，涵

我叫李雨晗，常有同学记成“李予涵”，大概是源于初一的班长竞选演讲“理•予•涵”吧。

开学后的第七天， 2006年9月7日，初一6班，班长竞选。这是个精英荟萃的地方，在小学差不多人人都当过班长。中学生活的到来，让我们卸下了过去的一切光环，站在同一条起跑线上，重新开始。

在此后的六年中，做过很多次演讲，但最喜欢的，还是这一个。理，是理智与理性；予，是给予和关爱；涵，是涵养与包容。几分钟的讲稿浓缩出了“理•予•涵”，刻画了李雨晗。

我成功了。

没有初一的“班长生涯”，就不会有现在的一切。我学会了把握机遇，明白了努力才能进步，成绩好了，还做了许多原来不敢做的事情，比如在运动会上报田径项目。更重要的是，我感受到了“信任”的重量，大家叫我老班。

渐渐地，我的自信回来了。起初在谷底看不到阳光，现在因为努力地攀登，慢慢地嗅到了阳光的味道，最终看到明亮的太阳光芒。

老班的身份在勉励我在每个方面认真努力，比如广播体操。广播操比赛将近，每个班都在操场上划了片，一遍遍反复练习。因为练完就放学了，所以我把自行车钥匙还有家门钥匙什么的都揣兜里了。结果，做操的时候钥匙们就开始叮叮当当地伴奏。不一会儿，发现有个老师一直在盯着我看，心里有点毛，都怪这堆钥匙。她居然走过来，站在我面前，说：“你想来健美操队吗？”

为什么不呢？我成为了健美操队的一员，每天和大家一起蹦蹦跳跳，很开心。不过，因为没有练过舞蹈，每次压腿的时候都是哭喊连天。

老班、健美操队，那时的生活中还有很重要的一项就是“学生会查卫生”。意外地成为了学生会的卫生部长，我“痛并快乐”的一段日子就开始了。卫生部长是个“大权在握”的职务，要有显微镜一样的眼睛，冰冷如铁的心肠，能抵得住狂风暴雨般纠缠的钢打的身躯。这是因为，卫生部长是管扣分的，谁不希望自己的班级在评比的小黑板上是第一名？当然也因为那时候经验不足，还是个有棱有角的小丫头，所以每次和搭档查卫生就像是在打仗一样。查完卫生回家时，虽然月明星稀，景色宜人，但还是心里有点难受，琢磨着又跟哪个班的卫生委员闹别扭了下次该怎么弄。

这一年的卫生部长，让我明白了怎么和别人打交道；还有一点，就是公平公正，以理服人。同时，我见识到了微笑的力量。后来我们的查卫生就再也不像打仗了。再后来，我被评为了“微笑大使”。

在一次年级性的竞选中，我刚说完开场白，大家就都笑了。“大家好，我是来自初一6班的李雨晗，就是每周五查卫生的那个。”这次竞选的结尾我也很喜欢，是这样的：

春风桃李华开日，我们一起远航。

秋雨梧桐叶落时，我们共同分担。

梅花香自苦寒来，晗也生春。

哈哈，李雨晗尽在其中了。

这次竞选，从班级开始，到年级，再到学校，很惊喜地成为了据说是学校历史上第一个来自初一年级的十佳中学生。

二．看到世界

“如果你不出去走走，你会以为这就是全世界。”

在一切都顺风顺水的时候，渐渐发觉自己失去了初一时候的斗志。太过光鲜靓丽让人沉沦。上高一时，我决定高二去美国交换一年。

当时真的不清楚自己的未来会变成什么样子。老师说去美国待一年会让我的成绩滑到谷底。家长说现在形势一片大好，为什么要离开？后来，通过“层层谈判”，得到了各方面的支持，尤其是爸爸妈妈。

16岁，一个人飞向了美国，开始新生活。

常有人问我，在美国一年给你最大的收获是什么？我的答案，听起来有点空洞，却是真实的：拥有了一个更完整的人格，变成了自己喜欢的人。

我和一个也门女孩住在同一个接待家庭。我们一起把房间弄得乱七八糟，然后又齐心协力收拾干净，一起窝在被窝里面看鬼片，一起在过山车上毫无顾忌地尖叫，一起发明各种各样的美国阿拉伯中国菜。更多的是，她教会了我这个独生子女什么是分享与关怀。我就像有了一个真正的姐姐。中秋节那天，我一个人坐在院子中，有点想家，望着月亮，心里默念着那首苏轼的《水调歌头》。这时她过来了，拉着我的手进厨房。她端上了一盘东西，是她亲自做的月饼！我看着月饼笑了，她不解。我指了指天上的月亮，又指了指盘中的，她也笑了。弯弯的月饼可真美味。

我的接待家庭是一对很年轻的夫妇，有个一岁大的儿子。美爸美妈经常给我们留下贴心的纸条，而宝宝经常跑进我们的屋子里和我们分享玩具。除了和睦，我们也有“争执”。有一天和美爸聊起了奥巴马，说着说着就扯到“轮胎特保案”上去了。原来一直觉得奥巴马这招太不厚道，“深深伤害了两国人民的友谊”， 可美爸听我这么一说，反驳道：“这是他作为总统应该做的。这么多美国人都失业了，怎么能没有新举措？”那一刻，我第一次理解了什么是“多元的思维”。站在另一个立场上思考，很多事情都会不一样。

干自己想干的事情，这句话多痛快。原来总是顾忌这顾忌那，现在身边的人都是陌生的，我是全新的，可以放下那些条条框框的束缚，勇敢一点做自己。那种心怦怦直跳的满足感，真的很好。迈出的第一步，来自一堂美国文学课上关于姓氏的讨论，老师谈到中国的姓名，大概意思是中国政府居然列出了可供选择的“字”让公民挑选。我在下面听着，觉得不对味，鼓起勇气举起手，走上讲台开始给大家讲中国的姓氏的由来和传统文化。那时刚到美国，英语说得不太流利，磕磕绊绊讲了十分钟，大家在迷惑中渐渐感受到了中国文化的魅力。

我想当动物管理员，于是去了动物园当义工。给狮子、老虎喂肉，帮狼梳毛，举着小鳄鱼给游人拍照……当然还有扫狐狸、骆驼和梅花鹿的便便……

我想唱歌，就去参加了“天才秀”。当着全市的观众面前演唱《站起来》，从此大家都知道这里有个中国交换生。

我想当主持，所以就加入了当地的电视台。独立策划拍摄采访编辑主持节目，常常紧张地列出一张单子，写下一天的采访安排。

为了改变中国在他们心目中闭塞、落后的印象，我在学校举办了“中国周”，穿大熊猫的衣服给大家取中国名字。来到课堂里做中国的专题讲座，带鸡爪子请“勇敢”的美国人品尝。我看到大家听到“中国”两个字后，眼睛会放光，可开心了。

想干什么，就干什么，不给自己留遗憾，痛痛快快地过精彩的人生。

三．主持那点事儿：“让我们一起去看看吧”

我是快乐大家庭的一员，这个家庭就是团委。

在这里有一群志同道合的好伙伴，还有像大姐姐一样的老师。我们每天在一起策划各种各样的活动，在校园里面东奔西跑。中午来团委，放了学来团委，真是把这里当成家了。

班级换了很多个，但团委这个家，永远在那儿等着我。我的成长和团委紧紧相连，最明显的一点，体现在主持上。我从小就嗓门大、声音洪亮，所以从小学就开始主持活动。上了中学后，尤其是来到团委这个大舞台，活动变得丰富多样了：升旗仪式、艺术节、开学典礼、名家大师……直到有一天，学生电视台的台长拉着我的手，笑着说："雨晗，你要不要进电视台？"

记得第一次录节目，不是卡壳了无数次，就是笑场，可真是费了好大的功夫才把一小段主持词说完。后来才逐渐适应，习惯了每周的几次采访和主持，不用提前写稿也能直接上镜，而且，发明了自己的万能结尾："让我们一起去看看吧！"这句话，可以用在任何环节任何活动的主持词之后，能化一切生硬为圆滑。后来，大家一听到这"让我们一起去看看吧"，就知道电视上的女孩是谁了。据说，以后的几个电视台主持人，也多多少少爱上了这句话。

虽然我和电视台的同学相处很愉快，但是面对那些设备就不那么顺利了，常常是一碰电脑，电脑死机了；一用录像带，带子就断了；一摸话筒，话筒套就丢了。为此，还写过检查，后来找到话筒套后激动得眼泪哗哗的。

从美国回来后，我对待主持的态度一下子变得严肃了，不再是简单念稿，而是把它当成了一项需要全心全意准备并且有大量前期投入的工作。我对主持工作的理解上了一个大台阶，明白了什么是真正的主持。学校的活动越办越大，除了艺术节运动会，有了更大的平台，因此，更需要"万无一失"。

第一次真正体会到什么叫“主持”是来自奥巴马新书《赞美你》的发布会。活动前一周，一直在琢磨着出现突发状况怎么办，采访时大家不愿意说该怎么办，访谈时怎样引起话题，怎样收尾。那次，郑渊洁、知心姐姐，还有很多媒体都来了。出现的小插曲都在意料之中，以充足的准备来应万变。活动结束后，感觉很累很充实，明白了主持，其实不仅仅是“背稿”。这一次主持李云迪走进十一校园。提前把关于他的一切资料都看了一遍，和搭档仔细地揣摩串词该怎么写，访谈怎么问，等等。做好充分的“背景调查”，到时候就不会信马由缰胡乱问一气了。中文主持练好了，下面锻炼一下自己的英文主持。美国大使夫妇来十一学校的时候，在中文的版本上，准备了英文的版本，后来真的派上了用场。最近的一次是用纯英语主持世界未来教育的会议，穿插着一些幽默的成分，观众们和我一起开怀大笑。刚刚接触主持，是我在台上努力练习笑容，大家不笑。现在，微笑成了下意识的动作，大家也爱跟着我一起笑了。

最后：在十一

以前主持过电视台的一档节目叫《在十一》，每次都是以“在十一”为开场白和结束语。在十一，有着我们放眼全球的视野和见识；在十一，有着我们彼此帮助共同成长的友谊；在十一，有着我们不断超越不断成长的灿烂青春。

part 2

学习的多路径

“条条大路通罗马”这句话不适合年轻人。因为在年轻人脚下走的不同的路，正如每个人心中都有不同的罗马。

方圆世界

文/程加宁

程加宁，2007年入读北京十一学校二四课程实验区。任实验区学生会副主席，实验区英语助教组组长，后接任十一学校校社团联合会主席。2010年入读北京十一学校国际部中美合作（AP）课程，任十一学校国际部学生会主席。为十一学校少年文学院院士，校辩论队成员，校学生电视台成员，国际部合唱团成员。在十一学校期间，连续被评为卓越学生，获令德奖学金、英才奖学金、方圆奖学金。

引子：来到十一之前，我一直以为，我们每个人的人生都会沿着每日不改的流水线和大方向相似的路线行进下去——在一个又一个45分钟里抄录笔记，在一张又一张试卷中沉沉浮浮，在最后的那一场考试中与“千军万马”挤好那座“独木桥”。来到十一之后，我才知道，学习可以有多少种方式，作为十一学子的我们，也可以拥有多少选择。

至今我仍能清晰地看见，五年前的9月1日，在十一学校西门那绯红色的方圆雕塑下，有一个女孩久久驻足。她细细地凝望着那组雕塑，丝毫不知它所代表的“行圆思方”在今后的五年内会怎样深刻地影响她的人生与价值观；她迟疑地注视着那道校门，丝毫不知她人生最美好的五年、最精彩的经历即将在这道门后，在她的脚下展开。

如今的我已在十一学习和生活了五年，面对称呼我“学姐”的十一新生们，我也常常骄傲地称自己是“老十一人”了。然而每当我凝视着他们稚嫩、热切的面孔，我也总会想起曾经初入十一时青涩而对未来充满期待的自己，想起这五年间自己成长足迹间的点点滴滴，想起与十一一同成长的自己，想起那些属于我的十一故事。

那是我刚入十一学校不久的一个寒冬的早晨，我一边对冻僵的手呼着暖气，一边疾步向教学楼走去。校园里的其他同学也都一样行色匆匆。然而忽然之间，走在我前面的同学都停了下来，带着一种肃穆的神色凝望着操场的方向。抬起头，原来是五星红旗正在十一的操场冉冉升起。那一刻我的内心充满了感动——这时没有广播提示、没有国歌声伴奏、没有任何人的监督，然而所有的十一学子却都自发地停了下来，整齐地肃立面向着国旗的方向，行最庄严的肃穆礼。这一刻大家忘记了冻僵的身体，忘记了沉甸甸的书包，心中只有十一学子独有的那份爱国热情与自律品格。那一刻的校园是那么安静，那一刻的气氛是那么肃穆，而我的内心却是那样的激动，那样的波澜起伏。

这件初入十一时最特别的“升旗仪式”让我一直难以忘怀，每次经过旗杆的时候，我还会想起那天那些在我前方的、穿着十一校服的、主动停下向国旗行礼的学长们。再后来，那一届的学长毕业了，我的年级也越来越高。

无论何时早晨入校时遇到升旗，我也总会在身后学弟学妹们的注视下安静驻足，予国旗以尊敬的注目礼。我身边的每位同学也总有着和我一样的情结，仿佛这是我们作为十一学子最光荣的责任，去把这份神圣的传统延续下去。

五年来我注视着十一的学子来来去去，然而这份属于十一学子最为光荣、骄傲与神圣的传统，却一直在十一学校，流传了下来。

感恩，是来到十一后老师们教会我的第一个关键词。

还记得初一的第一个假期，我们的作业便是回到小学母校看望当年的恩师。当老师们严肃认真地将看望小学老师作为一项作业向我们布置的时候，我们曾经有过太多的不解。然而老师们没有回答，只是以微笑鼓励我们在活动中自己找到答案。于是我们回到了母校，为老师送上了我们自己制作的礼物，带去了我们情真意切的感谢信，畅谈了我们升入中学后的成长。于是我们带回了老师们最真诚的微笑与祝福。于是我们懂得了感恩的幸福。于是我们学到了我们在十一的第一课。于是我们懂得了十一要教给我们的不仅是如何成为一名优秀的学生，更是如何做一个真正优秀的人。

初二的假期，作为感恩系列的第二个活动，我们又得到了一项特别的作业——为父母编写一本传记。与父母朝夕相处的我们忽然间发现我们对父母的了解其实是那样少，对他们付出的感恩也是那样少。当听起父亲讲起他早年的艰苦条件，一步步的艰辛奋斗，望着父亲眼里的泪，我的眼眶也是湿润的。我崇敬父亲的拼搏，感激父亲为家庭的付出，更感动于父亲捧过我为他书写的传记时脸上的幸福表情。在假期结束后的汇报家长会上，每位同学都恭敬地双手捧起自己精心书写的传记，递到了父母的手上。那是我记忆中最令人动容的家长会，几乎每位家长都落泪了，几乎每位家长也都在泪水中甜蜜地笑着。我的记忆中，最后只留下了许多许多的拥抱。

罗马尼亚文化日主题活动，程加宁采访嘉宾

加拿大文化日主题活动，
程加宁作为校长助理发言

我一直认为那是我在十一所经历的最经典的系列教育课程之一。在那些温馨与感动中，悄然成长的不仅是我们，也是十一人的价值观、十一的文化。

另一个不能不提的关键词，便是梦想。

记得初一刚开学不久，老师们便给我们布置了一下特别的任务：给自己立定一个梦想，制定一个目标，拟定一份未来规划。当时的我充满不解：作为一个初一孩子的我如何能为自己的未来立定一个可行而有意义的目标呢？对于仍旧稚嫩的我们，一个遥远的梦想又有怎样的意义呢？然而此后在一系列的活动中，我才慢慢懂得了十一文化中对于励志的重视。在老师耐心的引导下，我也慢慢地认识自己，理解梦想，学会了如何规划当下的学习生活与未来的长远目标。

对于当时的我，闭上双眼后，面前的未来都是一片迷茫，我既看不见自己，也看不见彼岸的梦想。然而睁开双眼，我却又会发现，在寻梦、追梦的这条路上我并不孤独。老师们带着我和其他的同学们一起完成了个人性格及特长、兴趣等方面的调查问卷，帮助我们一起确定了未来人生可能的方向。学校的名家大师进校园活动，更让我们在与各行业精英人物的交流中逐渐清晰了心中最理想的自己的模样。我们曾在办公区的沙发前与老师们促膝长谈，也曾在走进北大清华校园的综合活动课中聆听学长们的教诲。至今我仍记得那次拥抱梦想的经历——站在北大清华美丽的校园内，感受着弥漫于空气中的那份严谨的学术气氛时，我们每个人的内心都有一种深深的震撼：这是最高的学府，知识的圣殿，梦想的起点，无数人仰望的地方。记得回来的路上，有位同学告诉我，从那一刻起，她就立下了有一天以北大清华学生的身份回到那片美丽校园的梦想。

在十一学校学习的五年里，我们中有人一直执著地坚持着最初的梦想，在仰望星空脚踏实地中不断地追求、成长；也有人在一步步深入自我认知与反思中找到了自己内心真正的热情所在，放弃了从前的目标而确立了新的理想，一步步地靠近自己人生追求的航线。然而不论怎样，在这个过程中我们都始终拥有老师们的引导、同学们的鼓励，与学校最大的支持。老师们常常在学校待到深夜，利用晚自习的时间帮助对于学科有额外兴趣的同学们做更深入的讲解；而学校更是全力为我们提供着一切机会，每段职业考察都让我们离自己心目中的理想更近一步。

五年之中，正是在这所有的帮助之下，我们找寻着自己，希冀着远方；也正是因为十一这份注重理想、坚定追梦的文化，让我们每个人的心中始终都存在着那样一个远方，激励着我们在迷茫中也要找到方向。

我很庆幸，在我还不懂得梦想的时候，就有人指给我梦想的方向，让我懂得向往。

来到十一之前，我一直以为，我们每个人的人生都会沿着每日不改的流水线和大方向相似的路线行进下去——在一个又一个45分钟里抄录笔记，在一张又一张试卷中沉沉浮浮，在最后的那一场考试中与“千军万马”挤好那座“独木桥”。来到十一之后，我才知道，学习可以有多少种方式，作为十一学子的我们，也可以拥有多少选择。

上初一时，生物老师带着我们踏遍了十一校园的每一寸土地，辨识了十一校园的每一株树木，并利用一个多月的时间以国际通用的专用拉丁语命名法为校内的每株植物做了规范性命名，甚至制作了习性等方面的简单介绍，制成树木的“身份证”，在校园内进行了一场“植物挂牌”仪式。我仍然记得第一次观察校园内每株植物时我们的欣喜以及查阅资料不得成果时的沮丧。对于刚刚初一的我们，科学研究的过程是奇妙的，也是艰辛的。然而，探究的过程也是发现惊喜的过程。如今的我们，记忆更深刻的并不是当初的困难，而是最终成功后的快乐。我们最清晰地记得挂牌当日和煦的微风与阳光。

直到几年后，有学弟学妹问起我们那些精致的树木铭牌是怎么回事时，初一时这份初窥科学研究之道的研究项目仍是我们津津乐道、充满自豪的话题。

学习，原来可以不在教室内。

四年制高一的时候，学部推行了自主研修的政策——对于一些课内知识已掌握较好而希望进一步进行课外拓展的同学，走出课堂进行自学自研成为了可能。

于是我们走出了老师讲学生听的课堂，放下了一本课本带来的束缚，开始为自己设计学习方案，为自己布置作业，决定自己的教育。于是自学自研的教室里开始出现了物理竞赛的书籍，外国原版的名著，以及网页上显示着国外最新科研成果的笔记本。于是年级内出现了更多自由的学术讨论，更有专科才能的精英。

学习，原来也可以没有老师。学习在十一，原来可以有如此多的方式。

高一毕业的时候，我们面临高中班级的抉择。文科实验班、理科实验班、出国班、国际部中外合作课程班……诸多不同的选择让我们看到了一个更广阔的未来。优秀，原来不只有一种定义，成功，原来有不止一条路径。在寻找“最适合”的过程中，我们也找到了“最高效”、“最快乐”、“最成功”。

一直憧憬出国深造的我选择了国际部。在这里，我找到了属于我的幸福感。走班制中，打破班级界限，认识了对于同样学科有同样兴趣的朋友们；导师制中，找到了个人方向发展的引领者。在十一提供的多元的选择中，我找到了属于自己的位置，找到了自己喜欢的学习与生活模式：我喜欢俨然大学生般抱着厚厚的原版教科书投入地钻研，喜欢在数学课上随着老师在制作悠悠球的实践中学习几何原理，喜欢在课后每时每刻的交流中感受外教们对于自己所教科目的由衷的激情，喜欢扬着头带着微笑穿梭在校园间融入一项又一项活动。享受合作，享受机遇，享受挑战，在AP课程的每一天，我都享受着这一项不同的教育选择带给我的每一天幸福而骄傲的充实感。在这里，我接触到一种新的理念，体验到一种新的教育，认识到一个新的自己，追求着一个不一样的未来。

学习在十一，原来也可以有如此多的选择。

如果去除那些为圣诞晚会、万圣节晚会辛苦奔波的日子，如果去除那些与来自世界各国、各地兄弟校、姐妹校同学交流的回忆，如果去除那些我站在舞台上面对台下无数的老师同学们激情洋溢地为竞职学生干部演讲的时刻，那么我五年的十一故事，大概会失色太多了。

在十一，让我印象深刻的在早读时书声朗朗、晚自习时安静到有了肃穆气氛的课堂外，更有或声势浩大、或别出心裁的校园活动。

在学生电视台工作的日子，让我懂得了信仰的力量：编辑们每次加班工作都是连续地将自习时间贡献在电视台狭小的小屋里，每次组内设计节目都是组员们一起吃着简易的外卖食物一边讨论到深夜。然而当中午在食堂屏幕看到我们的节目令同学们喜闻乐见，一切似乎也都变得值得。

在校辩论队的日子，让我对自己的表现有了至臻完美的追求：每场半小时的比赛背后，都是辩手们无数个晚上的艰辛准备。互相的唇枪舌战、针锋相对之间，只因我们有着同样的热情、同样的追求，于是便一起度过了青春里无数豪情万丈的日子。

在国际部合唱团的日子，让我懂得了追寻内心的快乐。在这个不以比赛为目的的社团里，我们摒弃了从前那份属于舞台的“表演式笑容”，开始带着发自内心的微笑歌唱。看着每个人眼中那相似的光芒，我们才发现生活中有着自己兴趣的快乐，和有志同道合者作伴的幸运。

十一的校园里，每一个社团都如学生电视台的坚持不懈，辩论社的追求完美，合唱团的充实快乐。

仍然记得我做校社联主席的第二年，站在学校的主席台上，望着台下遍布整个大操场和校园其他角落的社团摊位时，心中的那份骄傲。一年一度的社团嘉年华，规模永远惊人，各社团的展示活动更是永远精彩。从前我不曾接触过社团的概念，然而来到十一后才真正理解了学生活动的活力。我感慨于慈善基金类社团的公益心，学术竞赛类社团的科研探究精神，艺术体育类社团的兴趣追求。我感慨于十一人的个性、热情、真诚与坚持。

如今，若要让我想象一个冬日里没有体育社团顶着寒风训练，夏日里没有文学社顶着烈日售卖社刊，校园里没有五彩缤纷、各式各样社团宣传海报，走廊里同学聊天间不涉及最火热校园社团活动的十一学校，已然是不可能了。

十一学子在引领他们的社团一起成长，而十一的文化也就正在这些社团的成长与完善中，悄然发展起来。

世界眼光、多元文化理解能力，这些都是在五年前未来到十一时，我不曾想也找不到理由去想的概念——直到十一首届奥林匹克运动会的开幕式上，我看到操场那片由各国特色服装装点成的七彩海洋，直到我们走到罗马尼亚驻华大使的面前向他阐述我对罗马尼亚文化的理解。

在十一的五年，我记不清自己承办了多少届多元文化理解日的活动，罗马尼亚日、美利坚文化日、澳大利亚文化日、加拿大文化日……走过这一大圈的文化旅程，如今的我再在新闻中听到这些熟悉的国家名字，心中总有了一种格外的亲切感。

我不曾想到，在网络上都几乎没有任何资源的情况下，我自己也可以完整地编排出一套其他国家的民俗舞；我不曾想到，自己可以策划、设计、组织并参与演出一场盛大的文化展示活动来诠释自己对一个几乎不曾听说的国家的理解，甚至可以和这个国家的大使进行交流；我不曾想到，探究一个国家文化、经济、历史的时候，我竟能找到它与自己国家的如此多的差异与共鸣。

当长久的努力终于结晶成一场精彩的活动，当做为主持人的我面带微笑、自信地站在台上的那一刻，望着身边每位参与活动的伙伴，望着台下被吸引来的嘉宾与媒体，我的心里充满了感动与骄傲。骄傲于我们赢得了这属于我们的最终展示的一刻，感动于这过程中我们每一步的成长。学会探究，学会理解，学会沟通，学会合作，学会坚持，也学会妥协。我知道很久很久以后，我们还会一起笑着谈起那些加班到十一点争执不休的夜晚，那些堆在桌上的快餐盒，那些过程中闹出的笑话。但我们更会记得的，是这过程中我们眼界的开阔，个人性格、能力所经受的历练。

我只知道，对于最后站上舞台与没有站上舞台的我们，那些文化日，都是属于我们的精彩。而这份对于文化的宽容、理解，对于活动的热情，对于团队的忠诚，以及对于做好每一件小事的追求完美的态度，都会陪着我们一起走下去，被带到今后人生中的每一个经历中。

获得十一学生最高荣誉——方圆奖学金的时候，我的内心是充满了荣誉感与归属感的。

坐在台下看着同学们因为科研成绩卓越、慈善公益心强、活动组织能力优秀、思维有创意等各种不同的原因走上台领奖的时候，我想到了很多。

我始终记得，进入二四直升实验区后，年级主任送给我们的第一句话便是：让优秀成为一种习惯——无论是在学业、活动还是生活。

我始终记得，校长常常激励有志成立社团或组织活动的同学们：只要你们敢想，只要你们肯努力，只要你们有可行的设计，十一会为你们提供一切可能的资源、平台与机会。

我始终记得，在班会上，全班的同学们如何整齐地高声喊出：做行圆思方的十一人。

于是，在十一学习生活的每个细节，就这样成就了我们，塑造了我们的价值观，也潜移默化中将我们带向了某个既定的方向。

我始终觉得，十一真正的标志，并不是校门口那标志性的行圆思方雕塑，而是十一学子脸上常洋溢着的、充满自豪感与幸福感的笑容；十一真正的历史，并不是校史馆内那些几十年来发展历程的记录，而是每个十一学子心中留下的难忘的故事；十一真正的文化，就是每位十一人在校园、乃至校园外的举手投足、一言一行；十一真正的成就，并不是每年屡获的各类奖项、荣誉，而是每一个十一学子个人的最大成功。

那一刻，当我走上台，从校长手中捧过奖学金证书，望着身边一位位优秀的十一学子，望着家长们脸上骄傲的神色，望着老师们满足的笑容，我忽然觉得，自己真正理解了十一，也读懂了自己当初的选择。

我从来不曾这样为十一和作为十一人的自己感到骄傲。

每次在这些温暖的回忆间，我的嘴角常会自然地染上一丝微笑。已经是即将毕业的年纪，有时走在十一美丽的校园，看到那株每次去图书馆必会经过的玉兰，看到那条我们曾牵手一起跑过的跑道，竟然也会有些许落泪的冲动。在这片十一的校园，每个角落都印满我们的足迹，甚至风中也还留着我们曾对自己梦想的铿锵许诺、对自己成长的感动低语和对彼此同行的真诚鼓励。一届一届的十一学子来来去去，然后从来不曾离开，不曾褪色的是那些藏身于十一校园的一草一木，镌刻在十一文化一点一滴的，属于我、属于每个十一学子，也属于十一的故事与记忆。

若时光能回到五年前的9月1日，我仍会微笑着背起书包，毫不犹豫地走过那组红色方圆雕塑，满怀自信与憧憬地踏入十一校园，踏入这片我属于我的、让我与每个学子深深热爱的方圆世界。

在实验中发现科学之美

文/孔德泽

孔德泽，天蝎座。甚喜国产RPG，日产小说及动漫，另对钢琴溜冰略知一二。初中曾在同学老师鼎力支持下创立Heart Hut英文社团，从而对所谓Leadership有所新的理解。高中加入学校A-level课程项目，连续两年在课程统考中分别获得数学科目的全球最高分和中国最高分，因而两次获校英才奖学金，并在2011年获方圆奖学金。2012年夏被英国剑桥大学、美国霍普金斯大学等名校录取。

很幸运在高中期间，我经过学校选拔及审核参加了科技创新活动。在参与实验的这段时间中，我深刻地感受到：科学是一个十分广泛的概念，而科学学科间的界限也并非像我在课堂中所接触的那么清晰。

2010年高一的暑假，我开始了在北京市农林科学院为时两年的实验经历。我的首个关于微生物的课题向我展示了生态系统中的食物链是如何应用于防治植物病害的。做试验期间，我用固态培养基培育的真菌孢子总被细菌

实验中的孔德泽

污染，甚至有的时候一个培养皿里可以同时培养出多个污染菌种却就是没有我所需要的菌种。而在高中参与实验的过程中，未得出满意的结果并非意味着一无所获：重要的是反思实验，试图解释失败原因的过程。在我看来，与工程类科技创新相比，高中阶段自然科学类的实验重心在于以理论为基础思考问题以构造实验本身，而并非得出确凿的实验结论。因为若想得到后者，我们所投入的时间和重复的次数都远远不及得出有力结论的标准。

所以，在实验最初出现这样令人沮丧的现象之际，我引发了对微生物界选择压力和自然选择的思考。如果我希望在短期内提高产孢量，我只能考虑改变它的培育环境。而在现实生活中，变量并非是单一的：多种环境因素会产生相互作用。即使是严格变量控制做出的实验结果，在普及到应用的过程中也会遇到诸多难题，从而降低应用性能。这是我第一次体会理论与应用的冲突。

第一次独立设计实验、完成实验，给我最大的感受就是：但凡有实践，就必会出现问题，而对问题的思考要多于问题本身才可保证实践的效率。然而，虽说思考问题有助于学术进步，但过多的纠结在某种程度上会影响实验的主线进度和最终的研究方向。把握这样一条准绳，也是实验进行中的重要一环。

次年的课题是探究小菜蛾的触角电位反应和它定位寄主的关联。实验过程中采集和量化样本植物气味是难点，我也为此尝试了多种办法，最终克服困难种种组装了自制气味采集器。对我而言，实验正是一场多学科交叉的头脑风暴，是一个不断创造新方法、尝试新方法的过程，每一种方法的背后都隐藏着无限的可能性。这种“无限”有时意味着风险和投资。例如，在我的实验中，每一种气味采集方法的效果验证都伴随着金钱和时间的投入。即便如此，我依然认为“无限”乃科学的精髓所在。

这种无限的可能性使我为之震撼。高中的实验经历更使我体会到：科学的魅力所在是利用大自然中现有的现象和规律为人类提供便利；将理论与应用相联系是科学的价值体现，而这个充满未知的过程必将充满艰辛。我希望能为之献以一己之力。

附：

生物教师窦向梅博士眼中的孔德泽：

孔德泽善于沟通和交流，并会合理安排自己的时间。在整个实验过程中，她会经常带着自己的想法与我和科研导师交流，不断修正自己的方案。她利用寒暑假和双休日的时间进行实验，实验时间和实验仪器的使用尽量避免与别人冲突；每次实验完毕后都会打扫实验室，将实验台收拾得干干净净。实验室的人都很喜欢她，对她的评价很高。

孔德泽思维严谨，逻辑严密，动手能力强。她在阅读资料时，做了大量的笔记。和我的每次研讨，都要写到她的记录本上。她实验时非常熟练，对自己的实验不仅做了详细的实验笔记，还会在真正实验之前把不同的实验方案进行对比，提前设置可能出现的问题以及解决方案，具有良好的科学素养和很强的科研意识。

孔德泽还具有坚强的毅力和锲而不舍的精神，具有很强的创新意识。通过2009年一年的努力，她参加了2010年北京市科技创新大赛，由她独立完成的“提高ACM-941粉红粘帚菌分生孢子产量的培养基成分研究”获得了海淀区二等奖。她发现自己在实验过程中总会有一些令人惊喜的发现，这些发现吸引着她，诱导她不断深入探索。2010年她又拟定了自己的小课题“关于小菜蛾对十字花科与非十字花科植物挥发物的触角电位反应的研究”，已经得到初步结果，并将实验结果写成论文准备参加2012年的科技创新大赛。整个实验过程中，有失败，有困惑，她从没有抱怨，而是积极地想办法，查阅资料，询问导师，去完善自己的实验。

另外，孔德泽在论文答辩过程中，沉着冷静，应变力强，条理清楚，能准确表达自己的想法，给参加答辩会的专家教授留下了深刻印象，受到了好评。

我的始发站

文/郑沛倞

郑沛倞，2013届高中人文实验班学生。现任共青团海淀区委委员（惟一中学生委员代表）、海淀区中学学生会总会副主席，是北京市第二十一期中学生党校学员。任共青团北京市十一学校委员会学生书记，主持策划了学校奥林匹克运动会、民族运动会、城市运动会、开学典礼、学生代表大会、国家文化日等多项大型活动；获北京市三好学生、十一学校卓越学生，获校长奖学金3次、方圆奖学金1次、令德奖学金1次、英才奖学金1次。2012年获第九届国际地理奥林匹克竞赛银奖。

在十一我成为了铁道爱好者，猛然发现我在十一的成长就像一列火车在平稳、安全地向着目的地运行。

一、调度系统

铁路运输中，调度应该是最重要的环节，列车要往哪里去都要听从调度的指挥。当然，在十一你成长的方向不必服从于谁，但十一会提供你所需要的指引。

十一课程系统中的亮点之一便是职业体验，意图为我们在中学阶段提供未来职业选择的参考。我参加了两次，一次是地理测绘行业，另一次是广播电台。一个是我热爱的学科，另一个我喜爱的事物。但是，十一的调度不仅停留于此。我“接收”到的调度命令还有大学的选择、从事行业的推荐等等。其中，有来自希贵校长的建议——小语种对我来说只是工具不是事业；学部主任田老师的建议——坚持我所热爱的、为国家的未来尽力；年级主任于老师的建议——社会科学、法学等领域学术研究中我前途无量；班主任南老师的建议——有机会可以选择从政。这些调度命令没有等级大小之分，目的地将由我自己在前进中选择。

二、车站系统

有了调度命令、车次，必须有车站始发与停靠。我成长的始发站是十一，在十一始发的站台是团委。

初入团委是在初一下学期，还是一名预备团员的时候。这就像一列列车从客车整备所或编组站中进行调车作业，停靠在了站台旁。十一的学生活动是多姿多彩的，学生活动的大本营就是团委。不同于其他中学团委单调的职能，十一的团委不仅是团组织，更是学生组织。每当有活动通知时，往往是一句“团委见”留了下来。团委不仅是我成长的助推剂，更是我心灵的港湾。“年轻”的时候会时不时往团委跑，看看有什么活儿可以做。现在“老”了，在“压力山大”的时候也喜欢到这个站台逛逛，和老师、同学们闲聊几句，问候最近的状况，然后独自一人去图书馆。是啊，列车终将会离开站台，继续前行。不过，在站台，我已留下了最美的风景：首届奥林匹克运动会、首届民族运动会、首届城市运动会、学生代表大会、开学典礼、国家文化日……它们都成为了我在这个站台活动的印记。也许，学校官网不改版的话，搜索我的名字，依然会出现与团委密切相关的数不尽的校园新闻。

社科院院长交接

三、轨道系统

轨道是列车运行的基础，它控制着列车前进的方向，更决定了列车可以承担的重量与前行的距离。在十一，没有比我们的《行动纲要》更像是铁轨的事物了。

四年制高一的时候我策划了学校的首届奥运会开幕式。从以前有些胆小的我，到一个“新兴”的学生干部，我变得很有自信。确实，我应当是比同龄人成熟一些，思想更有深度，可那时我还没能掌握与人交流、沟通的精要。有一段时间，我曾认为我说的、想的一定是对的。这让其他同学觉得很别扭，因为他们甚至得不到说话的机会。渐渐地，我隐约觉得自己实际上还有很多地方做得并不完美。当第一眼看到《行动纲要》中“克己让人”这一条时，我内心就产生了共鸣。其中引用了伏尔泰的一句话：“虽然我不同意你的观点，但我誓死捍卫你说话的权利。”我明白了我所欠缺的正是优秀的沟通能力和健全的对话人格。主要矛盾既然找到了，那就毫不犹豫地解决。我的方法是参加了学校的辩论队。辩论，不仅是唇枪舌剑、比拼语速，更是一种对话的艺术。只有尊重对方，倾听对方观点，才能用逻辑辩倒对方。后来，我与我的战友们杀入了上一届北京市比赛的决赛，夺得了北京市辩论联合会杯的冠军。一句话，确实能触动一个人的心灵，改变他生命成长的方向。《行动纲要》延长了我的前行距离，为我扳好了道岔。

四、列车系统

机车，即火车头，是一列火车的供能部分。车辆，不管是客车还是货车，承载的都是这一次运输任务。我以为，学业就像机车与车辆的组合，牵引着知识前进。

从小我就爱地理，小学迷上了历史，初一开始自学政治。我对文科的喜爱从初中就为老师、同学们知晓。上了高一，我的选择没有犹豫：人文实验班。作为第二届人文实验班的学生，我明白我们从高一就开始学文的压力。其实我在高一的时候一直忽视了列车的保养，倒是一直注重车站的维修。后来突然有一天和老师交流后，发现我在十一能经历的都经历了，我的车站都已完美无缺了。我这时才明白，加大机车的功率，好好改造车辆的转向架才是我现在要做的。到了高二，我的特长得到了展现的舞台。第四届全国中学生地理奥林匹克竞赛上，我作为十一学校代表队的一员，夺得了全国第四名！凭此成绩，我得到了在十一学校60年华诞前夕代表中国参加国际比赛的机会。预祝我得到好成绩为母校献礼！但是，列车的检修、改造、升级不能停止，它的速度与安全性应继续改进。我的路还没有结束，明年那个闷热的6月，会有更完美的高速列车等待着崭新的十一。

五、通讯系统

通讯系统是列车运行的关键，信号、无线通讯保证着铁路运输的有序与安全。在十一，通讯系统让我与这个社会紧密相连。

辩论赛中

在十一，没有人死读书。所有人都是社会的一员，离开高中和大学后终将踏入社会。对社会科学的热爱让我从初中就逐步掌握了课题的研究方法，会写一些研究性学习的文章，初二成为了首批少年社会科学院的小院士。凭着积极的表现与学术水平，高一时我接任院长。这时社科院要怎么发展？我的宗旨是与社会相连。在希贵校长的建议下，我们社科院承担起了校园新闻发布会的活动。这项活动旨在邀请校园新闻人物及社会时事热点人物来到学校进行新闻发布会。后受凤凰卫视邀请，我们的院士参加了数期《一虎一席谈》节目的录制，我们的发言受到了在场嘉宾及观众的赞许，充分表现了我们十一学生的水准。借此机会，我们邀请到了“狼爸”萧百佑先生亲自到十一校园与同学们面对面地交流教育，分享他的理念，回答同学们的质疑、追问，等等。凭着积累起来的经验与对社会深入的了解，我参加了希贵校长的人大代表助理团，帮助校长撰写建议案。今年全国两会期间，我通过宋鱼水代表向全国人大提交了两份建议案，其中高铁引进民间资本一项与国务院思路一致。是的，与社会保持的密切的联系，是我这趟列车高效运行的关键！

在十一学校60华诞将到来之际，我想不必在此罗列我在这里参加过、策划过的活动，不必一一感谢所有帮助过我的老师、同学们，更不必为十一空唱赞歌。因为，所有的这些，都在不言中。我自己这列列车前行的每一米，都饱含着十一的伟大。十一学校，是我人生旅途的始发站，这一步迈得很好、很扎实。

保送"害"人？

文/曾文远

曾文远，高三2班学生。获第四届丘成桐数学奖铜牌（全球第三名），作为中美优秀高中生交流项目中方学生赴美学习参观。第二十九届中学生物理竞赛北京赛区第一，被保送至清华大学物理系数理基科。

五年前，懵懂无知的我，在父母的陪伴下，稀里糊涂地参加了十一学校的升学考试，然后又稀里糊涂的进了十一学校的直升班。看到母亲在6班的名册上找到我名字时欣喜若狂的表情，我心中也有着一丝激动。不过，那时的我心中哪里有一分一毫十一学校的概念，就算有，也只是"好大好漂亮的一所学校"而已。但接下来的五年时光，我收获了很多，懂得了很多，心中也深深烙下了十一学校的印记。

初一的日子，现在已经回忆不起很多了，恐怕就是很平淡、很快乐吧。但那种快乐可能就是谁给谁起了个外号，谁打赌输给谁一瓶水之类的。没有升学的压力，不会去想将来的生活，轻轻松松混了过去。渐渐融入了宿舍，班级，年纪。每天起床时的室友，每天上课时的老师，每天写作业时的小组，渐渐地，十一学校给了我一种家的感觉。每到周日，父亲开车送我上学，拉着行李箱走进那幢红色的宿舍楼时，没有离开家的惆怅，没有对新的一周的恐惧，只有一种又能见到同学的喜悦，一种回到十一学校的平静吧。

常言道，快乐的日子总是很短暂，转眼一年就过去了，来到了初二的学习生活。伴随而来的，当然是“谈及色变”的二四分流，明显感觉到大家学习的劲头更加充足了。我清楚地记得，初二的时候我和5班热爱物理的一位同学——杨顺混熟了。大概在初二下学期的时候，我开始跟着他一起每天中午去图书馆看书。我开始对数学着了迷，缠着他讨论数学问题，时不时还争得面红耳赤，现在想起还不禁莞尔。那种互相讨论问题的气氛我第一次体验到，年少轻狂的我当时感觉仿佛变成了爱因斯坦和波尔在为自己的学说而激烈地与对方争辩着。我想，正是因为来了十一学校，有那么优秀的同学才让我体会到这样的感觉，真正有了想学习的冲动，不为家长，不为将来，只是单纯地为了兴趣。

在和同学激烈的论辩声中，我们迎来了四高一。这一年，不仅仅开始学习高中的课程，更为重要的转折就是接触到了“竞赛”这个原来可望而不可及的概念。记得刚开始的时候，乌泱泱的人挤着去上竞赛课，老师也不得不用大报告厅来授课。后来，慢慢地，大报告厅变成了小报告厅，最后又变成了普通的教室。现在看来，那些坚持到最后的同学或多或少都有一些收获，甚至学到了一些对将来人生都有用的东西——好比坚持，好比执著，好比专注，等等。当然，那时的我没有想这么多，只是按部就班地上课，做题，日子就在平淡无奇中一天天溜走了。之后大概在四高一的下半学期时，学校给了我们一个惊喜——自主研习。一大批自诩“好学生”的家伙纷纷报名，我也是其中之一。

因为当时我们是第一批自学的同学，很多方面大家都没有经验，刚开始计划好好的一些老师进行授课的内容最后也都不了了之，取而代之的就是“放羊”式的学习了。很快，自习室最初沙沙翻动书页的声音被嗡嗡的窃窃私语时所取代；之后，有时就是肆无忌惮的大声喧哗了。毕竟我们离高考很远，课内的学习有没有过多的压力，这种现象是很正常的。现在想想，那么早就离开课堂可以说有利有弊。坏处当然就是浪费了不少时间。好处就是可以为之后的自学积累经验，那时浪费的时间就当交学费，为将来自学敲响警钟吧。

再现比赛中用英语答辩情景

高一刚开学，还没开始正式上课呢，竞赛方面就迎来了一次沉重的打击。高三的那个物理竞赛我们年级去参加的在初赛就全都折戟沉沙了。模拟考复赛卷子的时候，我的分数也只能有惨淡来形容。这让我意识到，想马马虎虎地学竞赛，那最后的分数也只能用马马虎虎来形容。之后我便开始详细的规划自己学竞赛的计划，利用一切课余时间，比如中午、自习课、晚自习来抓紧学习竞赛，甚至放弃了一些课内的学习，考试就通过突击的方式来解决。因为当时才高一，以后还有时间弥补自己挖的坑，所以可以花一年的工夫专学竞赛（年轻的好处就是可以承受冒险导致的任何后果）。就这么学了将近一年之后，实力可谓是大有长进，自信满满地参加一个小型的物理竞赛。考前物理老师对我们说：“你们把前五包揽了吧。”可是考试结果真是令所有人大跌眼镜，学校最好的也才第九名。而我的成绩更是不如去年。这算是为自己轻敌付出的惨痛代价吧。

所幸，我很快调整状态，总结教训，然后积极地投入到暑期的集训中去。在高二刚开学的那次物理竞赛中，拜运气所赐，获得了不错的成绩。在选择去清华还是去北大时，还发生了一些令人不愉快的小插曲。很感谢张少鹤老师在我选择学校的时候不加干预，虽然是否选择北大可能会影响来年和北大的关系。这里插一句，十一学校有太多好老师真心不顾自己的个人利益，而只为学生考虑。言归正传，之后便是保送后发生的事情。我记得曾经和学长聊过，他们说保送害人，因为会让你产生惰性。可笑当时我以为是他们目标太低。后来等到轮到我的时候，我发现确实会有一些松懈。张之俊老师说过一句话，写在这里愿与读者共勉。他说："很多人，不是克服不了困难，而是过不去荣誉这道关。"在准备决赛的时候，明显感觉保送的几个人，包括我在内，都比之前松懈许多。我想，这是因为中国当下的教育制度。试想当你12年寒窗苦读，在家长老师的殷切盼望下，突然有朝一日考上了理想的大学，心中的轻松是不言而喻的。当然，如果你真的志向远不止于考上好大学，那么你很快就会从这种懈怠中摆脱出来，迎接新的挑战。很遗憾，我从懈怠中摆脱的就不够及时，然后决赛就悲剧了。刚从决赛现场回来便得知之前参加的丘成桐数学奖的那篇论文入围了，又开始马不停蹄地修改论文，准备答辩。在这个过程中，潘国双老师，卡尔老师，魏勇老师还有很多关心我的老师们以及校方给了我很大帮助，奖金中的一部分献给了学校和老师聊表我的感激之情。就在我刚买了一堆大学教材准备潜心学习一段时间的时候，不少老师找我谈话聊人生，聊理想，他们建议我出国求学。其实我本人当初没有很强烈的愿望，甚至后来也一度放弃这个打算，但是老师们出于为我考虑，不辞辛劳地劝说我，于是我便踏上了一条出国之路。

那一年，十一的大门向我敞开，留下的是孩童时的欢乐，那一年我初一。

那一年，图书馆是我的主战场，留下的是论辩时的激烈，那一年我初二。

那一年，新鲜的事物接踵而来，留下的是转变时的新奇，那一年我初三。

那一年，竞赛是生活的主旋律，留下的是学习时的充实，那一年我高一。

那一年，接受了太多人的帮助，留下的是受助时的感激，那一年我高二。

…… ……

不走寻常路

文/陈博轩

陈博轩，十一学校07届直升班2班。2011年全国奥林匹克竞赛中获北京赛区一等奖、国家二等奖，保送清华大学。

实话实说：我在上十一学校之前，从没听说过还有这么一所学校。

我从一开始考的就是二四直升班，不用高考直接就升入十一高中。然而俗语云，不幸的人各有各的不幸。没有升学压力，却有高中分班的压力——四个普通班，一个理科实验班，一个文科试验班。虽说当时我自以为进实验班没什么问题，但我向来认真对待考试，更重要的是模拟考试是逃不掉的，想不学也不行。最后的考试到来的时候，就像平常一样，语文、数学、英语、理综、文综接连向我们进攻。我当时尽显大将风度，兵来将挡，水来土掩，题来我做，任凭你出什么怪题，我自岿然不动。两天的连续作战之后，我名义上就进了理科实验班，由于还在十一学校，像领毕业证、照毕业照这些活动我都没什么感觉。初中熬出头了！

不过高中又来了。我的高中其实早在初三就来了，那时叫四年制高一，其实学的跟初三没太大区别。我在当时就开始学竞赛，开始时是物理竞赛、数学竞赛都学，后来经老师劝导，加上时间不够，为了早出成绩，学了物理竞赛。其实要是时间富余的话，化学生物竞赛我说不定也学，不过现在说这个已经晚了。我的高中生活就是课内与竞赛的有机组合。在竞赛方面先是学微积分，后来学普通物理的力学、电磁学，到最后是古董版本的热学、光学、原子物理，尽管学了不一定考，但我就是想打好基础，到了最后集训的时候，这几本书还没看完。记得我高一考了一回物理奥林匹克，初赛就没过。不过模拟做了一下复赛，竟然不错，快到一等奖了。到了高二考的时候，我是有考进北京队的雄心的。结果复赛擦边，实验还行，真就进了北京队，保送了清华大学。这是我从小向往的学府，心情特别激动，更重要的是上大学的问题解决了。我现在才刚上高三，但我已经写到了我接近高三毕业时的情况了，不过生活还要继续，这并不是高中生涯的结束，而是开始。

从小学到现在，我竟然没经历过什么重要的考试，即使遇到也没有什么压力，这是好事还是坏事呢？让时间来回答吧。

我在初中的时候，就一直很喜欢科学。这也许是由于小学看了一些科普读物的原因。到了初中，我才真正有了一些现代意义上的科学素养。开始时，我还仅仅读一些科普书，整个思想就好像处于文艺复兴时代，做一些逻辑思辨就好像在探讨科学，完全是在以科普的思维来理解科学。直到有一天，我与一个人成为了朋友，那个人叫杨顺。

从某一天开始，我中午就一定要到图书馆去，哪怕上课要迟到。图书馆的那些书可真是多，好几个书架的书看着就眼花缭乱，数学、物理、化学、生物、计算机、哲学、科普，真是应有尽有。以我当时的水平，我就是看一些数学类的书。不要以为图书馆里的书都是科普的，其实有水平的读物就藏在万卷丛中。我学微积分就是从那时开始的，可惜学了半天就会微分和积分的简单运算，当时还竟然沾沾自喜。当时我与杨顺学了一些东西就开始异想天开地研究问题。说是研究问题，其实就是想一个问题，然后开始查书，查到东西后就好像是自己想出来的一样高兴。表面上我当时好像水平不错，一到图书馆借一些看都看不懂的书就开始读。读了半天，理论基本没读懂，可神奇的是学到了一些东西，怎么回事呢？其实我们就是通过对例题计算步骤的阅读，猜出大概。这可真是“熟读唐诗三百首，不会作诗也会吟”。读的东西多了，就是再没水平也能懂一些东西。

不过我在当时也看了许多似乎没什么用的书，越到后期，这种书读得越多。主要原因是简单的书不太想读，难的书读不太懂，最后甚至都读起了哲学，确实与初衷不太相符。有时候我不光读书，还想做一些实验，而且做的实验都是有点不太正常的。一个原因是设备太差，做实验想找个小球都没有。大概另一个原因是跟杨顺这样的人待多了，自己也有点神经质。

尽管看起来我对各类知识的学习起步很早，但是都停留在自发的、低效的层面上，如果有一个系统的指导，效果将会好得多。我到现在都后悔这个。

系统的指导要等到四高一才开始。正是由于竞赛学习的要求，我才开始读各种正统的教材，脱离了各种业余书籍的包围。我读的书大部分是借的，这种现象的起源是老师在开始时借给了我许多书，再加上学校的图书资源不少，我学了很长的一段时间也没有买过什么书。但是别的人和我都在十一学校，都是一个老师，他们买的书却不少。这主要是因为我不太做题，别的人买大都买题集，我不太做题，买的书就少。尽管我买的书少，但是我读的东西却不少。这还是得益于初中时积累的读书习惯。别人学竞赛动手，我学竞赛动眼。以我的看法，读书是很重要的，先要积累深厚的基础知识，只要基础知识都理解透彻了，解题的技巧将会自然而然地就学到了。

学竞赛其实主要就三样东西，读书、考试、上课。平时的课是由张少鹤老师讲的。在他的课上头等的事是思考，第二等的事就是听老师那轻松幽默的语言。张老师讲课最大的好处就是在枯燥地学了一星期后，听完他的课立刻兴致又上来了。没有他，我可能对上课早就腻了。除了他的课之外，经常要去外地听课。听课是一方面，对我来说行万里路，长见识也是一大目的。

考试是想躲也躲不过的。其实考试本身倒没什么，主要是集训的时候真是紧张。我在九月份的考试前的集训时，一直在读书，读的竟然还是教材，读到最后连我自己都有点害怕了。就当时的情况来说，真是有教材都读不完的危险。好在最后读完了，不光读完了教材，竟然以不到一个月的极限时间做完了我学竞赛以来第一本也是倒数第二本题集。在最后无数次的模拟考试中，我的成绩一直不错，当时确实沾沾自喜。可是到了初赛考完，我却觉得也就是一个过初赛的成绩。结果初赛确实过了，但比其他同学的成绩差了许多。幸运的是，最终我进入了实验比赛，这令我长舒一口气。

实验考试要靠很多运气，我们在训练的时候都好像是在游戏一样。所以实验考试前的气氛轻松了许多。由于学校里的实验器材十分充足，我们几乎天天都在练习。那年的实验考试令人意想不到，竟然出了考纲之外的题。幸好有提示，只能小心翼翼地照着提示做完了最后的实验。最惊险的还不是这个，而是我们的实验仪器总有坏的，老师还不给换，好在我没有碰上这种情况。别的同学可就不一定有我的运气了。有的人电流表坏了，有的人摔坏了东西，还有人将笔忘在了上个教室，各种倒霉事真是应有尽有。最终结果显示，我幸运地进入了北京队，获得了保送清华的资格。

我们学校这次一共有五个人进了决赛，还有一位女同学只差了不到一分就进决赛了，难道真的是“秦建云老师定律”起了作用？（注：长久以来，物理竞赛班流传着几条定律，被冠以秦建云老师的大名，即：每次有五名同学进决赛，每隔一年会有女生进决赛。）直到现在，我还替她感到可惜。

在我保送后，在老师的帮助下进入了学校的枣林村书院，每天都在那里自习，实在是考验我的自控能力，开始时真是有些压力。其实自习这种事我以前也经常做，全校第一次试点自主研修制度就是四高一时我们年级的事。不过这一切还要追溯到很久以前的初中。

初中的时候，我和杨顺经常做一些看似天方夜谭的探讨。像圆周率计算、方程求解、宇宙起源、时空的奥秘等等各种问题，我的“自主研修”大概就由此开始了。当时最令人自豪的就是我们探讨的东西一般人听不懂。尽管我们自己也不一定明白，但这却是激起了我的求知欲。就在那时年级有一种活动恰好可以使我们展现自己。当时年级开展了学生讲坛，每周有一节课由学生自己讲课，其余的学生可以选择听哪个人讲课。这活动令我们很高兴，尽管只讲了一次，但是确实取得了一定的效果。不讲课的时候，听别人的课也给了我许多与人交流的机会。不过到现在似乎还没有真正与自主研修有关的内容，真正与自主研修有关的课程是有王宇航老师创建的。

王宇航老师教物理，他讲课总能和同学互动起来。他经常叫同学上台和他一起做实验，但是通常是被当做实验对象。他有一次让我们这些物理学得好的同学去自主研修，其实就是在一个小阅读室里自习。因为那里几乎没有物理书，所以我们只是读一下课本内容，然后进行一些探讨。有时候王老师还会抽空与我们一起探讨，拿出几个实验让我们去做。虽然形式很简单，但这确实是自主研习的开始。麻雀虽小五脏俱全，后来的自主研习几乎继承了王宇航活动的全部内容。

到了四高一的时候，自主研习规模化了，各科都开始有了自主研习的活动。我当时一共报了三科的自主研习。老师说将来会有专门的老师来为我们讲课辅导。其实在专门的研修室里，只是多了许多专门的书籍供阅读，再就是每人有一台电脑供同学查阅资料。我几乎每节课都要去，这里为我的学习创造了极好的条件，提供了许多帮助，到现在我一直怀念那里。

到了高一，我们换了一栋楼上课，有了一个更大的自主研修教室，教室里的书丰富了，还多了一个沙发，只是电脑少了。不仅如此，自习的人也越来越多，我上自习课经常来，真正选择研修的课程反而是在课堂上。由于电脑少了，人多了，抢电脑也是一项重要工作，我总是要等很长时间才用得上。

高二有没有辅导老师呢？好像还没有。不仅没有老师，教室小了，书也少了，电脑已经消失了，自习室我已经不经常去了。之后，虽然没有辅导老师，但是学校的导师制似乎给了我们另外的希望。我很高兴地选了导师，出乎意料的是导师和选他的同学谈话了，不仅谈话，还每人送了一本书，这真令我惊喜。从此以后，我的导师就一直在我的精神世界里默默地支持着我。现在我转到枣林村书院学习，导师自然也换了，据说导师主要是提供人生规划目标，这一点我是从同学和魏勇老师那儿了解到的。另外，我们年级的自主研修处于摸着石头过河的阶段，听说现在初中以及高一已经大有改观。

到了枣林村书院，我的学习任务由物理变为了数学，一是因为数学属于更基础的科学，二是物理已经学习相当一段时间了。我在潘国双老师的带领下，开始了大学数学的学习。大学数学主要是高等数学。虽说以前我接触过了微积分的知识，但学了大学数学后才发现以前学的都是小儿科，连高等数学入门的水平也没有。如此难学的一门课，自学起来难度就更大了，常常是看完一本书以后就忘了很多，总是要返回去再看一遍。虽然潘国双老师工作很忙，但还是尽量为我解答问题。他还为我联系了一个清华大学的数学期末考试，虽然最后考得并不算很好，但是还是通过了。在枣林书院的日子才真算是自主学习，一天也不一定会有老师来，全靠我们的自制力。今后的学习任务还会更重，我也要在枣林村做好准备。

我在十一学校很多同学都给了我极大的帮助，有的甚至对我产生很大的影响。除了同学，老师给予的帮助更是不可估量。没有这些人，我在十一学校的生活将会是一片空白。

比如杨顺。没有他，我恐怕很难找到一个能与之讨论难题的朋友；没有他，我可能根本不会想到初中就开始进行学习一些高深的数学理论；没有他，我将不会是现在这样喜爱科学。尽管他有点天才气质（有点神经质），但这一切都不重要。还有焦雨时，他是我真正的朋友之一，虽然他看起来很普通，但他会对我说心里话，遇到困难时他也一定会想起我，真是患难真情。还有初中的王宇航老师，尽管他经常和同学开玩笑，但就是他把我引领进了科学的殿堂，成就了我的现在。还有林喜杰老师，是她使我到现在还能保持一些文学素养。还有孙晓燕老师，是她塑造了我优秀的品德和人格。

到了高中，老师和同学都有了很大的调整，但是新的老师和同学同样给了我很多帮助。比如何鉴鹏，他总是能与我推心置腹，总是给我很多的温暖。还有庞天宇，虽说有时实在不可理喻，但只要掌握好尺度，他更多的时候是我讨论问题很好的对象，为我学习知识提供了许多帮助。再有潘国双老师，我规范化的数学学习就是在他的帮助下开始的，他为我的学习解决问题、提供条件。还有张少鹤老师，在他的带领下我才有机会进入物理竞赛，才有了我的保送，我非常感谢他。

学校是学习的地方，而学习是学生于老师、学生与同学的共同作用下完成的，我的成绩，自然是与这一切不能分开的。

我还有一年的时间我就要离开十一学校进入大学学习。因为我相信在高三还会有许多我未经历过的事在等着我，也一定会有对我的未来影响深远的人出现，期待接下来在十一学校的每一天……

从倒数第二到保送清华

文/庞天宇

庞天宇，十一学校07届直升班2班，2011年物理竞赛保送清华大学。

自我介绍，我是2007年入学的直升班的学生，当时整个直升区有273个学生，我入学的时候是第272名，以全费非直升的身份进直入升班（那时的十一学校还没有转为公办）。

小学时很多孩子都不爱学习，我也不例外。小升初考试只有语、数、英三门主科，一个理科两个文科，这让小学偏科的我压力颇大。小时候大家流行学剑桥少儿英语和公共英语，可我五年级才学剑桥少儿英语二级，考试九个盾，刚及格，到六年级学三级，我只得了七个盾，这就是我小学英语成绩惨不忍睹的过往。这也直接导致我以倒数第二的身份进的直升班，并在初一的第一次期中考试中，英语得了30多分。

但不知道为什么，我相当自信，甚至是自负，自小有天将降大任于本人的气魄。虽然每天基本不学习，但成绩却也一直不赖，特别是数学成绩，所以忽视了英语的成绩。但小升初及初一第一次期中的失利确实给了我很大的打击，也暴露了我英语差这个致命弱点，我的自信心开始动摇，也明白了不是什么东西都能靠小聪明。“想要成功必须要努力”这种观点我从小就听过无数次，但直到初一考完第一次期中后，我才第一次真正明白并认同了这种观点，并且从此开始了我的求学生涯。

取得这种成绩，父亲很快给我请了一位英语家教。请家教在当时的我看来是件极其丢人的事情，因为我认为被请家教就意味着自己的学习能力遭到了质疑。这等同于智商遭到质疑，这在一个心高气傲的小男孩眼里是绝对不能容忍的。幸好当时我尽管很幼稚很自负，却也是懂得卧薪尝胆的道理，只好硬着头皮答应了请英语家教的事情。没想到我很快就发现自己喜欢上了英语这门学科，并开始以前所未有的热情投入到了英语学习之中。小学时每晚八点睡觉的作息时间很快向后延了三四个小时。我努力地学习，从中我掌握到了很多方法和技巧，一开始别人都知道的知识我却不知道，渐渐地，我也开始学到一些别人不会的单词、词组，学一些别人不懂的语法句式。等到初一第一学期的期末，我有了明显的进步，尽管只考了120多名，但至少这让我看到了一丝曙光。然而，在初一第一学期末的年级会上，看到别的同学一个个上台领奖，而我只能坐在板凳上，心里有说不出的滋味，既羡慕又嫉妒。尽管以前心高气傲，当时却也有一种被弄得心服口服的感觉。终于，放寒假了，我得以清闲，静静地反思我这一整个学期来的表现和情况。与此同时，我仍然继续做着想成功的最基本的事情——刻苦奋斗。

没过多久，我人生初中阶段的第一个寒假过完了。经过了之前半年多的洗礼，我的心智也成熟了很多；特别是在看待学习的态度方面，有了全新的认识，同时也慢慢地恢复了自信。不久，我的第二学期期中考试来了，这是对我大半年努力的一次测试，我很看重它。尽管成绩与上学期期末的相比起来有挺大的提高，家长和老师也说我有了进步，但在我内心深处，对这个成绩并不满意，我认为我的成绩还有很大进步的空间。因此，借此契机，我暗自下定决心，一定要在那个学期的期末考试中取得好成绩。

在期中到期末的这段时间里，我的生活又一次有了巨大的变化。自从我当上了数学助教，我对数学的热爱甚至达到了狂热的程度。数学助教这个职位对于我来说自然最合适不过了，尽管那时我已经是理综课代表了，但我认为我还有足够的余力去应付数学助教的差事。从那以后，我更注重我的数学成绩了，一个数学助教怎能学不好数学呢？我的潜能被激发了出来，积极性也被调动起来了，那段时间，几乎每次考试我的数学成绩都没下过90分，名次也都稳定在班里的前十名，好几次是班级前三。这使我未来前途的宏伟蓝图在我眼前豁然开朗，阿Q精神也一下子充满了我的神经。我又重新变得自信起来，就像一个干瘪的皮球一下子充足了气。我以这种良好的精神状态迎接期末考试，成绩出乎我的意料：三科年级第36名，全班第8名，五科年级前30名，全班第6名。那时的我简直不敢相信。我获得了年级五科的综合三等奖。当我看见榜单上我的名字头一回出现在上面时，我内心的激动无以言表，一年的努力终于没有白费。初一是我成长最快的一年，这一年的努力让我跨过了人生的一条鸿沟，踏上了新大陆。

不久，暑假过后我便上了初二。我第一次在中学有了学弟学妹，第一次开始腾出时间练习打篮球，第一次不为分流而烦恼担忧。初二我的课内成绩继续稳步上升，接下来的期中、期末、大考，我的成绩一次比一次好。后来，我以全直升区第七的考试成绩通过了分流考试，顺利进入了四年制高一。我的初中生涯也在每天忙碌而充实的生活中提早一年结束了。

如果一定要说直升班与普通三三学制有什么区别，那么四年制高一这个直升班独有的一年级几乎可以涵盖两者所有的不同。就往届的成绩来看，特别在学科竞赛方面，直升班比高一起点班有明显的优势，而这些优势绝大部分几乎就是在四年制高一这一年里建立的。暂且不评论如今的中考高考制度，但客观地说，大多数三三制的同学实际只能算是上了两年的初中和两年的高中，初三和高三这两年就不得不陷入日复一日的复习当中，几乎学不到什么新东西。特别是初三复习一年的中考，本身初中的知识量就不多，而且大多数对高中及以后的学习作用并不很大，除了化学以外，一个普通初三毕业生几乎和初二时的水平没有很大变化。而二四学制的直升制度则很好地避免了这个弊端，尽管可能有人会说没有经历过中考也是一种损失，但我可以很肯定地讲，不参加中考从而腾出一年的时间学习真正的知识是利大于弊的。对于直升班的学生来讲，从上四年制高一开始，就算是真正的开始了各科竞赛的学习，这比普通的竞赛选手准备的时间早了整整一年。我们学校近年来已经成为了北京市的学科竞赛强校，生物化学竞赛在北京市占有绝对优势，物理竞赛也几乎能与人大附中这种传统强校并驾齐驱，数学竞赛自前年获得了第一个北京市一等奖后，这两年的发展也在蒸蒸日上。不得不承认，二四制的直升班在这之中作出了不可忽视的贡献。

上四高一之后，我对英语的热情依旧没有减弱，我的课内成绩也进入了一个稳定的时期，除了第一学期的期中发挥有些失常以外，剩下的两次期末一次期中分别以年级第2名、第1名和第4的名次获得了不错的结果。自此我在将近三年的时间里完成了我课内成绩的飞跃，我的目光也随之转到了其他的方向——竞赛。我是上了四高一之后才知道竞赛获得一等奖可以加分，数学物理竞赛进入北京市队还可以保送。我个人很喜欢理科，特别是数学，对英语以外的文科并不十分的感兴趣，更重要的是，我很清楚如果我参加高考，那么高三每天循规蹈矩地复习以及一年里几乎学不到新的东西对我来说将是极大的考验，我很担心我会受不了那样的生活，也不甘心去忍受那样的生活。我渴望新的知识，渴望有新意的东西，渴望走出一条属于我自己的路。我很庆幸自己没有中考并节省了不少时间，我也希望我的时光不要浪费在准备高考上，所以我选择物理竞赛的目的几乎完全是为了能够保送。

我在四高一时遇上了两位新的老师，他们教了我三年并直至今日，一位是物理竞赛教练张少鹤老师，另一位是青年才俊潘国双老师。张老师现如今已经是位资深的物理竞赛教练，去年还担任了北京队的领队。在他的带领下，我们学校这几年的物理竞赛发展稳健。尽管有时我与张老师的意见相左，但这几年下来我也从他那里学到了不少东西，受益匪浅。潘国双老师是位极其有才华的老师，从他那里可以学到很多书本上没有的知识，得到很多启发。尽管四高一时我是潘老师教的第一批中学生，但他的博学以及低调的作风很快就受到了大家的敬佩，成为同学们渴望的良师益友。在他的带领下，我们年级的直升区第一次在四高一开设了微积分的选修课，这使得我们这届直升区的微积分普及程度明显高于上几届直升区。我对数学的兴趣也因此大增，为了能好好利用在潘老师门下学习的机会，我从英语和物理竞赛的学习时间中抽出了一大部分用来学习数学，并在潘老师的帮助下，在四高一结束前学完了高等数学的课程。这也为之后物理竞赛的深入学习打下了比较坚实的基础。

四高一的生活就在每天对知识的探索中悄然结束，不像初中时可以花大把时间学习英语，高中理科的学习占用了不少英语学习的时间，物理竞赛方面只学完了力学的普物，在5月份的时候得了一个力学竞赛一等奖，这也是物理竞赛征途中的第一个一等奖。暑假的时候和高三的学长一起集训了一个暑假。说是集训，但因为那时所学知识太少，大多内容还是听不懂的，只能抓紧时间自己学习力学以外的其他内容。九月份的预赛也在预料之中惨败收场。最终，我以总分第二的成绩进入了高一第一届直升科学实验班。

直升科学实验班，实际上是以之前每次的期中期末考试成绩为依据，取年级前30名左右编到一个班。由于考察的是全科的综合成绩，所以我们班文科的成绩也常年稳居年级第一。

高一算是真正进入了高中阶段，周围走了很多老同学，也来了很多新的同学，有一种不一样的感觉。物理竞赛的进程也步入了正轨，开始着手于学习更加广泛的知识。随着对物理竞赛了解的渐渐深入，逐渐理解做题应该适可而止，而应该把有限的时间更多地用在更长久的事情上。所以我高一的大部分时间都花在了学习大学物理和大学数学上，课内的所有课几乎都用来自主研习去学习竞赛和大学的知识。那时的自主研习教室几乎成了我的第二个家，学习热情非常强烈。经过一年的努力，我的竞赛水平和知识量都有了很大的提高。尽管学这些课外的东西用去了我几乎全部的精力，但我的课内成绩却很幸运地一直保持着不错的水平，两次期中期末分别为年级第1名和第7名，第3名和第4名，所以在进入暑假竞赛集训的时候，几乎没有什么后顾之忧。

竞赛集训是高一暑假的重头戏。比起四高一暑假的集训，这次集训让我的知识面几乎涵盖了所有物理竞赛的范围。为了省去路上的时间，我选择住校。暑假的集训使得我的暑假生活头一次变得如此充实而有规律，每天8点之前到教室上自习，直到晚上10点半才回宿舍睡觉，下午腾出时间打打篮球，学得累了就和同学一起聊聊天，发现原来集训的生活也可以如此多娇。7月初开始在学校集训了一个月，8月初的时候一行人启程去了大连参加为期10天的舒幼生夏令营。回来之后不久就进入了竞赛的准备阶段，并顺利通过预赛和复赛。尽管复赛理论发挥不好，但是实验做得不错，还是如常所愿，提前一年拿到了保送资格，可以更加自由自在地去学习新的知识了。

高二的一年里学校给予了我们很大的支持，把我们几个保送的学生安排到枣林村书院自主学习，并提供了优越的条件。这一年，我在潘老师的指导下学完了数学分析的课程，并参加了数学竞赛以期能够加强自己的数学基础。

六年的中学生涯一晃就过去了五年，这五年对我来说是生命的一次升华。这离不开帮助我的老师家长和同学，也离不开学校灵活的教学制度以及“一切为了学生”的办学理念。我整理出在十一学校的这五年里的经验道理和心理路程，算是对母校的一番心意，供后来的学弟学妹们参考，希望能够帮助他们克服生活学习中遇到的困难之处。

最好的时光

文/张裕笛

张裕笛，现担任高二年级学生会主席，曾任学生会外联部部长。参加模拟联合国社团，代表学校参加多次会议，获得北京模联杰出代表、北大模联最佳阐述。校文学院院士，曾担任校文学院刊物《十一说》主编。科技创新大赛获海淀区二等奖、生物联赛二等奖。

这篇文章写在我参加生物竞赛联赛的晚上。如今竞赛的时光已经过去一个多月，奖项也尘埃落定，回首看来，依然感慨良多。虽然我从来没有给自己定位为竞赛学生，但是这几个月的竞赛生涯给予我的，的确远远超出我的预期。我最后并没有拿到一等奖，但我依然不后悔。这不是一篇学术的建议，但是的确是我在这一段时间里真实想到的，获得的。我不是一个出色的竞赛学生，我为竞赛付出的时间也绝对比大部分参加竞赛的同学少。我写下这些，只是想从一个非专业竞赛生的角度，用自己的经历来纪念自己为竞赛付出和收获的一切。

明天就联赛了，还有最重要的一场战役没有打。

今天晚上我们关上了生活了近一个月的教室的门，拍完照收拾书走下楼梯的，在教学楼门口跟老师同学告别的时候，其实我的竞赛生活就已经结束了。对我而言，不论明天那张试卷获得多少分，我都已经为这过去的几个月划上了一个圆满的句号。我知道也许老师和家长都还对我更多期望。但是对于我自己来说，我曾对自己的全部期许，都已经达成了。现在，我已经可以说，对于过去我没有一点遗憾。

高二这一年告别了我深爱的两件事，一个是模联，另一个就是即将告别的生物竞赛。是的，我深爱它们。

如果说我跟模联是一见钟情、一拍即合，那么竞赛对我来说算不上有缘分。至今我还记得，进入高中的时候对自己说“珍爱生命，远离竞赛”。从那个时候起就认定自己不适合学竞赛，所以不管身边有多少人在义无反顾地啃着竞赛课，我还是一遍一遍地对自己说这些东西跟自己根本就不在同一个世界，也曾经有过想要参加生物竞赛的念头，但仅仅因为“教竞赛的老师办公室在另一个教学楼，过去找的话会很麻烦”这样的借口，就让我心安理得地过完了高一。而就是现在，那个曾经看到竞赛喜报只是说“姐以后就考裸分”的我，竟然过了近一个月的集训生活。想到这真是觉得不可思议。

世事难料，如果不是恰好在高二的时候重新编班，如果不是恰好生物竞赛的教练成了我现在的班主任，如果不是恰好有另一个同学走过去问竞赛的事情引起了我的注意，那么我很可能永远跟这一段珍贵的岁月擦肩而过了。

生物竞赛班里的同学，基本上不是想要学医，就是想要致力于生物学研究，似乎只有我一个人想学的专业都跟生物没有什么关系。是的，对于一个见到人之外活物就会立刻躲到别人身后的人来说，让我每天面对解剖脊椎动物这种事情，还不如直接把我人道毁灭来得痛快。可是我还是参加了，因为其实我想要一段经历，不想让自己的高中生活里缺了竞赛这一段回忆。很多年以后回想起自己也曾经为了一个目标废寝忘食、奋不顾身，这种感觉应该很不错吧！

现在，我想要的都已经得到了，事实证明我的选择是正确的。

由于之前并没有打算参加联赛，因此在真正翻出那些厚厚的课本想要认真准备的时候，属于我的时间只剩下了四个月。跟我熟悉的人应该知道，对于这四个月，我最常挂在嘴边的一句就是“上了贼船了”。的确，我曾经很反感竞赛，在朋友跟我说“你要学着把竞赛当情人”的时候，我觉得对方简直是跟我开了世界上最大的玩笑。怎么可能爱上它，爱上一度把你折磨得死去活来的事情？

它意味着上不完的课。从上学期期末考试开始，假期两个字就对我们失去了意义。每个周六上午10点多给同学打电话，听到他们说刚刚睡醒，我都会弱弱地说我已经一节课下课了。每次收到班长发班里同学聚会的消息，我回复都是：我有课，去不了了。每个周末都在四处寻找有谁可能留在学校跟我一起吃午饭。只要有人问我“你现在在哪里”，得到的答案不是在学校就是在去学校的路上。

它意味着做不完的题。每天都会看到身边的同学拿着一道题过来问，然后我惊讶地不知道他这套题又是哪里找来的。总会有考完试以后，对着错题抓狂，有人淡淡地说“这道题和**年的联赛是一样的”，或者“这道题和**本书上又重复了”。好不容易把题典做完了，转过头又看到别的同学已经抱着一本考研精解做得不亦乐乎，一天做了200道题已经快要到极限了，然后听说别人可以一天900道毫无压力。的确，比起数学物理，只有选择题的生物显得异常友好，可是真正开始做题才会明白只有ABCD的题目同样也会让人崩溃。

它意味着考不完的试。最初每个周末上课，一两个月才会有一次考试，我还经常以各种理由翘掉，可是自从集训开始天天都有考试，所谓“以题代练”的政策让我们不得不每天都面对着新一轮的折磨，面对日程表上满满的考试安排还是只能低下头继续默默地背书。

是的，它曾经真的一度让我“恨之入骨”，我真的一度想过放弃。

在那些不得不被迫早起、连早餐都来不及吃就赶到学校的周末；在那些只能靠咖啡撑过去的深夜；在那些翻开一本书发现自己已经对半梦半醒之间做的笔记毫无印象的时候；在那些明明觉得已经很努力了，可是发现来的成绩还是和别人有一段差距的时候；在那些你一遍一遍做同样的题，看着每个选项都眼熟，但仍然记不住选什么的时候，似乎已经没有了走下去的理由。

是真的委屈了、绝望了、疲倦了，是真的很想就这样按掉闹钟躺回床上，就这样把灯关了让那些没做完的题见鬼去，是真的很想好好地哭一场。那段时间所有人都跟我说，“瓶子，你应该停下来好好休息一下了。”可是只有我自己知道，我没有时间。我已经到了连伤心委屈的时间都没有的地步了。

那一段时间，我承受了从来没有承受过的压力。每天在自习室一直坐到只剩自己一个人，注销了人人、关了手机开始与世隔绝，连做梦都是竞赛成绩不好，直到哭醒。我开始动摇，不停地问自己，我到底为了什么？不在乎那20分的高考加分，也丝毫不想学医，那么我这样跟自己过不去到底是为了什么？后来我渐渐有了答案。

这不就是我想要的竞赛生活吗？当初选择竞赛，不就是为了看看自己身体里到底有多少潜力可以调动吗？不就是想要这样一段记忆，可能很累，但却刻骨铭心吗？

而直到现在快结束了，我才发现我舍不得它。

我才发现我不知道应该怎么度过没有课的日子了。那些不用早起的周末，不用一大早拿着一个面包坐车来学校，不用坐在生物教室里不变的位置努力去理解老师在讲什么。我才发现我已经不习惯生活里没有了竞赛，不用中午去图书馆，不用晚上去实验室，不用想着今天还有几套题没有做、还有多少知识没有记住。我突然觉得，生命里少了什么，忽然觉得原来一直都被填得满满的日子忽然就空了一块。我才明白了那一句歌词“你曾住在我心上，现在空了一个地方”。

我才发现，我竟然有一种失恋了的感觉。

于是我才终于明白我爱上了竞赛的日子，我也许没能真正坐到在经历它的时候“把竞赛当情人”，但是至少在和它分别的时候，我发现了自己心里真的舍不得，我明白了那一种空落落的感觉，它提醒这我，那一段日子也曾经真实地住在我的心里。那些我曾经无数次抱怨的日子，现在要割舍竟然真的那么难。

我忽然之间明白，我曾经有多讨厌竞赛，如今就有多爱它。

就算倒退回高二刚刚开学的时候，即便告诉我在最后不会获得任何一个奖项，我想也会依旧义无反顾地选择参加生物竞赛。我想我还是会这样，无怨无悔地追求，也无怨无悔地告别。可是最让人无奈的莫过于凡事不可能重演，当我发现自己爱上它的时候才发现一切不可能重来。从图书馆里抱着书出来的时刻、拿着放大镜在路边对着野花仔细观察的时刻、关在实验室里反复看装片看到头晕的时刻、集训的教室里为了一道题争论的时刻……都再也回不去了，再也没有下一个四个月的竞赛准备期，让我重新好好地珍惜它。

而它留给我的，也许是今后没有任何事情能够替代的回忆。

那是属于我的最好的时光。

part 3

告别青涩

青涩的味道，是那一抹天真，一抹懵懂，和一抹迷茫。
当你离开青涩，迷雾散尽，你一样天真，却已然有了方向。

活着

文/叶枫

叶枫，十一学校高一学生，海洋星空基金会十一部首席执行官。获学校英才奖学金、方圆奖学金和“卓越学生”称号，三次获评海淀区“优秀学生干部”。曾获第十三届全国青少年“春蕾杯”征文二等奖，首届“德国文化日”主题文化活动“突出贡献奖”，第二届“澳大利亚文化日”主题文化活动“最佳策划奖”，第三届“法兰西日”主题文化活动“最佳表演奖”。

想了很久，最后还是决定选择这个题目概括我的三年十一生活（以及今后的生活）。这是一个很强的词，能够很好地表达我对生命的热爱以及感激。“活着”，意味着顺其自然地成长、努力实现自身价值、按自己的想法快乐地生活。我想，这是我在三年十一生活收获到的最重要的东西。

主题

我的中学生活在进入十一学校的第一个年级会上美妙地拉开了帷幕。

上小学时我很听话，也自认为是个好孩子，但从来没有把自己定位为勇于争取的人。然而，在那次年级会上，老师询问有没有同学愿意回答问题，无意间（以最有效的方式）散布了让人脑袋发懵的静寂时，我站起来了。我当时认为回答问题、分享想法是一件有意义的好事，就站到年级同学面前，把我想的东西说了出来，没想到我因此得到了主持下一次年级会的机会和老师、同学最真诚的目光。也许报告厅并没有那么宽敞漂亮，我站的舞台也并不绚丽，但是对于从没有站在众人面前表达自己想法的我来说，那次年级会是我人生故事的开始。它于我的价值不在于我成为了那个被关注的人，而在于我意识到生活的主题：真实地呈现自己，顺其自然地成长。

为社会做点什么

在十一学校，我看到许多人都在课余时间“四处奔波”。令我很受感触的是，他们是在为别人奔波，主动承担社会责任。我自己便也开始“奔波”了——各项班级活动、年级活动，社团，志愿者工作，学校宣传活动，国家文化日……但是我最喜欢的是这两项：策划组织海洋星空基金会活动，自己开办英语讲堂“Learn with Julia”。

海洋星空基金会是由十一学生发起的全国首个关注自闭症儿童的学生公益组织，通过各种渠道募集捐款以资助自闭症儿童。我在社团中担任十一部首席执行官，和各位希望帮助社会弱势群体的同学们共同努力，举办图书义卖、爱心包裹认捐等活动。这项工作开始很艰难，因为没有老师催促、指导，没有人站在你面前告诉你他们多需要这种活动，你也无法预期活动能够取得什么反响；惟一支撑你按期开会、给许多人打电话发短信、搬桌椅扛箱子布置活动现场的，只有你内心中那个希望世界变得更好的梦想。而通过短短几周的义卖活动知道这个梦想的实现是多么困难。但是这项工作进行得比

辅导学生也像模像样

想象中顺利，因为你会看到和你共同工作的同学格外认真，参与义卖活动的老师和同学也格外热情。你会感到自己在做一件伟大的事情。我不敢说我们这些学生的努力真的能让自闭症儿童的生活快乐多少，真的能为世界添多少光彩。但是我相信，我们确确实实通过自身的力量给生活添加了一点温暖的颜色——哪怕很少。

开办英语讲堂是我在四年制高一时才开始的活动。我喜欢学习英语，而且我喜欢和愿意的学英语的同学一起学，希望帮助别人。于是我做了一份课程规划，并把我的想法和我的导师魏勇老师分享。魏老师很支持我，帮我找到了大概13位初一同学做英语学习方面的调查。我和其中7位同学商量好，每两周进行一次英语学习活动。我享受这个过程：通过电影、音乐、网络、书籍，编出实用、美观的讲义和课件；一遍遍确认打印了足够的材料、调试好了电子设备、摆放的座位让每一个同学舒适；在课堂上手舞足蹈地表演，和同学们分享那美丽的语言和人们各种美好的情感；研究同学们填写的调查问卷，对我的课程进行改进……有时候我会有些“惊讶”，比如第一次花大量时间制作精美的幻灯片、使用投影仪时，本以为会让同学们耳目一新，但却在调查中发现他们并不认为那节课相对之前的课有提高。不过，正是这种“惊讶”让我换位思考，让我更好地考虑他人的需求。在讲堂上，我是老师，同时也是学生。

正因为开办英语讲堂，我得到了和初中英语老师讨论课程的机会，并在这个假期开始参与编写初中英语教材。组织基金会活动、开办讲堂、参与编写初中英语教材，让我明白为社会付出的感觉——感觉很幸福。因为正是通过这样的方式，我实现了自身的价值。

放弃

为了使自己的生活变得更高效、更合理，学会放弃是一件很重要的事情。

初中两年，我担任年级学生会主席的工作。四高一的时候，我放弃了。

社团联合会曾经希望我担任下一届主席，我放弃了。

这两份工作都能很好地服务他人，是锻炼自己的机会，但是我都选择放弃。这是因为它们不是我最享受的工作，有很多更加热爱这项工作、擅长做这项工作的同学比我更合适。实际上，很多同学都具备把这项工作做得很出色的能力，但是其中只有一部分人真正热爱这项工作，而他们才是能把工作做到极致的人。而我也要选择我最热爱的工作：开办义卖、开办讲堂、参与编教材，这些是最大限度地发挥我的能力的事情。而这也是本着让学校这个大集体受益的原则。

坚持走下去

虽然，坚持为社会付出、做自己热爱的事情是非常幸福的。但时间长了，自己的意志力就有可能削弱，热情不如从前。还好，到现在我还有更加强大的力量支持我走下去。

我仍然清楚地记得，王子艾、王英博和我一起准备学校宣传报告时的情境。王子艾和我敲定文字材料，王英博则收集图片、制作幻灯片。我们经常毫无思路，一起沉默地思考。工作一旦取得了进展，我就激动地挥舞拳头，高兴地唱起歌来，王子艾会看着我装出无奈的表情，但难掩她激动的心情，而王英博则保持一脸平静，铿锵有力地讲："好，下一步……"

我们三个人组成了一个长期合作的小团体，共同完成过班级、年级、学校的很多工作。我们各有特点，各有梦想，各有道路。我们幸运地在十一学校相聚，各自都发现了和自己同样为追求梦想而努力奋斗的人。也许，走出十一学校之后，我们不会再有机会合作，但是无论走到哪里，我都会记得，在世界的某个地方，有人和自己同样坚持着自己的梦想，自己要像他们一起满腔热情地活着。我的力量便是他们的力量，他们的力量便是我的力量。这无疑是对我最大的鼓励。

快乐

也许在许多人的印象中，我是个"大忙人儿"，经常在午休或下午自由活动的时间"消失"，去参加各种活动。实际上，我是个比较懒散的人，固定的工作只有几项，倾向于花时间做自己认为有意思的事情，觉得以自己喜欢的方式活着很重要——我相信这是对社会最大的回报。

我喜欢唱歌，唱得很一般，有时候会跑调，缺乏专业训练，但是我喜欢通过这种方式放松身心。最开始，也是因为我喜欢学英语，便搜查到好多英文歌曲，跟着录音一遍遍地学，唱到动情处就毫无顾虑地吼，而且觉得自己唱得很好听、英语说得也漂亮。有时我甚至会专门打印歌词，课间硬拉别的同学一起唱。后来在"88.7"里听到一首歌，就能记下大概歌词和调，随后没事儿就哼唱，忘了词、曲的地方就自己编。偶尔，我还能随口唱出几句自己的心情。我不是很在乎自己唱得如何，我只知道唱歌让我很开心，这对我来讲就足够了。

我喜欢看书。四高一开始时候，我看了一本川端康成的小说集，一下子就被书这个神奇的东西（不如说是生命）吸引了。怎么有这么简单就可以了解遥远的地方的文化的途径？怎么有这么直接地描绘人类生活的方式？怎么这么容易就能够找到理解自己各种情感的人？有人说，哲学就是怀着一种乡愁的冲动到处去寻找家园。我想说，读书是我们最好的回家的路。因此，我在图书馆度过的时光，总是一天中最平静、惬意的。

我喜欢体育运动。我觉得十一学校为学生考虑得很周到，我身边的人都找到了自己喜欢的体育项目，体育课真正成为了大家锻炼身体、从运动中获得乐趣的时间。我选择了篮球课，最喜欢每队四个人打比赛的活动。队员们一起跑，互相配合，有时候能够主动创造出很好的机会，有时候会意外地打出漂亮的球，当然，有时候状态也会陷入低谷。但一个队伍共同面对激动与失望，感觉棒极了。为了更多地感受运动的快乐，也为了拔一拔我那久久不变的身高，我在去年年底决定每天跳绳2000个。开始非常累，又是在冬天，所以每天都要花好久才能下决心顶着寒风出去“感受运动的快乐”。最难受的是春节那阵子，人们都在外面放烟花，小孩子快乐地蹦蹦跳跳，而我却得忍着酸痛感蹦蹦跳跳。不过，时间长了，养成了锻炼的习惯，就发现锻炼真的能让我放松、让我快乐。后来我甚至增量，每天跳2500个，说起来真觉得自豪。

用几千字说清楚我三年的中学生活确实很困难，还有许多生活和学习的重要方面没有得以呈现。但是，以上的故事足以表达，我在十一学校，坚持做我热爱的事情，和给我启发的朋友合作，以自己喜欢的方式生活。在十一学校的路是这样，今后的路仍然是这样。我想，和所有人一样，我不是一个完美的人，有一些东西我永远都得不到；但是，我是一个实实在在生活的人，因为我勤勤恳恳地成长。

十一的味道

文/钟杉

钟杉，十一学校高一学生。十一学校校学生会常委，年级学生会主席，校团委委员。十一学校模拟联合国社团（SYMUN）核心骨干，2012校内会主席，并代表学校参加了北美模联芝加哥会（MUNUC），获 Honorable Mention 奖。作为十一大使团的一员，接待了来自美国、澳大利亚、香港的众多客人。中、英、德三语的运用使她更加自信地面向世界。

初一开学第一天，我就喊出了这样一句话：“十一学校就是为我开的。”那时吸引我的只是偌大的操场和看台、竣工在即的演播厅、录音室和众多有着博士、硕士文凭的老师们。三年里，我经历了酸甜苦辣，品尝着十一学校的独特味道。

·甜——和世界在一起

模拟联合国是十一学校的老牌社团，更是全世界年轻人思想学术的峰会。初一时，在“人权委员会”中，我代表俄罗斯讨论反恐问题，那时自己的英文表达、听力、文书写作都很不过关。发言时，主席说：“The floor is yours.”我愣了好半天才明白他为什么要说“地板”。后来，有代表提到车臣问题，我更是做出了全然忽视俄罗斯人民利益的过激反应。现在回想起自己那时在台上紧紧攥着发言稿却一个字也憋不出来的状态，真是又可笑又可爱。那一次会后，我开始暗暗发力学习英语、关注时事。初二时，我在“联合国环境规划署”中代表马尔代夫，会场上我高喊“我们要被海水淹没了”，来提醒那些发达国家不要一味地讨论新能源问题。这一次模联会，我找到了做代表的感觉。代表一个国家，意味着你要抛去思维定式，替另一个群体说话，去理解一种文化，接受一种全新的意识形态，你说出的话将不再是一个小愤青的批判而是一个国家外交官的陈词。四高一，这是一次危机联动的大会，“中华人民共和国主席”闯进了安理会会场质问当时代表法国的我为什么不通过他们的决议草案。在东北亚核问题上，法国只是“酱油国”，正因如此我们才要更多地考虑国际安全，拒绝做任何国家的傀儡。模联的独特之处就在于，我们讨论的是当今的国际问题，但我们可以提出更新颖更合适的解决方法。模联给了我一个平台来站在外交官的角度上看待国际关系、思考解决办法，而不再拘泥于历史课本中过去的史实、过去的决议、过去的问题。带着同样的一份对于国际事务的责任，大年初二的凌晨，通过十一校内会的小

模联获奖

舞台，我飞向了美国，自信地站上了芝加哥模联大会（MUNUC）的舞台上。

模联是个交流的平台，它让我学会了沟通，灵活地坚持立场与妥协。去了美国的模联会，才发现他们的代表和主席看重的不仅仅是一个人的学术素养，还有他的言行、气场等。我和同行的很多中国代表都有太多顾虑。开会时，我们要是没有提前写好稿子就绝不会发言，即便是灵光一现也没有勇气举牌要求评论。但是一个会期后，我发现这种做法只会让主席忽视我，本来就少得可怜的发言机会就这样白白丧失了。于是我只要写好一个提纲就要求加入主发言名单，即便是无话可说了也只是说声“sorry”走下台。第二天，我脱下了那身餐厅服务员式的黑西服白衬衫，穿上了一条鲜亮的红裙子。渐渐地，我用自己的勇气与大气让主席认可了我，为我赢得了无数中国代表求之而不可得的发言机会。我利用核心磋商中的发言，控制着会议的走势，最终通过了我们的决议草案。闭幕式的颁奖礼上，我获得了Honorable Mentioned奖。这是中国学生在芝加哥模联会上获得的最高奖项。当2000多名代表的目光集中到我身上时，我和世界在一起。

十一模联是我模联征程的起点，也是我外交梦想的起点。在纽约的联合国总部大楼里，我站在历届联合国秘书长的画像旁边与他们合影，仿佛我是下一个。

•苦——选择多了也闹心

“既然要学物理竞赛，你就必须每天拿出几个小时来看竞赛书，社会工作就推掉吧，心都弄浮了。”老师说得很对，我明白潜心钻研对于竞赛的重要性，但却并不甘心推掉一切社会工作。竞赛可以给我毅力、思维能力和学习能力，而社会工作可以提升我的管理能力、沟通能力。将近一个月，我一直在竞赛与工作间徘徊，甚至有时会在做题时突然想到还有工作而皱起眉头，在工作时又不自觉地开始演算某一道竞赛题。这样一来，没有一件做得出色。我明白，我该作出选择了，但我拒绝放弃。于是，我给自己规定了来平衡两件事的时间表：周一和周三的两节自习课来学习竞赛，晚上回家后10点前完成所有的课内预习复习和竞赛内容，10点到11点完成其他的社会工作。到什么点就做什么事，这样就不会“魂牵梦萦”了。很多人认为我“不放手”的选择倔强、不理智，但是，学科竞赛和社会工作只能二选一吗？十一让我相信人的潜力是无限的，不必计较得失，只需认真地、有条不紊地去完成我选择做的每一件事。

当然，十一提供的重重机会，让我懂得了坚持，也让我学会了舍弃。有一次十一英语角社团（ECC）面向全校招收核心骨干。带着去锻炼英语、和各年级牛人交流心得想法，我顺利地成为了ECC所谓的核心骨干。但两次的集体活动后，我发现我们大多是用中文策划一些刻板的活动，没有外教的帮助也没有太多的英文交流时间。我并不想做这个社团的社长，只是想锻炼英语口语，很明显，它的组织形式不能满足我的愿望。于是，我选择退出。这一次，我明白明智地选择就是认清你要什么然后决定你该做什么。有时候，当你不知道那条路才能到达你心中的目的地时，不妨在摸索尝试中调整；当有多条可行的道路时，你可以走的绝不是独木桥，不必因你同时做了很多事情而担忧徘徊，只要坚定地做好每一件你决定要做的事。多选择不等于烂质量、坏心情，这就是十一学校给予我的选择的智慧。

•酸——天外有天，人外有人

三年里，十一学校不仅是一个多彩的小世界，还是一双无形的大手，托举我们面向更高远的天空。当然，被同龄人打败的滋味并不好受。我被学校推荐参加中央电视台举办的希望之星英语风采大赛高中组的比赛。晋级北京赛区决赛的10人中前5名可以晋级全国总决赛，我却失之交臂。候场时，我和旁边的选手聊天，她说她想上耶鲁。我当时在想，耶鲁平均每年只会在中国录取不到10位本科生，拥有这个梦想的有我、有她，还有千千万万个女孩，谁能笑到最后呢？十一学校提供的很多比赛、交流机会都让我看到了各个方面比我更强大的对手，让我明白自己没有资格自以为是。在短暂的羡慕嫉妒恨之后，我开始发现自己、规划自己、超越自己。

•辣——自己打造的“狂欢节”

我是校学生会的常委、校团委委员和年级学生会主席，听起来是怪吓人的“官方组织”，但正是在这些组织中和众多“仁人志士”的合作创造给我留下了印象最深刻的策划经历。

在筹备外国文化日时，连续两周放学后策划团队的同学们都会抱着方便面，对着电脑屏幕，一遍遍地完善流程、联系到场嘉宾、和专业老师核对德文主持稿。也许这些在别人看来很辛苦，但我们都感觉很爽，因为我们可以用自己的智慧在短短两个小时内带领观众从一个特殊的角度领略一个国家的风采、感知一种文化。

校园狂欢节那天，有人尽情地欢笑，也有人斥责它无聊没意义，但我一直在各个游戏关卡间穿梭协调。与其说这是我的职责，不如说我享受用自己的努力帮助别人、影响别人的感觉。如果我不是十一学校的学生，我或许会为了学分、“声名显赫”而被动地做社会工作。但十一学校赋予了我极大的创造空间，使我愿意为完善一所伟大的学校而竭尽全力。写完密密麻麻的活动企划书，合上笔记本的那一刹那的兴奋感与满足感，是无法用言语表达的。

现在，我不会像刚入学时那么自负鲁莽了。我会说：“十一学校是为每一个希望与众不同的人开的。”一千位十一学子就能品尝到一千种味道，这是我感受到的十一味道，你的呢？

闪光的日子

文/张菲旸

张菲旸 初二18班团支部书记，被评为海淀区三好学生、校优秀共青团员、优秀学生，获第二届学生领袖紫荆奖学金、第二届法兰西文化节最佳策划奖，第十二届“春蕾杯”征文一等奖。校交响乐团小提琴手，被评为优秀特长生，并荣获第三届“金色北京”小提琴独奏金星奖，海淀区中小学生独奏比赛一等奖。

当钟楼上的指针指向7点15分，我又准时背着微重的书包出现在十一学校的西门。日复一日，年复一年，忙碌不知疲倦。每天带着不同的心情走进学校，我总能看到阳光在方圆雕塑镶着的金属边上闪着光，透过校史馆旁边的银杏树，再洒到钟楼金黄的表盘上。这时太阳光正强，照得人感觉有些刺眼。但我喜欢这种迎着阳光向前走的感觉，因为那团前方的闪光会给我一种不可名状的召唤。没错，在十一学校每一天都是这样流光溢彩的日子。

•划过我生命的——绿光

圆满成功的第二届法兰西文化日精彩瞬间

初一年级下半学期，我们学部负责承办第二届法兰西文化节，这对于我的学生时代乃至一生恐怕都刻骨铭心。就像一道绿光："是一个奇迹，划过我的生命里。"

我还在复习期中考试，就和另外四位同学被老师请到了办公室。这时我们才知道是文化节的事，老师想让我们五个当主持人。但是实际上主持人只需要四个，余出来的那个用老师的话讲就是"负责活动中的协调事宜，需要一个有组织能力的人来做"。于是那四个人便坏笑地指着我，我不好推辞，仔细想想，其实负责、策划这方面也适合我，就应了下来。这时老师认真地对我说："好，那么你就是第二届法兰西文化节的总负责人。"一句话说得我有些愕然，原来老师说的"负责"指的便是"全权负责"。就这样，我莫名其妙、稀里糊涂地成为了文化节的总策划。但是除了愕然，我心里更多的是小小的"窃喜"。这样一个锻炼能力的机会真是可遇不可求，老师把它交给我是对我的信任。那时，我心里充满了前所未有的自信和能量，不知从何而来，却明确有力："证明你的时候到了，这将会是一场精彩绝伦的文化盛宴。"

就这样，我昂首阔步地迎上前去，却浑然不知策划一个文化节需要付出多少努力。我们是全校最低的年级，又是最"不起眼"的初一二区，所以同学们，尤其是我，都想通过这个机会向全校证明：尽管我们年纪小，可是我们有很强的能力。前期的工作并不顺利。在第一次协调会上，国际部的老师给我们提出不少问题，当时离彩排只有不到一周的时间，我坐在国际部五层的会议室里，在国际部众多老师、领导和年级主任面前，手里攥着我和同学们加班加点赶出的、却还未成形的方案，心情濒临崩溃。当时，我真的感觉自己弱爆了，我不敢看老师们的眼睛，担心他们在后悔把这个任务交给我。我怕老师们对我失望，更怕我自己对我失望。我纠结地低着头，听到一句话："这不是'初一二区法兰西文化节'，而是'十一学校法兰西文化节'。"我不知这话出自哪位老师之口，但这句话让我醍醐灌顶、豁然开朗：我没有把工作做好不是因为没有能力，而是我们抱着一种病态的、急功近利的、拼命向别人证明的心理在做这件事。我突然意识到：我们并不需要跟任何人比，只需一步一步地，把它当成十一学校的大事来做，自然也就可以做好了。

经过这次思想的转变，我的心态平和了许多，目光也放远了。不再拘泥在"初一二区"，我们向其他年级学部借鉴资料、汲取经验，于是工作取得飞速进展……

这段日子真是充实而又忙碌。每天主科课上完，我们都来到二层中厅，为了文化节各自努力。究竟是如何忙碌的我已经忘了，只记得"五一"假期的三天我们全都泡在学校；只记得我们和老师在几天时间内写出了几万字的脚本；只记得每顿午饭都是面包加白水；只记得累到不行，趴在电脑前睡着……

当然，付出和收获是成正比的。第二届法兰西文化节圆满成功，来参加活动的法国专员还邀请我们去法国大使馆参观。在主持人宣布活动结束的那一刻，我总算对得起国际部和学部的老师，对得起这些天与我同甘共苦的同学，对得起我那颗信誓旦旦的心。短短两周时间，像绿光闪过般短暂，却划亮了我的生活，使我在初一的那个初夏，成长为真正的“十一人”。

几百只灯泡的凝聚之光

在十一学校的日子，乐团的生活也是不可或缺的。十一学校金帆交响乐团，这个响亮的名字为十一学校赢得不少荣誉。现在，坐在明亮的排练厅里，不禁想起了一段“陈年往事”。我刚入学的时候，排练厅屋顶上好几个灯泡坏了，光线不免有些昏暗。于是乐团的老师买了几百只灯泡回来，装在屋顶上。第二天来排练，刚走到门口就吓了一跳，以为走错了地方，愣了两秒才反应过来：这个“金碧辉煌”的地方真的是我们的排练厅。也是在那天，李希贵校长也来“问候”我们，真不知道这是刻意安排，还是天意巧合。班主任还说过：“‘团’字就是把‘人才’聚集到一起。”就像这一个个灯泡，自己并发不出什么强烈的光，可是这上百只灯泡凝聚在一起，那份耀眼的光亮真的是不可阻挡。

•照进我心里的一缕阳光

身为学生，学习才是生活的根本。在自主学习的引导下，我的学习从听老师讲渐渐过度为自己探索。这种主动去了解未知的理念，慢慢浸入到我的学习，甚至一点一滴影响着我的生活。这两年，我在没有上任何课外辅导班的情况下，经历了艰苦摸索，终于获得了适合自己的学习方法，尤其是在语文学习方面表现突出，作文多次获奖。而这种勇敢地寻找自己道路的勇气也是鼓舞我更加努力的决心。在学习之余，学科活动、名家大师、运动会、图书美食节、赴香港交流……各种活动丰富多彩。我一天天成长，从青少年到共青团员，成为了班级的团支部书记。孔子说“吾十有五而志于学”。十一学校的行动纲要里讲到“学校着力培养民族脊梁和社会栋梁。”虽然这个目标还很遥远，但我要一步一步坚定地向它靠近。这一缕心里的阳光，让我感受温暖和光明，会支持着我坚定地向着自己的目标前进。

见识了这些光芒的灿烂，我的青春，再也无悔。十一，你用你最深厚而肥沃的土壤培育了我；十一，我也把我全部的青春献给了你。十一，你这条大河奔腾着，磅礴中裹挟着我和千千万万十一学子到达彼岸。不知不觉，你已奔腾了60个春秋，青春依旧，波光粼粼，生生不息！

相约精彩

文/庞若竹

庞若竹，初一5班学生。第十五届校学生会委员，初一一区学生会主席。曾获校卓越学生、体育特长生、艺术特长生、社会工作特长生、优秀少先队员、第五届校长奖学金金苹果奖、海淀区优秀学生干部，策划“蓝洋筑梦”泰坦尼克主题舞会、“豪情冲云霄——校园闯关赛”、十一博物馆开馆仪式，参加2012年国家大剧院北京青少年艺术周合唱音乐会、第一期少年先锋团校。

·记德国文化日活动——筹备

根据学校的课程安排，每个年级都会承办一次文化日。这个月，正是由我们承办第二届德国文化日，主题是“格林童话”。自从假期里得知这个消息以后，我心里就泛起了嘀咕，如此幼稚的主题如何让各年龄段的同学都产生兴趣？

经过反复的思维碰撞，我们决定用一场舞台剧将格林童话呈现在观众面前，我们班则模仿迪士尼的大型巡演——Cosplay烘托气氛。

接下来，又有一个突发奇想萌芽了：我们要手工制作灰姑娘的礼服！说干就干，我和孙涵开始加班加点地忙碌起来。

先得买布。在玉泉东市场转了两天，我们无奈地得出一条结论：如今做衣服比买衣服麻烦多了，既昂贵又费事……可是好奇心和渴望尝试的心情“逼”着我们继续开展下一步：制作！经过商讨，我们决定将重点放在蓬蓬裙上。

在制作的过程中，又有无数个拦路虎阻挡了前进的道路：裙子怎样蓬起来？怎样做省材又省时？我们发明了“秘密武器”——纸卷！这符合低碳环保目标。利用废草稿纸卷成卷，缝合在最里层的裙子上面。老师们对我们的创造力表示目瞪口呆：

“这样能行么？结实么？”

“这裙子怎么看起来这么脆弱？不会一穿就破，是一次性的吧？”

“你们在做什么？灰姑娘的衣服？是她的旧衣服么？什么？礼服？太有才了！”

虽然都是善意的提醒，但是在我们听起来却有些刺耳。我们一定要证明这件衣服“无与伦比”！

经过了N个星期的日夜奋战，经历了多少天的“有了上顿就没下顿”，终于，在演出的前一天，礼服新鲜出炉了！

虽然衣服仍然有很多瑕疵，事后我们也发现制作过程中漏洞百出，但是它是我们的第一件成品，简直就是无价之宝！

最后的演出成功落幕。这几天的努力、这条裙子、这个Cosplay巡演、这个德国文化日，都会永远深深地印在我们心中。

·“蓝洋筑梦”主题舞会背后的故事

这个学期，我加入了十一学校学生会。由于是初一的新同学，我是本着重在参与多学习的态度当选委员的。但是这次“蓝洋筑梦”主题舞会，让我真正爱上了学生会，爱上了十一学校的一点一滴。

夏季舞会是我校的传统活动。顾名思义，它举办在夏季，是由学生会承办的一项学生之间的大型文艺、感情交流活动。以前的舞会大多是以慈善为背景下举行的，今年为了体现出第15届学生会的与众不同，我们选择以泰坦尼克号为背景，和大家共度一次难忘的航海之旅。

从策划到实践，一个个方案的提出，一个个方案被否定，最终成熟的方案通过了。多少个思维的火花碰撞的会议，多少次因不同意见而发生的争执，多少个方便面陪伴的夜晚……这一切的一切，一旦与舞会的成功相提并论，都显得微不足道。

在舞会的筹划期间，让我负责生日会，就是给舞会当天过生日的同学集体庆生。接到这个任务我怀着满腔热血开始策划，可最终却因没有同学过生日这个滑稽的原因失败了！但是我一刻都没有闲着，还有更加艰巨的任务和考验……

这次舞会第一次尝试售票制度，票务则是每个年级两个负责人，这样初一第一区的任务就落在了我身上。最初给了我30个名额，由于是初一刚入学，对学校的各种活动都不清楚具体细节，当同学们问起舞会到底是个什么东西的时候，我犯了难。说实话，筹备初期我也是不知主席葫芦里卖的什么药。大家见状，觉得舞会一事极为不靠谱，报名的人十个手指头数起来都绰绰有余。达不到预定数量可是不好玩的，我向主席认真请教了何为舞会，又以自助餐为诱惑吸引了报名的同学。随后我将卖票、收钱工作分配给了各班中队长，减轻了自己的工作负担。最后的成果非常可喜，不但满足了人数底线，而且将二区没有达到的名额都补上了，算是出色地完成了任务。

良好的开端是成功的一半。这句话是不错的，卖票取得的成功让我有了小小的成就感，也调动了工作热情。舞会当天，几乎所有工作人员都提前到了会场。对于会场的选择，我们也有创新，采用了学校的羽毛球馆。更大的会场能容纳更多的人，产生更加火爆的现场气氛。会场用各色的气球装点起来，并在背景板上贴上了TITANIC的金色的气球。

我们热切盼望着，舞会终于拉开了帷幕。各项活动有条不紊地进行着，将气氛推向了高潮，现场high到了一定程度。当一曲《我心永恒》响起时，几乎所有学生会成员都长长地舒了一口气。我看到主席欣慰地笑了，大婷子冲着我摆胜利的手势，台上的两个主持人也都如释重负……几个月的辛劳终于得到了认可。退场的时候，我听到不少同学在赞叹这次舞会与众不同，肯定第15届学生会的工作，突然鼻子一酸，竟差点掉下眼泪来。这一刻，百感交集：舞会背后的努力可能只有我们自己才能明白，再多的劳累已经不值得一提了，看着同学们开心的笑容，心中的成就感油然而生。

对于刚刚加入学生会的一名新成员，能够有机会参与舞会的策划已经是难得的锻炼机会了。在联系交大附中学生会委员时，当她听到十一学校还有夏季舞会时羡慕的眼神和惊讶的表情令我难忘。舞会背后的故事讲不完，对十一学校爱也爱不够，作为一个十一人，此时的骄傲难以言表。

拒绝平庸

文/毛佳钰

毛佳钰，初三学生。担任过班级学习部长、组长。获得5次卓越学生、2次优秀特长生、2次区三好、1次市三好。学习成绩优异，在学科竞赛中曾几次获奖。参与表演英国绅士文化周开幕式，在年级各项活动中表现突出。初三下学期被保送科学实验班。

最喜欢天空的那抹淡蓝色，宁静、忧伤。三年一闪而过，留下的是满满的回忆。再回首，脑海中不禁浮现出那些奋斗的日子，平凡、充实、美好。

我是一个普通的女孩，但我拒绝平庸。刘墉的《靠自己去成功》一书中曾写道:“天才不怕打击，也不怕恶意批评。他只是认清自己的目标，以鸭子划水的方式，按部就班地前进。”我知道自己想要什么，有着明确的目标，并为之不懈努力。

【一年级】

初到十一校园，身着天蓝色的校服在偌大的校园里转悠，看着高年级的哥哥姐姐匆匆走过，觉得自己年纪好小。明媚的阳光洒满了大地，映在天蓝色的校服上，也透着淡淡的蓝。印象中我总带着期待与兴奋积极参与名家大师、学生影院、社团活动，每次都有收获。年级、班级的活动更是不计其数，我都会认真对待并带领我的小组取得一次又一次大大小小的成果。印象最深的是我主持策划的一次班会，主题是关于目标的重要性。这次班会很重要，校长会亲自来听。我写好了稿子，与老师一起反反复复修改了很多遍，背下来以后独自在镜子前不断练习，最后班会开得很成功。

期末上学期评优时，由于我体育技能只有两分，只评上了优秀学生。之后听说能补评卓越学生，我立刻在我家附近的健身中心报名参加了游泳班。寒假，泳池里常常只有我一个人在练习。那年冬天特别的冷，但就算是风雪天气我也咬着牙坚持。偌大的泳池里，只留下我孤身一人游泳的背影，经过刻苦的训练我熟练掌握了三种泳姿……下半学期开学，体育技能拿到了六分，如愿补评上了卓越学生，再加上成绩一直名列前茅，还被评为了区三好。取得这些小小的肯定的同时，我心中也暗暗定下了几个目标：评上所有卓越学生、区三好，成为市三好，保送生，当上年级第一。

【二年级】

也许我属于内秀型人才吧，成绩一直保持在年级前40名。学校年级的活动虽然没怎么策划过，但一定积极参与。初二克服了初来乍到的胆怯，对学校比较熟悉了，也树立了学习生活的信心与目标，过得更加充实了。年级、班级的活动更丰富了，参与多了做起来也得心应手，总能代表班级在年级里汇报，其中最让我难忘的当属数学探究活动。

初一时由于选的“造桥选址”课题比较好，老师决定让我到年级进行汇报。那时还不太会做，老师便给我提供了思路，带着我一步步思考，探究出了结论，汇报时取得了不错的效果。进入初二，我便一个人进行探究。首先选定一个值得探究的课题，然后从简单入手，由特殊到一般，逐步深入，探究规律。第二次比较成功的探究《N角形的秘密》，规律还是在老师的启发帮助下得出的。第三次，就由我自己独立完成了《中点四边形》课题探究，是一次既成功又失败的探究。那年寒假，我在家中思考了近一个月，脑海中无时无刻不在想着各种各样的几何图形。从三角形、四边形入手，一直到正八边形，我利用几何画板构造出了几种特殊四边形，并得出了初步结论。令人沮丧的是，当我探究正九边形时，得到的规律就套不进去了。于是只得把先前的结论推翻，认真寻找问题所在。最后发现是探究正八边形时少讨论了一种情况。那么越往下探究，得到结论的准确性是否越低呢？紧接着我在几何画板中探究正十边形、正十一边形、正十二边形…不出所料，又推翻了几个结论，并且分的类别更多更复杂了。可以说这次探究没有结论，是失败的；但是我所学到的这种数学探究思维是十分有用的，从这个角度来讲，它又是成功的，获得了老师们的好评。

不仅数学带给了我无尽的快乐，其他学科的活动我也都乐在其中。语文的诗朗诵、演讲、话剧表演，英语的歌唱比赛、圣诞晚会……我都尽力在这些舞台上展示自己。当然，我也会参与学校活动。还记得文学院举办的诗朗诵比赛，我得了第3名，奖品是一本书；运动会班级入场，我带领几个女孩自编自演了一段舞蹈；我喜欢看学校的各国文化节，并参与表演了年级承办的英国绅士文化周开幕式。在十一这个大舞台上，我虽然不是红花主角，但我开心地扮演着自己的绿叶角色，也同样有滋有味。

初二是最充实的一年，参与各种活动的同时一直特别努力地学习。为了实现心中的梦想，我随身携带着唐诗宋词背诵，随时找老师解答疑难，同时热心帮助同学们。终于，学年结束时我取得了年级第一的好成绩，也评上了卓越学生和区三好。于是带着一份好心情开始了我的美国之行，去感受体验不同的文化。

【三年级】

这一学年是最辛苦的一年了。大家都与世隔绝般地拼命学习，谁不希望被保送呢？可名额只有17个，竞争十分激烈。以下两个片段是我的初三生活最真实的写照：

初秋，凉风习习。教室里，只留下学习的我。桌上是堆积如山的练习册，抽出一本物理汇编，翻开来，压轴题仿佛一座高山横在眼前。久经沙场的我一脸威严，笔尖在草纸上游动，脑海中公式风卷云涌。眉宇纠结到了一处，笔杆也越攥越紧。闭上眼，课堂上老师的点拨如快镜头在脑中闪过，一个灵光，思如泉涌，奋笔疾书中，突破层层迷雾，体会到“山重水复疑无路”之后，“柳暗花明又一村”的惊喜和快乐。嘴角扬起，收拾好书本，转身离开。

日子像书页一般哗哗地翻过，留下的是充实的回忆。

午休时光短暂又美好。同学们在教室里说说笑笑，发泄着考试带来的压抑心情。我带着写好的作文交给老师，记下了修改建议。原来干净的作文纸上，红色批注如盛开的点点梅花，漾出美丽，也提醒我尽快修改，不能拖沓。

那阵子就这样争分夺秒地学习，在各次考试中取得了优异的成绩，最后脱颖而出，成为了保送生，并进入了科学实验班，又实现了一个目标。

身为物理课代表的我每天收发统计作业，为同学服务，帮助老师工作，也算为班级建设尽了自己的一点微薄之力。三年的努力得到了回报，如愿评上了市三好，实现了最强烈的一个梦想。可以说，这三年就是一个不断努力、实现梦想的过程，十一学校就是一个圆梦的地方，就像初一刚报道时班主任在黑板上所写的那样：“梦起飞的地方”。

青春乐章

文/寇思涵

寇思涵，北京市十一学校初三13班毕业生。曾任班级团支书、百花书画社社长，曾获首届方圆奖学金、英才奖学金，连续三年校卓越学生，北京市三好学生。

青春的华美乐章我们无法谱写，因为它早已在不经意间拉开了序幕。回顾我的初中生活，百感交集，一张张幸福的笑脸，一个个生动的片段在我的脑海里走马灯似的转。我们在十一这片肥沃的土地上快乐地成长。

我和我的同学们

“起床啦！”我微微睁开眼睛，在我身旁的铭一边摇我一边俯身在我耳边说。可是蔓延全身的疼痛感给我带来的软绵绵的疲倦，让我瘫在床上起不来。有了昨晚低烧的征兆，她下意识摸了摸我的额头：“肯定又烧起来了！快起来我陪你去医务室。”她一边皱着眉说，一边递给我衣服，接着又借来雅的温度计，倒好一杯水送到我面前。

那一刻，虽然身体不适，但是心里很快乐。

老师同学们回来了，带来的不仅是满满一盒子的饭菜，还有更让我感动的一声声问候。

“双儿特意打了桶底好多的米。”

“颐把盘里所有的鸡蛋都留给病号了。”

“还有铭打的一盒米汤，灌到水杯里趁热喝吧！”

“吃完饭趁热赶紧钻被窝里睡一觉，起来准能好！”

看着关心我的朋友，吃着她们打来的饭菜，听到那一声声关切的话语，我的眼眶湿润了……睡前，琪拿来一块膏药让我把昨晚崴了的脚贴上，还有溪一直在我身边和我聊天，哄我睡觉……

那一刻，虽然浑身无力，但是心里很快乐。

午休过后，躺在被子里的我依旧高烧不退。我一直想坚持下来不回家，但老师终究向家长发出了“通知”。一下午的时间，我总坐在窗边看着同学们训练的英姿。不愿相信我的军营生活像昨天那样风风火火的开始，又是以我的提前离开而结束。

然而，这次别样的军训让我感受到更多的温暖，体会到了更多的爱。这一份份纯真的友情，弥足珍贵。

我和我的老师

我在十一学校的成长路上，最要感谢的莫过于各位帮助过我的老师。而其中人格魅力影响我最大的是陪伴我两年学习物理的丁光成老师。

丁老师“地道的”方言和可爱的性格总能给课堂带来诸多欢乐。

讲有关测量的知识时他说：“温度计在使用之前一定要记得摔一摔（甩一甩）。”

在讲物体受力分析时他说："这有一个小人，他在拉绳子，这个小人不是可爱的同学们，是丁老师！"

丁老师注重培养我们的互助学习，他总对我们说："课堂上最重要的环节就是要学会小猪教牛（小组交流）。"

丁老师在讲学法时对我们讲到："学生一定要会学习。我们要认真做好'四习'——课前积极预习，课上认真学习，课后及时复习。另外，课下多做练习。"丁老师不仅要求我们以认真的态度面对学习，他自己也在以极其严格的态度对待自己的教学工作。

记得初二时物理组的老师不在办公区工作，单独在一间屋子里。一天傍晚，我们几个上晚自习的同学接水路过，半掩着的门里传来丁老师讲课的声音。大家以为丁老师在给哪个缺课的孩子补课，出于好奇心，我们凑上前去探个究竟。结果发现空荡荡的办公室里只有丁老师一个人，他自己对着试卷认真地进行着试卷讲评："请同学们在第××题上打两个三角板，是中考第××题的重点题型，要求人人都会……""第××很具有挑战性，只有几个人答正确，下面请很具有学习物理才能的×××给大家讲讲其中的奥妙。"就这样，他一道一道地将重点题目逐一分析与讲解。远看去，老师的试卷上已密密麻麻地写满了红色批注。是什么让从教五十多年的他仍旧注重每一堂课的每一分钟，不放过每一个细枝末节？我想这一定源自于丁老师严谨认真的态度和对教育事业的热爱。

我和我的社团

2010年10月，我选报了张林涛老师的书法选修课。张老师看我有较好的书法功底和组织能力，就让我接手了百花书画社。百花书画社成立于2001年，意在为同学们提供一个练习、展示、交流的平台，不仅能够在书法和绘画技术上有所提高，更能够提高审美情趣，了解中国文化之精粹——书画艺术。

对于刚刚升入初二的我来说，想要经营好一个具有悠久历史的社团来说实属不易。在2011年社团巡礼中我们就遇到了问题。这次社团巡礼的主题是为党90周年庆，书画艺术是静态的美，固然吸引人眼球，然而怎样才能让更多的人参与其中呢？我和几个同伴开始了头脑风暴。最终我们决定与呓语丝情文学社进行联合巡礼，文学社进行有关党的知识的有奖竞答，招揽更多的同学。我们则开展“伟人诗词大家书”的活动，让每一位参与活动的同学都用心地写下一个字。巡礼当天，在同学们的积极配合下，我们共同完成了毛泽东的诗词《七律　长征》。虽然这份“作品”没有完美的布局和高超的技艺，却是参与活动的同学们集体的力量，十一学子的赤色之心也借此展现出来。联合巡礼的方式也让我们体会到“取长补短，互助共赢”的重要性。

回首三年时光，每一天都是一个故事，给我们带来不同的体验、收获与感动，我们也在这漫长却又短暂的三年时光中和身边的十一人演奏着属于我们自己的青春乐章。

寻梦之旅

文/马静怡

马静怡，十一学校社团联合会主席，策划“沟通你我，情聚十一”社团巡礼活动，以及相关前期后期工作。主持学校澳大利亚文化日，并多次接待如HOCKADAY SCHOOL、香港华人书院等学校的交换生。参加首届首都中学生英语风采展示大赛二等奖，英语超级联赛北京市一等奖。

第一次，站在十一学校的正门口，微笑着注视那充满着现代感的雕塑，我就知道自己来对了地方。在十一学校，我走过了自己15年以来最精彩的三年。

·完全不同的学习方式

身为二四制实验班的一员，学校对我们的教育方式非常不同。最让我印象深刻的就是刚上初一时的第一节数学课。我习惯性的拿出笔记本，端坐在书桌前等待老师讲课，却见老师端着一沓纸走进教室。我很好奇：难道要考一考试测测我们的深浅？纸发到大家手中时，一行字跳入眼帘：“自学提纲”。自学？什么叫自学？怎么自学？一系列问题在脑中罗列。接着往下看，“本章学习目标”、“问题导引”、“课本阅读”、“小组讨论”、“习题练习”、“问题”……我按照提纲上一步一步去做，尝试提出一个个问题，就知识和同学点展开讨论。30分钟的自学后，老师留出最后10分钟解答大家尚未解决的问题。第二天，老师收上大家的自学提纲查看大家的掌握情况。刚开始，我对于这种学习方式极度不适应，并对这样学习的成效深表怀疑。逐渐地，我们每一位同学都发现这不同于传统的灌输式教育，我们收获的不止是知识，还有自主学习、独立思考的能力。

后来，上了四年制高一，学校正式推行了走班制。每个人根据自己不同的规划选择不同等级的课程，并且增加了许多自习课，甚至还有小学段这样长达两个星期的“自习课”。大家都有了不同的课表，班级逐渐淡化，班主任也没有了。这时候，就极大地锻炼了同学们的自主管理能力。不再会有什么给班级抹黑这种情况了，我们为自己的行为负责。学习也是一样的，自习课这么多，有的人能够高效利用，有的人就将其荒废掉，差距就这么一点点拉开。一开始，我最大的问题就是自习课效率不高，所以总觉得时间不够用。后来，我认真总结，逐渐踏实下来，锻炼自己能够45分钟不离开座位，不问同学问题，不发呆，不转笔，努力集中自己的注意力。果然，自习课的效率大大提高，原来要一节课做完的题目，现在半个小时就能完成。于是，我逐渐明白了一句话，“真正的学霸是从不熬夜的”。他们付出的时间和我们一样，甚至更少，但是效果却比我们显著，大概就是效率的问题吧。

除了效率，自我规划能力也是非常重要的。一个有良好规划的人，才算是真正掌握自己的生活的人，而不是每天很被动地生活着。我自己就感触非常深，有计划所指导的生活，是有条不紊、心态平和的。不会总是像有些同学，每天临睡前突然惊呼：“啊！我某某科作业忘写了”或是“我忘记明天有个测试”，而从床上爬起来点灯夜战。不但耽误了休息，还因为心里着急而往往成效并不怎样。我喜欢把自己在某一段时间内要做的事情一件一件的列下来，然后安排到生活的每一个时间，再一个一个地去完成。看着一张划满了勾的计划单，心里真的十分高兴。至于成绩，努力到位了，自然会有好的成果。

·精彩的校园生活

几乎十一学校的所有学生都会感慨于学校丰富的校园生活。初一进校门时，我怀着极大的好奇心参加了学校的模拟联合国社团，以一种新生特有的热情去准备每一个会期。后来我发现，一切都没有我想象的那样简单。开会前不但要阅读主席下发的背景文件，还要从各种网站搜集资料，确定立场。在会场，光自己准备的充分是没有用的，还要有一定的口才去说服其他代表，使这些国家站在自己的立场。在模联训练的一切能力，都为我在十一学校的其他活动做好了铺垫。

四高一上学期，我正式接管了学校社团联合会的工作。一向自诩能力极强的我，也在初次独立展开工作有些吃不消。开始时，我十分迷茫。为接近200个社团服务，我能让大家满意我的工作吗？后来，在老师的指导，学长学姐的帮助下我逐渐摸到了一些门路。摇着笔思索这些工作的时间安排，每一天都被学习和社团填得满满的。自己以前不懂得合作，直到成为了社联主席，我才真正明白团队的力量。有时一个人咬着笔头冥思苦想，也想不出一个足够好的社团巡礼方案。但是，当社联团队中的人聚集在一起头脑风暴时，一个优秀的思路或创意很快就会迸发出来，让人感叹其完美。

·获益良多的社会工作

在社会工作中，除了工作本身以外，还有许多值得分享的事情。比如这个团队，就给我带来了太多的感动。有一次我生病了，没去给大家开会，结果当天晚上就有好几个同学发短信问候我，那时候的感动难以言表。还有社团巡礼，我会很认真的一再提醒大家工作要做到位，每一次大家都不会让我失望。看着大家一脸认真地在操场上到处走动查看社团展示、询问社团名字、提醒社团上交材料认真负责的态度，我觉得自己好幸福。自己为之付出的每一个白天与黑夜都是值得的，这里有我爱的社团，我爱的社联。

马静怡接待来访的美国霍克黛学校学生

除了我自己负责的社联工作外，学校还有许多丰富多彩的活动。比如，每学期的国家文化日。我所在的学区就曾举办过德国文化日和澳大利亚文化日，每一次主策划都少不了我的身影。和同学们在一起，泡在学校讨论方案，每一台精彩纷呈的演出背后，都是准备人员的辛苦付出。大到表演、小到灯光，都要考虑周全。每个人工作上的疏漏，都可能酿成大错。我们谨慎地做好一切前期和现场工作，热情是我们的燃料，耐心和毅力是我们的润滑剂。每一次文化日活动，我们呈上的不仅是一场文化盛宴，还有我们的才华、我们的成长。三年的时光，我在十一学校收获知识、感动、快乐与成长。在这里，我走过了一段不太平坦却风景优美的路，留下过欢笑，洒下过泪水，无论如何，我都会微笑的走下去，带着一个成熟的自己，走向自己的梦想。

part 4

从兴趣到执著

咬一口苹果，这是兴趣；吃掉这个苹果，就是执著。
前提是你喜欢它的味道。

梦想，在指间跳跃

文/陶司聪

陶司聪，十一学校国际部学生。十一金帆交响乐团成员，金帆合唱团钢琴伴奏，国际部合唱团钢琴伴奏。曾获2002年亚洲杯钢琴公开赛亚洲季军、广东省卡丹赛第四名、中国音乐学院钢琴比赛十级组第一名。曾与法国钢琴大师尚马龙同台演出，与李云迪同台演奏，获邀参加中央电视台《艺术人生》李云迪专集同台表演，接受朱军采访，并获李云迪大师好评及鼓励。

当我随着金帆交响乐团坐在维也纳金色大厅的那架名贵的三角钢琴旁边的时候，我被这富丽堂皇、庄严雅致的场面以及油黑又闪亮发光的钢琴吸引住了。这是我第一次以乐团钢琴首席的身份面对几百名观众，演奏西方古典音乐。

表演开始前，我静静站在舞台中央，为15岁的我能有这样演奏机会而感到骄傲，同时，我的思绪又回到自己多彩而又曲折的童年。

这时我的脑海里呈现出五岁时第一次面对台下人群直视我的场面。那是2000年，在香港举办的有日本等十几个国家国际少年钢琴大赛上获一等奖时的情景。从三岁开始，我便在中央音乐学院珠海幼儿园学琴，教琴的老师每星期从北京乘飞机飞来飞去，一对一教我。加上我对音乐有点悟性，教学效果极好，很快我便陆续在广州、珠海以及香港等地比赛中获奖。我对钢琴的兴趣越来越浓厚，我深深爱上了音乐。

六岁时，我进了珠海最好的学校——香洲一小。

在学校里，第一年被选为班长，文化活动少不了我，每年都收到很多奖状。其中“给学校争光奖”最多，因为参加社会钢琴比赛总是要拿奖的。

光阴似箭，小学快毕业了。我坚持到北京学琴，我的目标是中央音乐学院附中，还是梦想将来成为钢琴家。爸妈同意了，于是我来到首都，钢琴系教授每周一对一教我一次。全北京初中考试前，我报考了音乐学院附中，北京学琴少年很多，不乏造诣者，我担心能否考取，时时担心着。

考试半月后，我接到书面通知，国家音乐最高学府——中央音乐学院的专业中学录取了我。就在我为此激动不已时，却看见全家人为难的脸色。

又一次决策，又一次思想斗争，又一次家庭辩论在我面前摆开了。

这是一次场面热烈的家庭会议，专门讨论我的升学问题。

我首先表明态度：我爱音乐，我爱钢琴，我苦学了六年，花了那么多的教育投资。既然中央音乐学院附中录取了我，我应该去报到。

外祖父（我一直叫他为爷爷），长期从事外事工作，他以惯有的思维和辩论的态度，问我几个问题，我一一作了回答。

“聪聪，中国13亿人口，现在有几个青年钢琴大师？”

“称得大师级的有两个，即李云迪和郎朗。”

“听说中音附中毕业淘汰率很高，你能否考上中央音乐学院？”

“应该能考上。”

“不要说应该，前途不能做假设。”

“我也听说附中毕业后，有很大比例的人考不上中央音乐学院，我也没有百分之百的把握。”

“如果出现这样情况，你怎么办？”

“那我就去考普通大学。”

“那你为何要走这个弯路？”

我无法回答。

爷爷思考了一会儿，像位“首长”那样讲了一番大道理：

“音乐大师的道路不容易，十几年才出了个郎朗、李云迪。即使你在中央音乐学院毕业了，也不一定能成为大师。那么让你当个音乐老师，乐团演奏员，甚至在酒店的大厅里弹琴，这肯定不是你所希望的。所以，我建议你要继续练琴，在提高演奏水平的同时，报考一所好的中学，在中学期间，你逐渐长大，依然可以选择自己的梦想，还能给你一个较长的“犹豫期”。以你的聪明，组织和交际能力，你应该成为事业家、政治家、企业家同时又是一位有高度文化底蕴的艺术家。”

爷爷这番话，爸爸赞同，妈妈，奶奶表示尊重我最后的选择。

我觉得，爷爷所讲的不无道理。我考虑了一整天，最后决定报考一所普通中学，但前提是，我一定要考北京最好的中学。

我的想法获得全家成员的支持。

目标就设定在十一学校，进了十一校园，我第一眼看见“国际部”。国际，国际，我早就想，西方古典音乐让我了解世界，文化教育也应该让我融入世界。我高兴得跳起来。宽阔的校园，高大的建筑，绿油油的运动场，设计奇特的音艺楼。我走到将帅语林墙前，默默地看着，我不由自主的给语林墙像行个礼：我来了，陶司聪来了，这即将成为我可爱的母校。

可我深知，学习钢琴耽误了许多文化课的学习时间，与同级高材生相比，我的差距还很大。能否考进十一学校，我并没有十足的把握。但只要我能考上，拼了小命也能赶上其他成绩好的同学。我相信自己，我能！

经过深思熟虑，我开始有计划地补习各科文化课。经过几次严格的面试筛选，我终于如愿以偿。

我被编入12班，听说班主任王丽老师很严厉，可相处久了，她更像一位慈母。她从学习到做人，无微不至地关怀着我。离开12班后，她仍视我为她的学生，叫我参加班里的活动，还给我发了几次奖状。我很感谢她，以后也不会忘记。

国际，国际。时常在我的脑海里萦绕，当我听到初三年级，学校要招收英语实验班时，这真是上天给我的机会，我毫不犹豫报了名。这个班太好了，严谨、轻松、自由。我的学习成绩虽然没列入前茅，但也没落后。对于我这个曾因学钢琴而学习成绩有差距的人来说，我实现了诺言："拼了小命也要赶上"。我赶上了！正如钟老师对我妈说的，"这孩子，真的努力了"。

在十一学校，我如鱼得水。不仅学习成绩逐步提高，而且，每年海淀艺术节，我总可以代表十一学校拿冠军。学校音艺楼内还设了一间"陶司聪琴室"。值得一提的是，经李云迪邀请，我参加了中央电视台，由朱军主持的艺术人生节目。在台上同李云迪分别弹了不同的名曲。这个时刻，使我一生难忘。

在十一学校，开阔了我的视野、提升了我的境界、丰富了我的经历。我学会了谦虚、忍耐和坚持；我有了责任感，我希望将来能成为对世界有贡献和有影响力的人，成为十一的骄傲！放眼望去，也许几年之后的我将在常青藤的名校中拼搏，有老师的鼓励、有父母的支持，只要我肯努力，一切梦想都可能实现。

我希望，我能以优异的成绩考进美国最优秀的大学。

初中结业了，如果让我说些感言的话，我会发自内心地说：感谢钟菁菁老师，感谢王丽老师，感谢十一学校，感谢亲人的爱！

勇敢的心

文/王栊正

王栊正，十一学校12届毕业生，获5000美元奖学金，被美国芝加哥艺术大学（SAIC）录取。在学校期间曾经开办漫画工作室、个人画展等，并获有诸多奖项。

立志成为漫画家，也已有近10年的时间了。

人们总是说，追求梦想的路上会有数不尽的艰辛，而当你迈过这些困难回头看的时候，感受到的却是成长。

现在的我更愿意抱着感激与不服输的心态来面对曾经的这些困难。初一初二我的学习成绩很差，在直升班从来抬不起头，最后以年级倒数第二被淘汰；初三醒悟了，中考重新考进十一高中起点实验班，以成功者的身份继续奋斗着。在这期间，我从未放弃我的作品。

离高考还有1000天时，我发现了问题。长期挣扎在考试的泥潭里，没有选择，没有自由，被太多惟一的观点灌输着，我越发感到我变成了一架没有自我的机器。在一次出国旅行后，我决定颠覆现状，走属于自己的漫画家之路——而这种选择付出的代价是惨重的。我曾经的朋友逐渐把我视作这个一心学习班级中的异类。有一次数学考试，小组第二的我被第四的同桌指控："我们组此次考砸的主要原因是有些同学不专心学业"。在"考上好大学就能追逐梦想"的世界里，依靠个人力量追逐梦想的我才发现自己竟然是孜然一身。

在徐关厅徐老师的帮助下，我得到了位于音美楼六层的画室里屋的两张桌子，并把它们布置成自己的工作室，在那里夜以继日地画画。画室的条件十分艰苦，我必须忍受夏日的酷暑，冬日的严寒，两次画到冻伤右手。饿了吃早上带来的三明治，困了在军用折叠床上睡觉。我极少出去见人，只有非常关心我的几个好朋友偶尔会到我这里和我聊聊天。考试的压力是巨大的，无论是托福还是SAT哪个都需要耗费冗长的时间和大量的精力，而我必须兼顾。常年生活在孤独、失望和黑暗中，支持我的唯有一颗追求梦想的决心。而当我带着我的作品走出画室，打开窗户面对光明的时候，我发现我获得了一种新的力量——一颗无比坚定的心。我战胜了困难，把它们变成了我的力量，在任何时候不动摇、不迷惘，永远向着我应该走的方向前进。

考上SAIC（芝加哥艺术学院），对我而言着实是一个鼓励。六年在十一学校的时光，我将带着圆满的结局离开我热爱的母校。如果没有她宽广的胸怀，我这般的叛逆者不可能获得今日的成功。如今的我，已经不再是空喊口号的热血青年，也不是在黑暗中默默挣扎的鬼魅，而是真正能够向着朝阳前进的顶天立地的男子汉。永远支持相信我的老爸老妈，诸位一直以来引领我的老师们，酒逢知己的弟兄们，还有那许多曾经给予我试炼的人，在这毕业之际，我想真诚地对你们说一声，谢谢！希望我的作品，将是给予你们的一个最好的礼物。

我为歌狂

文/王凯基

王凯基，十一学校拜占庭舞蹈协会副社长，十一学校音乐制作社团社长。曾多次为校文化日、荣光钟启动仪式等活动创作主题曲，组织过校园歌手大赛，利用校内录音棚出过两张个人专辑。

我上初中以后便在父母的引导下选择了学习音乐。记得爸爸曾经跟我讲过：“要么把音乐当做职业，学好音乐，你是成功的；要么就不要去学音乐，如果你没有投入足够的时间与精力到音乐之中，只是将它当做一个普通的爱好的话，你根本无法取得任何成绩。”类似的话，一个在美国学习音乐的朋友也曾经跟我说过：“Music, all or nothing.”英文的表述更加简短有力，短短四个词，我可能一辈子也忘不了。而在这种观念的驱使下，我也毅然决然地选择了学习音乐，努力去考取美国顶尖的音乐学院。所以在我的生活中，少了一些常规学业的压力，但由于“半路出家”，增加的专业技能负担却远远大于减少的学业压力。艺术专业的考生绝对不轻松，要每天晚上在琴房练琴，要在完成学校作业后做大量的专业训练。但即便这样，在十一学校的这一年依旧让我难忘。

考进十一学校之前，我就被朋友口中的“学生录音棚”、“学生琴房”所深深吸引。十一学校已隐隐在我心中成为一所梦寐以求的学校。怀着对音乐梦想的执著、对十一学校的向往，我开始了这与众不同的高中生活。

精彩的故事，很高兴能与大家分享。

属于学生自己的录音棚，多少学校的学生想都不敢想。而作为一名热爱音乐的学生，有着如此优秀的资源，我便三天两头地往录音棚跑，那里实在是太吸引我了！

来到高中我所迈出的最大的一步，便是创作出属于自己的音乐，制作出属于自己的歌曲。入学时，我虽然已经掌握了一些乐理知识，但是一想到我的时间还多、路还长，因此在作曲方面的学习也只是停留在理论知识上，并没有付诸行动去做出一首完整的歌曲。直到有一天，班主任想让我为班级创作一首班歌。或许是好面子，一时逞强，我便接下了这个任务。其实对于当时的我来说，这也并不算是一个困难的事情，不过第一次嘛，难免有些紧张。在录音棚张磊老师的帮助下，我录了吉他，编了一些比较简单的鼓点和贝司，再录上还说得过去的人声，最后老师进行了一些简单的后期处理。两天时间，一首简单的班歌就这么完成了。评价有好有坏，但我已经很满意了，毕竟这是我在音乐之路上跨出的一大步。

随着学习的深入、技术日益熟练，我也不断超越自己，作出更好的音乐。当我在加拿大文化日演唱自己所作的主题曲时，我深深地体会到了向他人诠释自己作品的那种快感；而在容光钟的启动仪式上，西班牙文化日时，我又体会了坐在舞台下看着别人演绎自己的作品的满足感，当自己的音乐得到别人的认可时内心充满了喜悦。尤其是在西班牙文化日，当舞台上的同学演唱由我创作的歌曲时，台下竟然还有同学跟着唱了起来，虽然人数不多，但真的令我心头一震，很是幸福。那一刻，我深深体会到了一个创作者的快乐所在：将自己的所知所感，通过自己所掌握的理论与知识，以音乐旋律的形式撰写出来，形成一个完整的作品。很多人认为创作者是从这一个过程不断自我满足的，其实不然。我认为创作者更大的满足是在于表演者对原作者作品的二次创作。原作者的所知所感的基础上，加以表演者对作品，对生活的所知所感，两个不同的人从不同的角度来诠释同一个主题，这是表演者对创作者的回应，是两个灵魂的碰撞，在这碰撞之中，无论是作者还是表演者，都能获得无上的快感。或许这便是许多作曲家都喜欢坐在观众席听台上的表演者诠释自己作品的原因吧！

学校专为王凯基打造了个性化的课程

与此同时，我与另外几位热爱音乐的同学共同创建了一个社团——MoGe音乐制作小组，将自己做过的歌曲刻成CD，在学校里义卖。或许做工还很粗糙，音乐制作得还不够成熟，但那都是我们共同努力的成果。多少年后，我们再次翻出自己学生时代所制作的CD，打开音响，听着那些简单的歌，我相信，许多感动会不由自主地涌上心头，那是属于我们共同的回忆。

得意大利钢琴家迪托马面授机宜

记得小时候看过一个动画片叫《我为歌狂》。如今，故事情节已经忘得差不多了，只记得故事的主角们凑在一起组乐队。那种琴与琴之间的互动，心与心之间的交流，让音乐变得更为生动，让听音乐的人变得更为激动。而我从小练习钢琴，永远只是一个人弹奏出一个又一个完整的曲目。那种与他人互动的感觉，也是我之前从未体验过的。

进入拜占庭Crew，并在其旗下乐队担任键盘手，可谓是我高中生活的一个转折点。从那之后，我的生活明显变得忙碌起来了。从乐队的每一次彩排，到美国文化日的演出，每一次活动都是一次飞跃，与队友之间的默契也与日俱增，音乐将原本毫无干系的我们，聚集在了一起，一起玩音乐，一起享受音乐，真的很幸福；那种我说什么你都懂的默契真的很难得。

真的想说，没有组过乐队的人生是残缺的，通过乐器来表现出自己内心的灵魂，并在舞台上与其他人的灵魂相互摩擦相互碰撞。那一刻我们真的能感受到，语言的局限性，声音的伟大。与有着相同梦想的同伴们一起摇滚，一起爵士，一起玩，那种淋漓尽致的快感，真的很难描述。而体验过这种感觉的同学们，请珍惜它。也许当你步入社会，不再与朋友们玩音乐后，就可能再也体会不到那种感觉了。

在几次大型的演出时，身为乐手的我也无奈地干起了场工的活：连接设备、调试乐器。这八个字，看似简单，却是耗费我们最多精力的阶段，无论是体力方面还是脑力方面，都是对我们的一大考验。很自然，我会抱怨，为什么做乐手却要将“苦力”也一并干了。但次数一多时间一长，也就想通了。现在我们接的每一根线、调的每一根弦，都是我们的开始，无论是怎样厉害的艺术家，只有体验过辉煌与草根的生活，才算有了完整的艺术人生，才能在艺术这条艰辛的路上走得更远。我们都需要这样的一种体验，音乐也好，事业也好，体验过草根的生活，我们能够懂得更多，品得更深，而这也是做出高质量产品最有效的方式。有了这种想法，我相信之后的场务工作，我会开心地去做。或许真的有一天，有专门为我们做场务的工作人员了，我们会发自心底地感谢他们，并且更加珍惜来之不易的一切。

这一年来有太多值得回忆的事，我会用心努力记下。我也相信，这只是我多彩的高中生涯的开始，更精彩的未来在等着我去追寻。

十分感谢学校能够给我们这么开阔的平台，去做自己想做的事情，追寻自己梦想的生活。能在十一学校度过高中三年，一生无悔。

逗号的世界

文/沈睿洁

沈睿洁，女，北京十一学校初一3班学生，在班中任文艺部长，同时担任卫生部长助理。初一下学期被评为学校优秀学生。和同学一起从初一下学期起创立了梦想创作社社团，并在社团中担任副社长。创作了“逗号猫”的漫画形象，酷爱漫画创作，也喜欢写些杂文。

既然是讲我的故事，那我就讲点好玩的吧。

我们班同学叫我逗号，事实上逗号是我画的简笔画猫，很简单几笔就画出来了。叫她(就姑且称为她吧！)逗号是因为她的尾巴总是翘起一个“逗号”的弧度(“，”符号嘛)。

至于她的创作起点，还得回到开学军训的时候。那时老师布置军训日记，我看别人全写字有点千篇一律，所以我就画漫画日记，这样逗号就跳了出来。同时，我没有记军训时的大事(比如说“我们今天是第一次在外独立”云云)，而是细细散散地记了许多我认为有意思的事。后来校门口卖动漫周边产品的大叔、食堂里倒饭的大伯和我那把载物台按坏的朋友，还有好多好多，都被我画过。没想到漫画日记受到了大家好评，于是我就坚持画下去了。我开始不断地改善画风，到现在逗号已经和军训时差别很大了。军训后，她有了自己的名字“逗号”，也有了自己的小世界。于是就这样画着画着，不知不觉地朋友开始叫我逗号。

再看我的作品，是以逗号的眼睛来看我们的每一天，以逗号心情诉说每一件事。逗号就是我，用画代替长长的文章添满了一个又一个本子。我是逗号，这个生活中小小的一分子。

•逗号的小世界

刚开学时我跟谁都不熟，逗号的小世界就一直是只有她自己在活跃着，积极地建设好这片天地。不过渐渐地，关注我的漫画日记的人多了起来，小世界也搬进了许多新的居民。我把许多朋友画进了日记里，逗号的朋友越来越多了。在朋友的鼓励下，我的创作热情高涨起来。最近我又新加入了我创作的另外两个角色——点子和小幻。点子是个点，来源于数学“点动成线”，因为实在觉得数学有点无聊就出现了点子。小幻是蝙蝠——“长翅膀的老鼠”，其实是逗号的朋友啦。

就算再忙，我也会偷出点闲把那些趣事和逗号跟朋友们分享。至少是到现在，我和刚开学时那个沉默、胆小、爱想象的家伙有了那么一点不同。至少我有勇气去说我想说的，逗号帮我在画本上开辟出了一块地，让我尽情挥洒我的个性和感想。

有的时候，逗号会说一些有哲理的话。至少我自己是这么感觉的。我比较喜欢记录一些特别的话或是自己时常总结几句，我不就是感情细胞多了点而已嘛。“哲理”这个评价倒还不是我自吹，我的老师、朋友、家长都觉得我在本上画的大漫画及旁边的几句话很有感觉，或许就是由于这个原因。

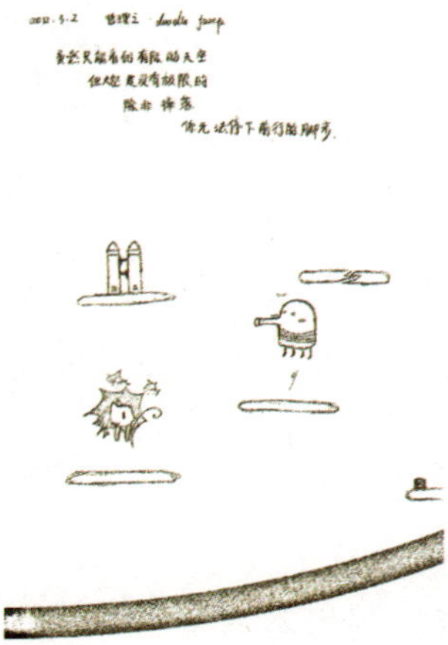

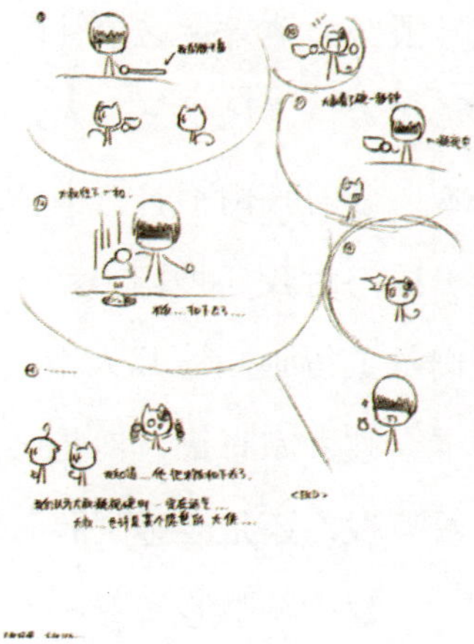

•在路上慢慢向前走

从开学到现在，我仍在持续地更新——我已经画到第四个本子了。这期间，我们班有同学成立了“梦想创作社”，我加入了。社团里是有不少同学是“台柱”，我荣列其中一个。逗号的世界更大了。我很喜欢我的社团，我和逗号很努力地肯定这个社团。社团巡礼用的大海报——我很自豪地说，是我、淼子和米粒，只是三个人，一起画出来的！抽疯般画画的三天，无时无刻不在头脑风暴的我们不时冒出新点子。甚至到第三天时，我们画到了晚上8:30！那天出校门时我还把门卡、U盘和饭卡全落在教室里了。伙伴们这几天很累，但他们都觉得画画这几天很值……谢谢!好感动。虽然海报并不算奇葩，最后也必定会被大家忘记，但是画的每一个细节都记录着我们的付出。每当我们三人再看海报，还是会感到欣慰。

这个应该也算是一个成功的证明吧。我知道，就算情况再怎么不好，就算只有几个朋友……但是一起努力后得到的，不管是什么，得到的总是比失去的要多。

噢，还要加一句，我在梦想创作社的海报里画上了几乎社团里的所有人，其中就有逗号。

•不会放弃

写到这块儿，这个类似回忆录的长篇大论也该快结尾了。感谢你能看完这篇文章，至少你能从中知道我一直在坚持地往下画。

我在和逗号一起努力。我收获了很多，不仅来自逗号，还来自老师、朋友和家长。他们鼓励我，相信我，支持我继续画。我可以高兴地说我和逗号都在向前走。

现在我们马上面临期末，压力很大，但是压力也能促生改变的力量。逗号就是在压力中一次次改变，一点点长大。这伙计可比我看得开很多，无论怎样她的尾巴总是会翘起一个“，”的弧度。我可要赶超这家伙。不过逗号也就是我，让我们一起努力。

加油吧，逗号！！！

·最后再说几句

感谢妈妈和老师，没有她们的帮助和鼓励我完成不了这篇文章。这对我来说是个不小的挑战。我在最后加了几张逗号的图，画技较拙，请大家多多包涵。

感谢你看完我的长篇大论。梦想创作社，这是我们初一3班自己的社团，这幅海报中每一个形象都代表着我们社团中的一位成员。我们社团的宗旨是：把每一个人的创意变成文字或者图画表现出来。我们每一位成员都是最棒的！

指尖上的瞬间

文/韩可意

韩可意，WONITA社团人力资源部部长，“寻找北极星”社团任首席摄影及校对，并参与出版了《异想》杂志。2012年7月荣获卓越学生称号和优秀特长生称号。

2011年，我考入了向往已久的北京十一学校。与刚入学的同学一样，我对学校内的一切总是感到新奇和迷恋：参天的白杨，遒劲的龙爪槐，古朴的银杏……它们似乎向我诉说着学校的历史变迁；红色组团的初高中部教学楼、宿舍楼及科技楼和图书馆，还有米色组团的国际部教学楼、体育馆和艺术楼……它们又好像争相向我传递着学校发展变化的信息；绿草如茵的运动场上，三五成群的同学们有的挥汗如雨地踢着足球，有的潇洒自如地做着武术操，还有的热火朝天地打着篮球……这一切又向我展示出学校生活的丰富多彩。刚入学的一个月，我走遍了学校的每个角落，想把学校的每个细节都尽收眼底。夏日入夜，我常常躺在宿舍床上，透过玻璃窗看着满天的星星，感受着校园的寂静，眼前闪过这一天中许许多多有意思的场景。突然我有了一个想法：把校园生活中点点滴滴的瞬间变成永恒！从此“拥有相机，记录瞬间”这个念头就扎根在我的脑海。

刚开始，我只用妈妈的一台SONY数码相机捕捉自己的梦想，每天拿着相机用自动挡拍摄校园里看到的一切：课间时同学们的表情，装饰教室的花花草草，篱笆墙上怒放的月季花，庄严地将帅语林墙……甚至每一块记录着校史的地砖都进入了我的相机。虽然这一张张照片拍得很稚嫩,但我仍然很高兴，每周都乐在其中地把照片整理归档，还和同学们一起分享着我的快乐。

我对摄影的爱好和痴迷打动了妈妈，妈妈为我配备了佳能EOS7D单反套机作为生日礼物。我高兴得不得了，觉得自己鸟枪换炮了。随后的日子里，我总是随身携带相机说明书，有时间就拿出来翻翻，终于知道了快门、光圈和感光度之间的关系。我开始运用相机功能，大量实践。比如，在厨房，我把水管开到滴水状态，然后用高速快门拍摄水滴溅起的瞬间；在夜晚，用点测光拍摄光柱下的瓶子；在除夕，用慢快门捕捉焰火的轨迹，等等。随着拍摄技术的提高，激发了我拍更多好照片的决心与信心。

初一下学期，我担任了班级音乐剧《嘎达梅林》的摄影任务，每次艺术课排练我都及时抓拍同学们的每一个动作，每一个表情，不放过任何一个可以记录的机会。记得有一次，我为了拍下一个演卫士的同学的亮相镜头，绞尽脑汁，可就是凸显不出来他所演的角色的特色。突然，音乐的声音响起。“完了”，我心想，“这个同学接下来就都是舞蹈动作了”，就在我为浪费一个机会惋惜时，脑子里灵光一现，突然有了一个很大胆的想法。当时的情况完全容不得我优柔寡断，说时迟那时快，我向最佳拍摄地猛跨两步，疾速仰卧在舞

泼水节上，我拍到的可爱的徐宁老师

台地板上，眼睛贴近取景器，对准目标，手指灵活准确地按下了快门。只听“咔嚓、咔嚓”连续两声，定格了瞬间。我起身坐在舞台上，拿着相机，查看刚才照的照片。我的姿势招来了同学们的围观，我看着同学异样的眼光，解释说：“以下照上，才能凸显人物威严耸立。”那个被拍的同学一边帮我拍打着衣服后背的灰土，一边笑呵呵地说：“韩可意，你真行啊！”这张相片使得同学们对我刮目相看。我成功地完成了我想要的作品，当时的心情堪比爱迪生成功发明灯泡的那一瞬间。

作为一名摄影爱好者，不仅要有好的视角，更要有好的身体素质。有一次，我受体育张老师的邀请，在社团巡礼的足球对抗赛中担任摄影的工作。这活儿听起来很简单，但是我却需要考虑很多：三脚架支在哪里能更好地拍摄人物、在没有外接快门设备的情况下应采取怎样的措施才能避免被球踢到……为了能更多拍摄到球员临门抽射、一展身手的照片，我把三脚架支在了球门旁边。这是一个危险的选择，虽然拍摄视角很好，但很有可能被球击中。比赛开始了！当我的眼睛贴近取景器时，我已全然忘记了被球击中的危险，睁开两只眼睛，全神贯注地观察着球的动态。就这样，好几次球从我的头顶擦发而过，我没有躲避，而无数的精彩瞬间在我眼前闪过的同时，我用指尖抓住了它们。我忘记了烈日炎炎，全神贯注地投入到赛事中，全场比赛拍摄完毕，我才发现自己跟洗澡了一样，汗水顺着胳膊流下来。我丝毫不比那些参赛的同学轻松。但我觉得是值得的，因为这不仅仅是我拍到了好照片，留住了美好瞬间，更多的是对我身心和意志力的磨炼。

今年是我校建校60周年，借助校庆的机会，我结识了很多知名画报社的老记者，虚心向他们请教并解决了许多我在拍摄时遇到的问题。在我校举行的“2012年未来教育峰会”上，老记者们带着我开展了拍摄任务。我跟着摄影小组当起了小记者，为多个外国学校的老师及校长进行跟踪拍摄。全景、特写、细节一个不差，老记者们手把手地教我拍摄了大量的新闻照片，并耐心地对我的片子一一进行点评，热心地为我讲解布光、构图等很细节的拍摄知识，让我受益匪浅，更为我的摄影之路奠定了的基础。还有一次新华社的关记者给我的指导，让我记忆深刻：当我在拍摄叶枫学姐在台上演讲的照片时，身后有人突然拉了一下我的衣袖，我回过头，发现关记者对我指了指台上的叶枫学姐，又指了指她身后的大型海报，“你要照的话，就要把她和那个海报照在一起，这样看的人就不会不懂这张照片的主题。”他指着前面离我几步远的地方“在那儿照得到”。我环视了一下周围，小声对他说：“可是站那儿我会挡着很多人。”关记者拍了拍我的头：“不是跟你说过，做记者就要‘不怕麻烦自己，也不怕麻烦别人’吗？”听了他的话，我抱着尝试的心态，猫着腰快步走到关记者指的地方，找好角度，对好光线，快速地拍了两张照片，又迅速返回了原地，发觉并没有人因此而厌恶我，而且照片的构图的确非常好。原来好的照片与我们近在咫尺！当我把感激的目光投向关记者时，他已经走到舞台的另一边

忙着拍摄去了。我深深地体会到了关老师这么多年拍摄时的辛苦。活动结束之余我还主动与外国友人交流，并承诺把照片通过e-mail的方式发送给他们，一起分享其中的快乐。

在这半年多的拍摄过程中，我渐渐总结出更多关于摄影的感悟。我觉得，刚开始学习摄影的时候，摄影是加法，运用重叠对称的构图和颜色的鲜艳对比来拍摄图片。随着视野的开阔拍摄的深入，摄影成了减法，减去一切不必要的繁琐，留下的只是突出的主题。

光影时刻变化着，每个人都是自己生活里的摄影师。我们铭记过往，但从不停留；

树影婆娑，一只麻雀驻足在教室窗外东张西望，我轻按指尖，用相机记录下了这一刻；

林荫路上，师生并肩而行，敞开心扉畅谈欢笑，我轻按指尖，用相机记录下了这一刻；

夏日傍晚，夕阳西下时的落日余晖，安详静谧，我轻按指尖，用相机记录下了这一刻；

相机是用心感受，用眼说话的媒介。是的，我感受到了，我锻炼着自己，我也在告诉你一些美好的东西。

花开的声音

文/卢梓仪

卢梓仪，诗路花雨社团社长，少年文学院宣传部长，星星雨社团志愿者，中国诗歌协会会员，中国小作家学会会员。即将出版个人诗集《花开的声音》。曾获第十一届总后勤部军事文学奖，北京市十一学校“第三届贺卡贺词展评活动”最经典贺词奖。在《北京市十一学校行动纲要》学习征文中获一等奖。

人们常说，人生中最美好的回忆总是停留在中学时代。不知不觉我已在十一学校度过了最美好的花季。这三年中，我不曾仔细地考虑过自己失去或拥有了什么，不经意回首，往事如烟，却又历历在目。我不敢肯定我已成长为一个成熟稳重的少女，但那个原来不谙世事、裙带飘飘的小女孩正渐渐学会承担责任，学会沉淀、学会静思。

对于十一学校的感情是无法用语言来表达的。我爱的是同学和老师，我爱的是五颜六色的看台，我爱的是音美楼里的钢琴，我爱的是清早被阳光洒满的小花园青草地，我爱的是这里的空气，我爱的是一踏进校门的强烈的归属感，我爱的是这里的全部，我爱的是我每分每秒所留下的回忆以及一个又一个向梦想迈进的脚印。我可以很骄傲地告诉你，十一学校教会我的不仅是知识，更教会我思考，教会我感恩，教会我从现在起规划人生。

这三年中对我最重要的事物有两个：一个是朋友，另一个是诗歌。

我的朋友不多，但每一个都十分珍惜。在这个多愁善感的年纪，朋友是我拥有的最大财富。我可以不要优异的成绩，可以不听喜爱的歌曲，但我不能失去朋友。我这个人很奇怪，往往令人印象深刻的大事只留下支离破碎的剪影，反而是被人忽略的小事完好地保存在我心里。那时，我刚刚走进中学大门，面对一张张青涩的面孔，说实话，我的朋友并不多。记得在10月的某一天，我突然发起了高烧，郭书雨和白若菲午饭都没有吃陪我到医务室测体温。39度数字着实吓了她们一跳，一个忙着帮我收拾学具和课本，另一个跑到办公区帮我开假条。她们忙得火急火燎，反而是我，头昏沉沉地坐在一旁，想自己去做这些事却无能为力。她们冒着上课迟到的危险送我到校门口，直到看到家长来接才转身跑去教室。我虽然没有对她们说一句谢谢，但我知道，那一刻，我好像什么都没有却又拥有好多。后来我朋友就渐渐多了起来，人也变得开朗了很多。一次在学校去澳大利亚的旅行团里认识了一个高一的姐姐，如今她已经高三毕业了。她在我一次生日时送我一首小诗，也是我收到的第一首为我而写的小诗：

零九年的寒冬我们相遇

你像是一个礼物，突然出现在我的生命中

粉红的包装，温馨的图案

将这个冬天点缀的不再寒冷……

我会站在一个遥远的距离看着你

这个遥远并不是疏远

而是，只要回过头，你就会看到我依旧站在那里

看着你，总有一天，你会明白的

去年生日她发来邮件说，“今天去找你。发现时间过得真快。我们认识都快两年了，虽然两年也见不了几次面，但还好，没有陌生的感觉。”她教会了我很多，她的大度，她的细腻还有她的真诚。虽然高三学习很忙，但她还是会尽量抽空给我写一些学习和生活上的建议。她所给予我的远远大于我回报给她的，我为我拥有这样一位朋友而感到幸福。在跟随学校团队去欧洲旅游时认识了许冰洁，那个在我心目中早已成为偶像的人物。她的成绩、她的绘画、她的歌声、她的摄影……一切能想到的优点她都有，性格却又那么朴实。从欧洲回来之后我们就成了特别要好的朋友。其实，她和我一样有着自己的兴趣和爱好，她也会抱怨学习的压力，会为申请出国忙得不可开交，会在周末约同学看电影。有着自己丰富的生活，不只是学习。每当同她聊天时总会不断地激励自己，努力让自己成为像她一样优秀的人。

我朋友中也有不少“忘年交”，邓芸老师就是一个。她是我初中时的数学老师，我对她又爱又怕。其实，我的数学成绩并是不很好，所以每次考完与邓

老师分析试卷成了家常便饭。她会为了给我讲清楚一道题在学校留到很晚，很严厉地指出我的不足，但每当我有小进步时她比我还要高兴。我坚持每年她生日时送她一首小诗，攒到现在已经有三首了。去年我跑回她新办公室给她送礼物，没想到在她新办公桌上整齐地摆着我每一首送她的诗，当时我热泪盈眶。升入高一后我认识了舒芳老师，她是我的语文老师，也是我现在的导师。她不仅人长得美，还有一个很美的名字，所以认识她不久后就为她写了一首小诗，《像风儿般微笑》。比起她课上教给我的知识，她教会我更多的是如何生活。

记得她又一次说“人的一生由三部分组成，三分之一用来学习，三分之一用来休息，余下的三分之一用学习得来的知识和休息获得的经历做有意义的事”。当时的我生活重心只有学习，没有生活的乐趣，学习也没有效率。是她的这句话点醒了我，于是我开始思考自己的人生。没想到的是，当我开始没有把将重心放在学习上，而是花更多的时间去做自己喜欢做的事情的时候，成绩反而提高了许多。我常常与舒老师通信，她也会不时地找我谈心。渐渐地，我更自信了、乐观了、成长了。

与朋友一样对我来说最重要的事物还有诗歌。说起第一次写诗，日子已经很模糊了，大概十一二岁的年纪。我始终还记得那天早上那种兴奋得快飞上天的感觉，仿佛是梦却又那么的真实。现在再读当时认为完美的句子，脸会不由自主地红起来，怎么也想象不出那么稚嫩的句子竟是出自我手。我记不清我的第一个读者是谁了，是我的前桌同学？还是班主任？不过无论是谁，都要感谢他的鼓励，如果没有他的肯定，那些诗句早已不知被我丢到哪去了。我从不认为我的文笔很好，更不用提写诗了。最初写下那些诗句只是觉得新奇有趣，没想到最后竟有如此大的收获。写诗初期的我，是疯狂的。我曾经偷偷在课堂上背着老师写满了一整页的诗，后来被老师发现要求在全班朗读。虽然很内疚，但心里还是乐开了花。我从不认为写诗是一件苦差事。不用苦思冥想，我要做的只是把脑海里冒出的句子写到纸上罢了。

上了中学后写诗不再只是我个人的事。其实，最初想到要创办诗路花语社团只是为了挣学分罢了，但那没想到年级里的老师如此支持，身边的同学也这么积极参与，所以一直坚持到了现在。其实组办一个社团并不像我想象得那么容易，第一要考虑的就是活动地点。最开始的时期我们十几个人因为实在没有找到合适的场地，每次只好到图书馆三层或四层的沙发座上写诗，虽然环境非常安静，但不允许相互讨论，我们无数次因聊到兴头上没有注意音量问题而被图书馆老师严厉批评。想想当时可笑的社团活动场景：一群人不顾形象地在沙发凳上忘我地写诗，因为桌子有限所以有的人将纸放在腿上写，有的人伏在桌上写，有的人干脆跪在地上写。虽然现在想有点可笑，当时觉得那个氛围好极了，丝毫没有觉得条件艰苦。也正是因为有过那么一段时期，所以才会更珍惜现在如此优越的环境。写的诗多了，参加的活动也渐渐多了起来。诗路花语社先后为初二一区的文集《2009前言后记》写诗序，为教师节写献礼诗并获得最佳创作奖，为初二一区“离队建团”写并朗诵献礼诗。为“德国文化日——柏林电影节”写开幕诗、主题歌词，为柏林电影节闭幕式创作并朗诵诗歌，为我校首届“幸福家园杯”外聘公司员工卡拉OK比赛写献礼诗，在2010年7月1日北京十一学校优秀党员表彰大会创作了献礼诗，为各种名家讲座写听后感诗歌并在在初一的下学期印出来第一本社团诗集：《诗路花语——一个以诗命名的旅程》，还邀请到了沈静老师写序言。初中的日子一去不复返，但我们很幸运，我们用诗的语言记录下了属于那个年纪的情思。组办社团给我带来的不仅是诗歌方面的感悟，更多的是组织和协调能力的提升。在活动中难免会遇到社员之间意见不合的情况，但一次次的磨炼使这个大家庭变得更加和睦与温馨。我们，一群风华正茂的青少年，正用自己的双眼和细腻的诗情记录对世界的感悟。

我的诗集《花开的声音》即将正式出版了，在序语中我写道“那段时光已经去了，惟有这些长长短短的句子留了下来。在这些裙带飘飘的日子里，我用稚嫩但真诚的文字记录下了阳光、彩虹和鲜花。静闭双眼，空中飘来一阵芳香。听，花开了……”感谢诗歌陪我走过了一个又一个伤心欢乐的日子。

走过60年的十一学校在见证了一代又一代青年的成长，他是一位老人，因为它已到花甲；他更是一名青年，因为他朝气蓬勃，蓄势待发。十一学校带给我的比我想象得要多得多。我很知足，我人生中最灿烂的三年在十一学校度过；我很幸运，我将在十一学校走过又一个三年。

附：

阳光 味道

卢梓仪

（写这首诗的时候正值中午，温暖的阳光披在身上，泡一杯奶茶，浓浓的味道，我忍不住提笔，写下这首小诗，记录下阳光的味道。也许我的词藻，不能把它完整地记录下来，可在我心里的阳光，就是这种味道！如果你在读这首诗的时候，正好是中午，那相信你一定会尝到这种特别的味道！）

我喜欢阳光的味道

咬一口

是那么的美妙

让我忍不住跳起舞蹈

真希望一直这么年轻
永不变老

我喜欢品着阳光祈祷
这能让天上的神们
更清楚地
听到我哼唱的曲调
让我的心里
不再压抑和烦恼

我要学会
像阳光一样微笑
向着天空
自由地大叫
去寻找
那种叫做梦的味道

阳光带着梦儿
拂过我心中的小岛
让我记住了他乌黑的眸子
迷人的微笑
让我因为有梦想
而骄傲

阳光的味道

寻梦的味道

阳光啊，能否给我一个拥抱

让我向着梦儿

不停地奔跑

让东方的太阳为我照耀

我笔画我心

文/沈天戈

沈天戈，北京市十一学校2010级学生。曾在校获得过卓越学生、优秀学生、优秀特长生等称号。获得过校长奖学金和英才奖学金。担任班级宣传部部长一职，现在在团委宣传部工作，参加了校社团《瞰十一》（校刊）。在校外也获得过许多奖项，例如，徐悲鸿杯第四届美术大赛初中组一等奖，等等。

【一】依稀记得西班牙文化日和英国文化日的那些日子

“沈天戈，这次你能帮忙做一下咱们年级文化日的LOGO吗？”老师把我叫到办公室，温和地问我，“西班牙文化日需要一个很大气又好看的LOGO，你们老师向我推荐了你，说你绘画和设计好。怎么样，你愿不愿意做？”本来我就正为没法为年级首次承办的文化日奉献力量而发愁，还没等我找老师毛遂自荐呢，班主任就先向别的老师推荐了我。而且还能发挥我最擅长的绘画特长，真是再好不过了。我立马点了点头，答应了老师。

油画作品

听完了老师的解释后，我明白这次的设计是为西班牙文化日设计一个标志，也就是LOGO。用来代表十一的首届西班牙文化日。我信心满满地接下了这个任务，并认真去完成，去思考。从西班牙文化日的主题“堂吉诃德的骑士之旅”想起，想到了堂吉诃德和他的随从桑丘；再联系北京市十一学校，接着想到学校的LOGO，再想到把堂吉诃德和桑丘画进学校“思方行圆”的LOGO中……

过程虽然是费尽脑筋的，但是结果是圆满的，我设计好了首届西班牙文化日的LOGO，老师看了后也是十分满意，特别喜欢那两个憨态可掬的以十一学校LOGO为大体布局和位置的堂吉诃德和桑丘。这个LOGO也就在西班牙文化日当天展示在会场的各个地方中，而我也因此获得了校长奖学金。

在英国文化日的筹备阶段，我也参加了LOGO的设计。

每天7点开完Cosplay的准备会，回家后赶紧做完作业，接着就坐到电脑前，按照老师的要求改我精心设计的LOGO……两三周这样的生活过去，第二届英国文化日终于要开幕了，在会场上我发现我的LOGO没有被采用，但是我的一个手绘标志被采用到了纪念T-SHIRT上。虽然感觉有些失落，我费尽心思花费了那么长时间做的一个标志没有用，但是至少我还是有一个可爱的哈利波特的头的标志出现在了英国文化日上。还好，至少有一个。

英国文化日和西班牙文化日，留给我的记忆，都是和设计有关的。但是，

这些记忆终究是令我深深怀念和难忘的。

【二】依稀记得宣传部一起布置班级的那些日子

由于我擅长绘画，我当选了4班的宣传部部长。

宣传部，是我和几个同学共同的“归属”。

我们几个人主要的工作，就是布置教室内外的墙报和奖状、海报、公告，也就是负责粘贴和摘取。有时候我们还要为了各个重大节日或者班会画黑板，在黑板上写字、画画。

虽说看起来这是个无聊而又单调的工作，但其实在这个工作中我们收获了很多。

我们学会了如何分工：在粘贴公告或是别的需要粘贴的东西的时候，都是一个人撕胶条，另一个人负责粘，还有一个人负责看有没有贴歪。这种方法让我们配合的十分默契，同时进度也很快。

我们还学会了如何协商：在班里需要布置的时候，我们几个都会“头脑风暴”，各自提出自己所想的，然后再和别的同学的意见相结合，最终经过几轮的否决和商讨，达成一致，开始动手布置教室。

总而言之，我们几个同学越来越默契，对于班级的布置越来越有想法，教室外的墙面设计经常会有外班同学驻足观看。

我们很享受布置班级的时光，因为我们的关系会越来越好，班级也会越来越好看。

准确地说，四班，才是我们共同的家。而宣传部，只是属于我们几个人的一个独特的小沙发而已。

但是，我们很喜欢这个小沙发呢。

part 5

校园创业家

我要创业，因为我还年轻。
现在就开始，为到千帆竞航时，你可以始终年轻。

我在学校开银行

文/张天实、 李梦天

张天实，十一学校2010级高中14班，十一圆梦银行行长。2010~2011学年作为交换生在美国Granite Hills High School, Apple Valley, CA学习；2011年12月至2012年6月任十一英语角社团副社长，为2011年学校圣诞party争取到来自校外公司的4000元赞助。2012年7月获校长奖学金、金钥匙奖、令德奖学金领袖风范奖、优秀学生等奖项。

李梦天，十一学校2010级高中14班，十一圆梦银行行长。2011年获北京市物理力学竞赛二等奖，2011年10月获英才奖学金。2011年6月代表学校参加“金山顶杯”龙舟竞赛。2012年7月获校长奖学金、金钥匙奖。

从怀揣着一颗好奇之心，到热心而不断受挫，再到最终坚持下来，积累了诸多实践经验并步入正轨，十一学校的校园银行让我们真切地体会到了商业活动中的内涵与艰辛，也收获了不敢想象的回报。

新的起点

上学期期末的一天，我们偶然看到了一张校园机会榜招聘海报，学校要招聘“校园银行行长”。虽然当时我们不太清楚校园银行具体是什么，但是将来想在商业领域发展的我们当即决定打听下详情。

经过了解我们得知，校园银行由李希贵校长出资创建，旨在为在校园内创业的同学提供小额贷款。在与校长约定面谈时，李校长特意向我们强调了风险的控制——要尽可能避免同学无法还清贷款的情况发生。基于这样的考虑，我们向李校长提出，银行行长要尽可能地帮助同学们创业，不仅仅为他们提供资金支持，还可以为同学们出谋划策；在签署借款合同后，银行还要对同学的创业项目进行跟踪，确认项目在正常盈利，到期后可以收回贷款。李校长很欣赏我们对运营银行的见解，但他坚持让我们参与竞标会，让我们通过民主竞选的方式当选行长。

在明确了管理银行的目的与目标之后，我们最终确定了银行的名称——十一圆梦银行。在对银行的运作模式研究并整理出了自己的思路后，我们在竞标会上清晰地向同学评委们阐述了我们的运营理念。竞标共产生了两家学生银行，我们也正式获得了其中一家银行的运营权。

然而，在我们庆祝中标的同时，第一个问题随之而来：相比竞争对手，我们的优势在哪里？

确立理念

上任不久，学校就请了几位银行专业的客户经理为我们做培训，从贷款专业知识、利率设定、项目风险评估，到审批流程、沟通技巧……这让我们对银行的运营有了一些初步了解，也增强了信心。

至于我们对于两家银行竞争的担忧，一位客户经理的话可谓是点到了问题的实质：银行之间互相挖客户、杀价确实令我们头疼，但是此时各家银行拼的就是服务质量！我们圆梦银行“为客户增值”的理念由此确立。考虑到校园的实际情况和同学们的需求，同时基于降低风险的考虑，我们决定采用商业银行的模式运营。

主动出击

本着主动出击、积极寻找商机的原则，我们首先和小木屋十一主题商店的店长建立了联系。十一学校小木屋是“十一学校狂欢节”留下的“财产”。为了使其发挥更大的作用，为同学们提供更多的锻炼机会，学校对小木屋十一主题商店实施招标管理。

和VC文具屋签约

我们主动找到了认为最有赢得中标潜力的夏冰梦同学，提出愿意帮助她赢得竞标。我们主动帮她修改标书和竞标幻灯片，与她沟通演说技巧，并分享我们的成功经验。在我们的帮助下，夏冰梦的团队顺利中标了，并与我们达成了初步的合作意向。

一波三折

万事开头难，十一圆梦银行的第一单生意也是困难重重。我们原本想积极参加客户会议并希望给客户提出有价值的建议（类似顾问一样），却发现“顾问”并不好当——十一主题商店运营团队的内部分工不清，讨论效率不高。他们的团队中标已经过去了将近半个月，在“商店除了销售校园文化用品之外，还应该销售什么”的问题上并没有讨论出个结果，更没有开始实质运营店面。客户团队的有些成员有时做事也不“专业”，本应该通知我们的集体会议却通过社交网站的留言板通知，而非电子邮件或者电话等正式的联络方式，就连通知的语言也不太礼貌，根本就不像同学之间说话的语气。这些虽然都是细节问题，但也体现出客户团队需要进一步提高专业水平。

圆梦银行获得了第一位客户

看来，为了与客户实现双赢，我们必须要付出更多的努力。

“雪上加霜”的是，此时我们和客户的关系还弄得有点僵。看到了客户内部分工并不明确、讨论效率不高、沟通方式也欠专业，我们担心：这样的一个团队能让商店盈利吗？于是，我们向客户提出要查看他们的销售计划，以帮助我们判断项目的风险。然而，客户团队中的一位同学坚持称销售计划是他们的商业机密，绝对不可以给我们看。谈判和合作一开始就陷入了僵局。

校方监管

不仅和同学客户得谈判不顺，主管学生活动的刘艳萍老师对初创的银行业务流程提出了质疑。起初我们的想法是，对于不同的贷款者、不同的项目，按不同利率收取利息。这样看似合理，但我们的问题在于没有制定出一套完整的利率体系，在实际操作中存在着很大的不确定性。刘老师认为，学校内部银行所取的利息应该低于社会上商业银行的贷款利率，否则会有校园银行收取高利贷的嫌疑。

我们如梦方醒，校园银行的行长真的不是那么好当的啊，不仅要面对同学们繁杂的要求，还要随时接受各方面的监督。

虚惊一场

本以为我们的客户最终会因为迟迟拿不到运营启动资金而主动妥协，谁知事情远远没有这样简单。

某日夜里，正在思考数学题目的张天实同学被电脑上新邮件的“叮咚”声给吓了一跳。走到电脑前一看，邮件来自给我们银行帮忙的韩彦杰同学，“据说十一主题商店有向另一家银行贷款的意向！”一阵焦虑感顿时袭来：难道用心开发的客户就这样轻而易举地被竞争对手“挖走了”吗？我们帮他们改标书，给他们提各种运营建议，难道得到的就是这样的结果吗？我们就这样被客户和竞争对手联手“涮了一把”？

后来仔细想了想，客户“货比三家”是很正常的商业行为，李校长当时设立两家银行不就是为了促进良性竞争嘛！另外，我们觉得这只不过是客户的一个小伎俩而已，无非就是想让我们不再索要销售计划，顺便再少收些利息，然后尽快给他们放款罢了。于是，我们果断决定不能被客户的一个小伎俩所干扰：既然要有效控制风险，索要销售计划是必不可少的。

专业运营

针对存在的问题和对手的竞争，我们圆梦银行内部进行了讨论，寻找解决问题的方法。我们发现正是因为没有正式的规则流程，向客户索要销售计划就显得没有任何根据，客户自然不会接受我们的要求，这也正是刘艳萍老师当时给我们的提醒，我们也终于明白了老师让我们规范流程的用心了！于是，我们抓紧定下银行发放贷款的申请、审批流程及利息。

就“高利贷”的问题，我们也和刘老师敞开沟通了自己的看法。因为校园银行发放的都是小额贷款，如果利率很低的话，所收回的利息无法补贴银行的运营成本，比如说宣传的花费，以及通讯成本等。后来，我们认真细致地做出了一份经过调查得出的银行利率表，同时用电脑画出了利率变化的趋势：贷款周期越短，利率也就越高；贷款金额越少，利率越高。最后，刘老师看到我们还算比较专业的分析后，认同了我们制订的利率。

其实，我们非常理解她担心同学们抱怨的现实顾虑和“高利贷”对学校名声的不利。另外，我们也非常感谢她引导我们把学生银行做得更好，同时倾听了我们的观点而不是简单地给我们设定限制。这让我们感到了十一学校老师负责任而开放的一面。

除了制定出完整的利率制度，我们还进一步改善了我们银行接触客户的方式，在原有银行贷款合同的基础上，设计出了银行贷款申请表。这样一来，银行的运营流程变得很清晰，需要资金支持的同学们也会感到银行的专业，银行的运营走向了正轨。

签下大单

在明确我们了银行规则流程后，客户很快同意提交他们的销售计划，并且定期提供财务报表。我们也建议商店团队在初期尽量控制运营成本，不一定要进过多的商品，在开店积累了一定的基础后，再考虑丰富商品种类，以降低营业风险。就这样，我们的第一笔4000元贷款合同也正式成功签订，预计半年后将收回利息321元。

签完第一单合同，我们团队又进行了反思。其实我们没必要抱怨客户“不买账”、“矫情”；相反，正是我们和客户从最初经历的怀疑、僵持、猜忌，到最终双方达成一致的过程，给我们带来了更加真实的商业体验。

小木屋十一主题商店成为了圆梦银行至今最大的一位客户。

同行竞争

相比于第一次危机的“虚惊一场”，第二次危机则给我们上了印象更加深刻的一课。我们无意间发现竞争对手贴出的一张海报上赫然写着“零利率”三个大字。“利率最低可低至0”，这就是所谓的“价格战”、“恶性竞争”吗？他们今天推出零利率，我们难道明天就要往里倒贴钱，亏本也要赚吆喝了？

本来已经拥有完善流程以及利率表的我们瞬间慌了神，因为零利率意味着这个市场出现了恶性竞争的苗头——银行不可能不收取利息，甚至倒贴钱。我们找到竞争对手，希望他们给出一个合理的解释。虽然“零利率只适用于时间不超过一周的非盈利性贷款”这个答复还算说得过去，不过敏感的我们还是很快意识到行业标准的制定势在必行。

虽然两家银行的团队经过多次的讨论，仍无法就利率分歧达成一致。于是在我们主管学生银行的老师的主持下，双方银行最终共同起草了一份《十一学校学生银行管理办法》，以此来约束两家银行的运营方式，规范市场行为。

经过了百折不挠的努力之后，中学校园内模拟银行的运行总算迈出了成功的第一步，我们希望能将银行今后的业务面逐步拓宽，让圆梦银行走上一条持续健康发展的轨道。

在十一学校，我们一直被鼓励要有自己的创意和想法。正是在这样一个开放的环境里，似乎一切都是“不怕我们做不到，只怕我们想不到”。

策划就是“推动力”

文/魏冬

魏冬，十一学校高二学生，创办推动力社团，成功策划多项校内外大型活动。

我是高二才转进十一学校的，而后开始了一个与高考同学们与众不同的学校生活。

十一的校园文化深深吸引和影响着着我：平等、开放、自由、包容，而我也发现了一块儿新的天地：社团。

社团文化是我以前不太能接触到的，因为我以前的学校惟一的社团就是模联，但是我不喜欢穿着正装和一群同龄的、啥都不懂的孩子去讨论所谓的“国际问题”、“领土争端”，我认为那是自欺欺人……所以我以前的学生时代完全没有接触过“社团”这种东西。

在我转进十一学校后我也曾寻求进入一些社团，却发现虽然做得很好的社团有很多，但没有涉及我喜欢的方面，于是我便有了发展自己社团的想法。

我要到了学校的社团列表，细细地分析了一下，发现还是有新社团存在的空间，只要你视角独特！于是平时我在校园开始留意周围的环境，寻找灵感。校园海报是第一个引起我注意的地方，十一的校园只要是面墙就贴满了宣传海报，而且更新速度极快。我的第一个方向就是校园平面广告的设计与印刷。我本来已经设计好了未来的方向，却无意中发现十一已经有一个名叫“广告公司”的广告设计与制作社团了，他们有自己的设备，这是他们最大的优势，但是他们的业务范围只涉及学校的“百星”，所以我想和他们一起共享机器，我们做社团海报，他们做学校海报。本以为我的想法能很容易实现，但和广告公司社长第一次的谈判就使我出师不利：人家无情地拒绝了我……没办法，我设想的那个社团没了机器等于士兵没了手里的枪，这迫使我不得不再一次改变我设想的轨迹。

谈判结束的当天晚上，我打电话给我爸，把这个坏消息告诉了他，我爸跟我说了他的想法，这一通电话给我留下最深的印象就是：“放宽眼界，你的眼界太窄了。”这句话点醒了我，我开始认真地考虑我自己的社团方向问题。的确，我发现了我自己眼界的局限，因为当我把方向设置在广告设计与制作上游的时候，眼前一亮，我发现了大片的“原始森林”，没有任何一个社团涉及过这个领域！这就是我现在的社团：推动力Driving Force，这个社团的定位是社团与学校活动的策划，简单说就是使一个概念性的东西或者看似杂乱无章的想法通过我的设计与规划，使其有很强的实施性，很小的实施难度，并且活动更具创意！为此我联合了学校“广告公司”、校电视台、早安十一社团等几家校内最大的信息发布与传播社团，一起为社团或者学校活动服务。

在社团成立时，我们的社团只有三个人：一个女生，有着活动策划的经验；一个男生，精通海报设计；还有就是我，我要带领大家使我们的社团能走得更远。成立之初，我们接的第一笔单子就是学校“校园歌手大赛”的活动策划，由于承办社团是一个专业性很强的舞蹈社团，没有多少策划经验与能力，于是我就毛遂自荐表达了我们可以提供活动策划方面的帮助的想法。对方的社长也十分高兴我们的加入，一拍即合。我们社团成为了歌手大赛的协办单位，经过一周的反复协商、修改、思想碰撞，我的第一个策划案面世，在歌手大赛颁奖典礼结束后，我甚至不能控制我自己的情绪，因为那时的激动是无法用语言表达，只有成功的活动是我最好的慰藉。

策划了歌手大赛后，我又帮助学校做了校园泼水节的策划，但这些都不是最重要的，最重要的就是我在写这篇文章时还不能停止去构思的策划：崔永元公益基金会•第六届爱飞翔乡村教师培训公益活动。这个活动是把乡村贫困地区的老师请到北京，进行为期十天的培训，使他们近距离接触大都市，把他们的所见所闻，以及学到的教育思想带给山那边的孩子，更好地教育祖国的下一代。

十一学校是这次活动的七个主办方之一，而学生社团自然就成为活动力量的中坚。当十一志愿者协会社长找到我时，我毫不犹豫地接下了这个案子。因为这个案子不仅能帮助我的策划思路更加成熟，还能实现我的公益梦！我没有理由拒绝它！

我们联合了十一学校几个大型的校级社团，组成了爱飞翔的核心小组，力求把我们的力量最大化，去做好这次公益活动，也为110位来自乡村的教师贡献自己的力量。我的社团在这个团队中的角色就是活动的策划，不久，考验我的时候到了：爱飞翔的启动仪式要在十一举行。

当我得知启动仪式的策划交给了我时，我心里很没有底，因为我要策划的不是一次校级的活动，而是面向全社会的。这次活动要对外发出我们的声音，更涉及到社会上的媒体，我要去和他们打交道。“只许成功，不能失败”，这是我给自己定的目标。为此我花了很多时间在网络上寻找类似的活动策划思路，翻看以前的启动仪式资料去寻找灵感。终于，车到山前必有路，一个完整的活动策划案做出来了，甚至包括了我没有涉及过的活动的“新闻点”。

作为崔永元爱飞翔公益活动启动仪式的策划者，魏冬在现场是个大忙人

爱飞翔启动仪式的顺利给我打了一剂强心剂。我发现这种大型活动的策划只要经过我的深思熟虑还是可以把握住的，甚至我做这种活动策划有着专业的人士所没有的优势：因为没有经验，我的思路和想法完全没有局限，没有一味的流程化的感觉，相比之下剑走偏锋更容易受到欢迎。

马上我要面临的就是爱飞翔的结业式的策划，相信我经过这么长时间的沉淀加上我前几次的策划经验一定会给大家呈现一个意想不到又眼前一亮的结业式！也祝我们推动力社团能走下去！越走越远！

数春秋，成长在目

文/魏心颖

魏心颖，校团委宣传委员，校刊《瞰十一》社长、主编。北京十一学校少年新闻学院第一批院士，院长助理。曾获校长奖学金、令德奖学金、英才奖学金。获区、市三好学生，北京市化学竞赛三等奖，海淀区朗诵比赛二等奖。多次主持升旗仪式，奖学金颁奖，名家大师，五四表彰等。参加校狂欢节、艺术节、运动会、开学典礼等大型活动的策划。目前正带领团队制作60年校庆电子相册、校友名录。参与由崔永元基金会发起的爱飞翔活动，总领纪念册的制作。

红墙灰瓦，十一学校又回到了几十年前的她的模样，带着厚重的历史感，引起我们的无限遐想。我不禁问自己，在十一学校四年了，我的“历史”又是怎样？

·奠基

升入中学以前，大人们总会反复告诫我，新的学校群英荟萃，小学的荣耀在中学只是云烟，你不过是沧海一粟。所以我怀着敬畏的心情来了，但这阻挡不了我开辟新天地的梦想。

我作为班级宣传委员的第一份作品为我打开了在设计方面发展的道路。那是一幅以七种色彩为翅膀，以新芽为主题的板报，极尽斑斓，给人以欢愉，赢得了各位老师的好评。在参与班级的各个活动的策划中，我使自己的思维更加严谨，更具有条理，并于其中提高自己的管理能力。

与此同时，我积极参与班会，年级会及升旗仪式的主持，不论大小，我总是满怀勇气地去锻炼自己，增长在主持方面的经验。

•起点

两年后，我被年级推荐进入校团委，开启了我的梦想之路，但我面临的是更大的挑战。

团刊《星星之火》面临重建工作，而现有的团委宣传委员只有一人可以承担主持重建工作，在信心满满和忐忑不安的交汇中，我和这名学姐开始了第一期的制作旅程。

一台电脑，两个人，三部电话，三个晚上的制作，十点的熬夜，四十多本的发行量。但是，更敏锐的眼光，更精确的规划，更高的效率是我们收获的一部分。

•启程

在一位高二学姐的建议下，我们将团刊改为了校刊。其后期工作包括更改刊名、重新定位、更定内容、联系出版商、招新等工作，不亚于重新创办一个组织，一本刊物。

改革刚开始，大家总会陷入五花八门的资料中理不出一点头绪，不知取舍，踌躇不前。分析第一期《星星之火》的缺陷：内容单一、枯燥、没有阅读的价值、不贴切校园生活等，在失望与希望并存的心情中，仔细阅读各高校著名校刊，我们从定位开始，反复开过数次会议，小心翼翼地向未知的道路拓展，逐渐摸清了自己的方向。它叫《瞰十一》，它是彩色，它涉及校园活动、社团风采、星星之火、音乐电影、人物专访、漫画连载。它内容用157铜版纸，用218铜版纸加膜，大小为297*210mm。第一期校刊的准备工作由此风火火地展开了。在我们正摩拳擦掌准备大干一场的时候，猛然间发现无法上手，第一个面临的主要问题就是如何排版。经过对一些出版业的实地考察，我们决定用既简单又实用的专业排版软件INDESIGN CS3。紧接着又出问题了，如何分工。不得不说，这是使我最有成就感的一项工作，下面是我们的改革过程。

改动从大到小都是切合当时实际来的。比如，原始部门美编与排版总是碰不上头，所以我们提高了对编委的要求，必须美工技术都会。后来由于我们作为一个社团需要参加学校的各大社团活动，临时的组织总是有些散漫，所以又将编委分为了组织部和策划部等。关于内容及风格改革我们也经过三次，并且都由我主持。各种辛酸，非切身体会不可言尽。

一晃两年就过去了，我由默默无闻的一名小编升任为了主编，带领了两次改革，将《瞰十一》编辑部系统化、规范化。现在想起来，在感叹其中辛苦的同时，也不禁为自己在创新中摸索的改革而骄傲。我不曾参考社会上各种刊物的创办历程，这或许会使《瞰十一》不够专业，但我根据实际情形逐步地改进，更适合十一学校这个小社会，我相信它会使《瞰十一》走得更远。

在这个过程中，我不仅提高了管理能力、思维的严谨性、办事的效率、为人处世的方法，还初步养成了我的风度。站在一个社团的巅峰，对我来说并

《瞰十一》第四期

《瞰十一》第三期

不意味着荣耀，而意味着挑战。很多时候，我常常为事情的繁多复杂而烦恼，在焦躁中战战兢兢地克服一个又一个困难，深深印证了“有压力才有动力”这句话。而这句话也成为后来激励我向前的重要因素。正是因为有过这样一段经历，回首往事时，才越觉得轻松愉悦。

•成长

多数人了解我，只是因为《瞰十一》，然而《瞰十一》对我而言，只是一个启程。真正让我成长起来的是参与社会活动的经历。

初高中转团关系、团校授课、平时值班，团委的日常工作教会我做一个脚踏实地的人。“一屋不扫何以扫天下”，虽然团委给了我们很多的机遇，但我们时刻都要以日常工作为重。就以审草表，正式表，办团员证来说，看似微小的事情却培养了我很多的素质：认真细心，责任心，这都是学寻常工作所带给我们的。

名家大师主持，奖学金颁奖主持，新闻学院成立大会，五四表彰大会主持，让我的能力得到了充分的发挥。在积累经验的同时我也学到：机会是自己争取来的。一开始，我会紧张，或盯着台词，或看着远方，每一个动作都略显僵硬。如今，大量的主持尝试使我逐渐学会坦然面对，灵活机变，并渐渐形成自己的主持风格。

开学典礼、艺术节、运动会、狂欢节，令我的策划与管理能力逐步提升。在十一学校这个小社会中，永远不缺的就是创意，去年我把谷歌地球作为运动会开幕式方案，今年，我提议以新中国建国时间作为出场方式并将十一建校时间加入，以反映历史的厚重，正应合我校建校60周年的主题。在十一学校，要的是大胆创意、勇于尝试，才会成就累累硕果。狂欢节，我负责花车游行。管理四五十人的团队对我来说着实有些困难，尤其是在临近期末考试的时候。大量的工作曾一度逼近我的底线，让我几近崩溃，但也让我学会了坚强。如今，我正参与“爱飞翔”一个全国性的活动策划当中，这是一个非常大的挑战，但我相信我的自信与勇气会给我创造出一个足以容纳它的舞台。

洋洋洒洒，将我最深刻的记忆一一数过。我感到，我在展翅飞翔。十一将我的翅膀锻造，提供我广阔的苍穹，我真心爱慕着她，并承诺，我将永不止步。

从“谏客社”到“小木屋”

文/夏冰梦

夏冰梦，高一2班学生，谏客社社长，创建了校园学生纪念品学生公司。

回顾自己四年的中学生活，十一校园给了我太多美好的回忆，最重要的是在十一学校我找到了属于自己的舞台。更是让我大胆想象，去实现自己的愿望，让梦想起飞。

谏客社

其实成为谏客社的一员，始于一个巧合。那天，两位谏客社的社员到各个班通知社员开会，可是当时班里只有我一个人。

“剑客社！听起来好酷！我还能报名参加吗？”

“可以，欢迎！”学长回答。

就这样，误打误撞地我加入了“谏客社”。后来我才知道，这是一个以服务社会为目的的组织，组织过“与山那边的孩子同读一本书”捐书，“跳蚤市场”旧货转让，“小小义工周”校园义工等活动。当时想，虽然不是那个剑客，但是当一名“谏客”也让我很有成就感。

在学长的组织带领下，“谏客”们一起在食堂帮着卖过饭，在图书馆整理书籍，在羽毛球馆打扫卫生，去海淀残联为聋哑儿童洗衣服擦玩具，陪他们游戏，教他们竖式减法。

渐渐地，我成为了社长的得力助手，帮着策划各种活动，做海报、做宣传，发短信联系社员，看着自己能力得到提升，我忙碌并快乐着。

到了高一，我当上了谏客社的社长。我发现当社长真的和社员不一样，社长要做许多决策，要出许多主意，要布置许多事情，要“行兵布阵”。我首先组织我的团队，面试选拔领导班子，然后和各个需要帮助的地方洽谈各种义工事项，组织活动。

本学年最大的活动是第四届“与山那边的孩子同读一本书”爱心捐书活动。我们从开始策划到最后去往河北怀来县支教，历时整整一个半月，募集了十一全校师生1100余本书，以及清华大学师生700余本图书。同时我们还制作了10米长的横幅，进行爱心签名，上面有希贵校长的题词，还做了卡片请同学们写上鼓励的话语，送给山那边的孩子们。将书籍整理好后，我们联合清华大学唐仲英爱心社、北京师范大学师英社的支教队伍，一起前往河北怀来进行支教及捐书，一本书、一份爱，每个人付出一点关爱，共同与山那边的孩子共同撑起一片蓝天。

地球一小时的公益宣传活动、玉渊潭志愿者服务活动就不一一细说了，社团巡礼盛况也不再赘述。这些活动我付出了时间、精力还有财力，更付出了我的爱心，从中我也锻炼了自己的许多能力，还学习了许多实用的图片、视频编辑软件。由此我察觉到了自己内心的能量，在繁忙的学习中，这里还有我的一片热土！

校园文化商品专卖店

跳蚤市场海报

社团的活动经费一直很紧缺，靠着每学期社团巡礼仅有的一二百块钱，根本维持不下去，也不能总是拿我自己的钱垫吧？每学期让社员缴纳社费？都不好。所以我要做一项赚钱的生意！就在这时，一直很喜欢校园文化的我，萌生了创办并经营校园文化商品专卖店的想法。

开专卖店的梦想与日俱增，终于在某天下午，我考虑再三，给李希贵校长发短信说明了我的想法。没想到，校长立即回复给予肯定并派雷璐老师与我联系，我激动地第一时间找到雷露老师去谈我的想法。随后，我又找到了蒋斯坦同学，组成了一个小团队，去体验18岁以前不寻常的经历。

那几周，我们奔波在校园中，和负责校园文化商品的各位老师进行交谈，我们勘察校园人流量，研究专卖店选址。晚上，我们抓紧时间写下并不断修改关于校园商品专卖店的提案。就这样从最初的一个想法、一张纸上的简单勾勒，到如今一份完整清晰的提案。就这样，我们把提案交了上去，等待着学校的批准。可是过了一两周却完全没有消息，或许走办公室的流程要很长时间才能批下来。就在我们冥思苦想在哪里找到一间地理位置好的房子的时候。机会来了！

学校狂欢节留下来一个迪士尼小木屋，作为销售基地，让同学们来实现自己梦想。用竞标的方式决定小木屋的经营者。如此一来，我们有了新任务：竞标。

小木屋开张了

做好标书、PPT，反复练习，与其他五组同学一同公开竞标，并最后以压倒性票数成功夺标，不过在这次竞争上，我们结识了接下来与我们共同努力下去的伙伴。从最初的一个想法、一张纸，到如今已经成为现实！

经过几次团队讨论确定小木屋的发展方向：以出售十一学校商品为主，另外再做一些便民的服务。我们决定，销售篮球、足球、文摘等杂志。

2012年3月14日，这一天我们第一次来到《体坛周报》杂志社，第一次在生意场上与年龄比我们大两倍的人面对面谈判。汇款时因为没有经验，收款人填单位填成了姓名，导致汇款错误，几经周折汇款成功后，却又因为押金的问题仍然需要协商。一切都办妥了，送货又出现了问题，原本应该周二中午之前到，却周二下午才送来。因为《足球周刊》一周一期，几乎是杂志中时效性最强的，所以一旦杂志到晚了，几乎全部囤积在手。送货问题继续协商，杂志社也帮忙尽量早些送到，同时我们也制定了促销方式，一是加大宣传措施，二是采取优惠措施，四期连定，免费送货等。后来，我们接触别的杂志社或代理商才知道，我们一开始，就选择了销售难度最大的杂志。现在，我们已经积累了很多经验，相信遇到的困难一定会更快的克服。

同时我们看准时机，在泼水节等活动上提供活动所需道具，这样既能方便同学，又能带来不小收益。小木屋还经营了同学们自制的校园风景卡片等商品。如今小木屋已经成为十一校园文化的传播地。今后，我们将更加努力。

经办小木屋，使我学到了许多经营方法与理念，学会了与形形色色的人打交道，初步学习了商业的运作模式。其中的酸甜苦辣，只有经历了才能更令人回味。

在此，我要感谢为小木屋付出的老师们，谢李希贵校长、施老师、雷露老师和王晓霞老师，以及与我并肩奋斗的同学们：感谢蒋斯坦、杨睿远、谢金雨、刘宝阳、石浩昆、李珩、李筱佳、廖广羽、宋词、周子平。谢谢大家！小木屋的今天是大家共同创造的！

十一学校是我快乐成长的地方，我的梦想在此放飞。虽然谏客社、小木屋占用了我很多时间，但同时也促使我提高了学习效率，而实践中的收获却是书本中永远无法获得的。我相信辛苦付出，必将获益其中！

我的“异想”故事

文/李元杉

李元杉，十一学校初二学生。初一时发起创立北极星社团，创办并主编《异想》杂志，现已出版3期，在学校内具有广泛的影响。在初一一区数学Ⅱ中成绩优异，被推荐进入枣林村书院学习。在学校每月百星活动中获评“读书之星”，在初一一区数学主题研究活动中获一等奖，中文演讲比赛中获得特等奖。

我与十一学校的缘分，开始于2009年。当时，我从一所远郊的私立学校转学到建华实验学校读五年级，上课地点就在十一学校内。

在建华我认识了杨老师。她是我的信息老师，但对我的影响却绝不止于她所任教的学科中。她有着独特的思维和行为方式，使我从盲目听从别人（主要是老师）的性格逐渐变得更有独立思考的能力。现在来看，这种转变十分有利于我在中学乃至于未来的生活。

这位老师最大的特征，就是“怪”。自己是信息老师，不老老实实与计算机为伍，却疯狂热爱书法。一丝若有若无的墨香给她的机房平添了几分人文气息。

渐渐地，我开始习惯并赞赏她别具一格的教学方式。她教导懵懂的我们使用思维导图这种对我们而言全新的工具，以图形的方式建构学习、引领学习。后来，当我游刃有余地又重新开始上以技术为核心的信息课时，不得不由衷感谢她。

她的教案也与众不同。那上面没有大块文字和预设好的同学回答，而是只有几个关键词和要达到的目标。她知道怎样以精彩的方式上好这节课。

同时，我在建华的学习成绩也不错。我对于“升学”这个困扰无数小学生、初中生乃至于高中生的问题十分轻蔑，所以我的小学生活无忧无虑，试图继续实现我的各种想法。虽然这些想法由于自身能力和客观条件大多没有实现，但是我把它们都雪藏了起来，等待着当时并没有明确认识的未来。其实，这时我在潜意识中已经默认了自己将进入十一学校，只不过尚未意识到。

进入十一学校之后，我迫不及待地注册了一个社团，纠集了一群小学的朋友，开始了我们新的梦想之旅。但是现实没有想象的那么容易，从起名字开始就不顺利。我采用为产品命名的方法让每个人起10个名字，再由所有人从中挑选。但是，要想从“火星人俱乐部”这类的奇葩名字中选一个是难上加难。最终，我们选择了“寻找北极星”这个并不适合一个社团的动宾短语。而我们命运的意象也已经随之注定：茫茫黑夜中，一个点灯人顺着一条无止境的长路踽踽而行，不时回首望去，驻足感叹。这条路上有弯曲也有起伏，但谁也不知道它通往何方，只有随之行走才能知道。

名字够浪漫，只是要做的事情不甚明了。“寻找北极星”……好像干这件事的目的就是“寻找”，事件本身也是“寻找”，结果还是“寻找”——北极星毕竟虚无缥缈。

于是我们开始践行一个不可能实现的想法：打造一个记录学生全方位生活

的社交平台，能够同步从新浪微博到人人网所有朋友的所有状态。

社团的第一个学期，我们不出意料地没有任何实质性进展，期末也没能给任何成员学分，作为负责人的我理所当然遭到痛骂。

我怀着对社团成员的歉意，开始了第二个学期。第一次讨论“本学期该干什么”的会议上，就爆发了“战争”。每当有人提出一种想法，就会遭到否决。最后，有说这个社团“扼杀创新”的，也有在一直持己见批驳别人中乐此不疲的。最后，还是做杂志的想法反对的人最少，于是就通过了。

接着又开始讨论杂志的内容。看到以前所读学校的诸多问题，又读过储安平、邹韬奋等贤者的英雄事迹后，做一本批评性的异见“非主流”杂志就成了我的梦想。虽然由于时间不够且遭到“封杀”未能成功，但到了相对更加自由的十一学校，这个想法又抬了头。然而这个主题遭到了大多数人的强烈抨击，认为话题敏感且没有人会购买这样一本杂志。最后，我们决定将杂志主题定在所有人都关注的移动互联网设备（MID）和计算机技术这一方面。

在为杂志起名字上又陷入了僵局。最后我根据文艺青年的典型思路把有人提出的“异想天开”砍去了两个字，就成了“异想”。

这时，杨老师传授的思维导图、计划图、日程表和组织架构图等都派上了用场。一群人按照这些图手忙脚乱地工作。

杂志的排版也是一大问题。出于杨老师的“学习方法比技术更重要”理念，我们一干人用软件都是直接上手，在实践中学习。这样我们几个人很快就掌握了InDesign排版软件的一些基本操作，能顺利地将一些内容加以组合。

经过艰苦的制作以及与辛苦地选择印刷厂，2012年3月21日，第一期《异想》发行。在拿到试印本时，即使是对杂志一直持有反对态度且与我打赌“销量超不过5本”的一位“意见人士”也抑制不住脸上的笑容。虽然此人嘴里还是说着风凉话，但是仍然笑逐颜开。

在销售过程中，凭借我们班很多同学的热情帮助，以及社团成员广泛的人际关系，印刷的200本杂志销售出了90%以上。虽然很多人抱怨定价过高（24页的杂志15元），但我们仍是热情高涨。

4月20日，第二期杂志发行。没有了开始的激情，我们也开始反思：我们与别人的同类杂志有何不同？我们的核心竞争优势是什么？在这样的移动互联时代，用最传统的纸质媒体报道最前沿的技术是否是一种反讽？

可惜的是，有些问题不是一朝一夕就能够解决的。但是，我们已经有一些初步的变革想法。虽然不能说惊世骇俗，但是毕竟是开始的第一步。我们的漫漫长路仍然看不到尽头，无垠的黑夜也始终在延续。但是，我们将一直对自己选择的道路有信心，也将一直走下去，寻找属于自己的“北极星”。

在我写这篇文章的同时，第三期《异想》（本学期特刊）正在印刷。从中，也能够看到我们的努力：尽力让文章的形式更加丰富多彩，文字更加通俗易懂，排版更加美观清爽，内容更加贴近大家关注的前沿。

虽然我们的杂志还有很多不足，但我们一直在努力把它变得更好。同样，虽然十一学校的改革有很多反对和质疑声，但我相信，十一学校仍将继续自己创新和改革的步伐，使学校更加美好！

就像我的十一故事仍将继续一样。

倾注爱，生长爱

文/果珈亦

果珈亦，十一学校高三学生。北京模联组委、十一慈善基金会创始人、模拟联合国副秘书长、少年经济学院副院长、大使社团策划部部长、校棋队队员。曾获IMC一等奖，被评为校优秀学生、艺术特长生，多次策划主持年级、校级活动，组建模拟公司。

起初，我不太喜欢十一学校的。上小学时我没有到过十一学校，却常听说十一学校的“纨绔”之风。而我所在的小学——古城第二小学，偏僻、“民风”朴素，所以十一学校并未进入我的择校名单。这种印象一直持续到了六年级第一个学期结束。

后来，阴差阳错，我有了一次亲临十一学校的机会。没想到，第一次走进十一让我很“来电”！

于我而言，选学校就像选朋友，身家相貌再好，也依然是感觉主导。我没有像别人一样东考西考，十一学校是我心中惟一的选择。我隐隐感觉到，十一学校也会选择我，虽然心里还是很没谱。

到底，我与十一学校的缘分不浅，2班就这样成了我新的归宿。

果然，十一学校是与众不同的。在其他小学同学还无所事事的时候，我便收到了“暑假作业”。没有叫苦，相反，是极大的惊讶！与想象中的不同，作业是“成长档案”和“看书”……那是第一次了解到世界上居然还有“成长档案”的存在。成长档案里包括自我评价，他人评价，愿景，建议，等等。是一个我们可以畅所欲言的地方。带着初次尝试的好奇与对十一学校未知生活的憧憬，我完成得非常仔细。正是从那时起，我对未知带来的迷茫与无措少了，也开始觉得和十一学校有一点小小的默契！

在十一学校操场上军训的三天，短暂却充满了值得回忆的故事。我被任命为体委，一份全新的工作，带给我许多欢乐、心酸、责任、甚至甜蜜……开学前的惊讶并不止于此，人生的第一次前测，数学考砸了。但十一学校的独特从此清晰地烙印在心里。随后的日子很安稳，认真做作业，成绩十分优异。

但我认为这都不能算我十一生活真正的开始……

初一的暑假，语文王丽老师留了一项作业，制作自己的文集，要求装订成书。初闻这个消息，感觉五雷轰顶（虽然现在的十一文集杂志已经有许多了，但对于当时初一的我们来说，真的是个难题）。我觉得，那时候我有半个假期都耗费在了这本书上。写文章、选文章、起笔名、编辑校对、学习排版、排版、设计封面、选纸、印刷……历尽千辛，我的《丹青文集》终于印刷出来，效果很满意。那应该是迄今为止让我成长最多的一份作业，也是我最满意的作品。因为它迫使我整理自己的成长足迹，迫使我独立解决问题，迫使我主动学习技能，最后一条尤为重要。

初二，在王丽老师的帮助下，我成立了“半笔诗情文学社”。我们出版了四本年级文集《花开的岁月1》、《花开的岁月2》、《花开的岁月3》、《那三天》。

那时，为了编辑文集又不想让父母担心，我定了一个2点钟的闹钟。每天9点半“乖乖”睡觉，半夜2点，闹钟一响，立马起床，完成当日任务（自己给自己制定的），再回去睡觉，这时候往往已经5点了……

现在，每当回想那时候作文集的日子，我的嘴角都会不自觉沁出笑，眼睛也会微微湿润。那时的执著，是我后来丢失了的，也是我现在正在努力捡回来的。

虽然，那个曾经的文学社可能从来都没有在社联的档案上存在过，那些文集没有一分的盈利，至今或许除了我，再无一人有集全。但我认为这才是我十一生活真正的开始，因为它把我引向了“社会活动”的道路。只有学习的生活，绝不是十一学校的生活！因为十一学校是一个注重培养学生综合素质的学校，社会活动就是每个学生重要的一课，而我大部分的课余时间都泡在了各种大小活动中。

在这里，我想感谢王丽老师。她真的是一位神奇的老师！她算不上美女，谈不上温柔，甚至有点凶，却把全部的真诚与爱投入到学生中。记得刚上初一，她把我叫到办公区，告诉我她愿意做我人生当中很重要的一个人。在这里，我要说，老师，谢谢您！

后来，我做过学校大大小小许多活动的主持，组织了许多活动，参加了许多社团，也后来创建了自己的社团。对我影响比较大的有模拟联合国、大使社团和十一慈善基金会。

•模拟联合国——上了“贼船”不后悔

我参加模联纯属意外。四高一上学期，社团招新。我和3个闺蜜报了名，但是并没有想报模联。结果，闺蜜们不顾我的“反抗”，生生“帮”我报了名。后来，为我报名的闺蜜很快就退出了，却把我留在了“贼船”上……

幸运的是，从最初的“菜鸟”，到后来的毛遂自荐成为模联中文组的骨干，再到获得北京模联的OD（杰出代表）。我得到了很多人的帮助，结识了很多朋友，也让我真正爱上了模联。特别是参加北京模联三天的会议，几乎不睡觉，虽然年少轻狂，但至今想来却历历在目。回来以后，我就进入了学校模联主席团，直至后来当大主席。

当大主席期间，我倾尽了对模联所有的爱与理解。就像后来我曾写道：“我倍感责任之重，不仅要对代表负责，更要对其他新主席、对整个会议负责……”同时，通过这个会议，我看到了自己原来的不客观，看到了努力后的收获，培养出了下一任秘书长，也逐步建立了一套新的思考模型……

在参与模联期间，还参与过北大地球村的筹备，做过北京模联的组委……

通过模联我不仅认识了很多朋友、锻炼了自己的能力，更加清晰地认识到自己的力量。“用我们的双眼认识世界，用我们的双手改造世界”的信条，将伴我一生。也正是在模联，我最深切的感受到的十一学校的民主，最深刻的理解了十一学校的素质教育！

•大使社团——执行与决策同样重要

我参加大使社团同样是被闺蜜忽悠去的。经过层层选拔与竞选，我成为了策划部部长。作为社员，参加了许许多多的外事接待活动，为多个国家文化日做幕后。

外事接待，让我更加了解了更多国家的文化，熟知各种礼仪，也练就了八颗牙的笑容。但我更想强调的是，与模联不同，这里的工作都要求非常的细化。没有谁是一个纯粹的领导者。加之社团刚刚创立，许多事情都要身体力行。也正是如此，我开始着眼于许多细节的工作。在这里，我知道，执行力强是多么高的褒奖！“靠谱”是多么重要的品质！

同样，在大使社团，我学会了用心做事，明白了脚踏实地的分量。文化日要事无巨细的检查，提出别人没有注意到的细节。我们必须懂得发自内心的体贴客人。比如，对于美国客人，如果总在他上楼梯前提醒他小心，人家就会很不高兴，他们讨厌被当成老年人的感觉。

•十一慈善基金会——倾注爱，生长爱

这是在我在高一创立的社团，它的生日是9月16日。

上初中以后就看到社会财富分配的极度不均，时常想象偏远地区的孩子生活之艰辛，未来之无望。我甚至担心他们不敢拥有梦想，更何况同我们一样的梦想。我一向不认为贫穷有多么可怜，可是我害怕梦想变得廉价。同时，我知道没有什么是理所应当的，我占用了社会优质资源，就理应做出回报。所以，在退休前捐掉大部分积蓄，帮助有梦想的孩子上学、创业就成了我的目标。

后来经历了汶川地震、玉树地震，看到了许许多多不幸的人们，我觉得应该提前行动了。于是我打电话给一位在“中加”的闺蜜说我的想法，她告诉我她们学校已经有了这样的社团，并且做得非常好，还给了我很多建议和鼓励。快到假期，学校有实践活动，我就报名参加了“慈善”实践。参观了中国慈善基金会、了解了他们的运作、上街体验募捐。回来后，我找到当时做指导的王志娟老师谈我的构想，并邀请她做社团的指导老师。王老师非常好，直接答应了，并与我一起筹划社团的相关事宜。事后，我列了一个名单，一个个打电话，邀请他们加入成为核心成员，基金会就此诞生了！

后来我们筹划了很多活动，拜访孤儿院、主办爱心周、组织慈善舞会、拍

卖义捐……

我对这个社团倾注了很多的爱。同时，我也收获了许多。我看到了更多人善良的一面，看到了我们眼中“悲惨者”的坚强与乐观，看到了未来的希望。

刘希瑞，首任副会长，最近还去了青海支教。我已经和他说好了，明年高考结束后，去给他当队员。

在我之后，这个社团一步一步地发展，温玥炜成了第二任会长。这是一个用爱浇灌的社团，希望她茁壮成长，一如爱在每一个人心中成长！在这个社团，我明白了十一学校的心怀天下，懂得了十一人的责任。

在这些社团带给我的收获中，能力只是很小的一部分。我更看重的是它们带给我的朋友、视野、责任、爱心与希望！

当然，我在十一学校的成长也走过许多弯路。有一段时间，我的心思没有完全放在学习上，老师和家长对我都很担忧；参加各种社会活动，也成了他们极不情愿我去做的事情。

然而，如今回想起来，有后怕，却绝不悔恨。也许，这段经历使我错失了许多，但我坚信在以后的道路上，它还会是更大的财富。人生就是如此，不经意的一个选择，都会对未来产生很大的影响。而每一个选择都会是那么不经意，那么顺理成章。我能做的只是把目前认为对的事情做好，不对的事情不做，随机而动，向前看！

如今，我已回到了大多数高三学生的“正轨”上，当然，这要感谢我现在的班主任刘英老师。我相信，在她和其他老师、同学的帮助下，我与十一学校的故事依旧是喜剧。

十一学校与我之间的故事，是有关梦想、责任、希望与爱的故事。

附：

坚守一份使命——慈善职业考察报告

文/果珈亦

2010年10月23日星期六，阴雨转“阳光”

在王老师的带领下，我们31位十一学子乘着校车来到了中国扶贫基金会的北京办事处。办事处坐落在中关村的一座普通的四层楼内，杜绝了一切豪华的装修，平实、朴素，给人亲切的感觉。

首先，我们来到会议室收看了关于爱心包裹项目的宣传片。其中出现了很多名人的影像，有闫妮、苏有朋、何文娜、王宝强等。他们真诚的笑容深深地打动了我们。只有真诚的、发自内心的爱，才是最美的慈善。

随后，便在工作人员的带领下参观了办事处。虽然是双休日，却仍然有工作人员在加班。让人感动。我明白，他们的动力绝不在于那些微薄的工资，而是一颗炙热的心。引用刘墉的一句话，“我觉得上帝对我太好了，我要把我的好分享给别人。”其实慈善不一件普通的事情。我们或许不富有，但一定比有些人富有；只要学会分享，不一定会改变世界，却一定会改变一些人的未来。

接着，我们返回到会议室。由志愿者和工作人员分别向我们介绍了慈善工作、慈善活动的策划、基金会的管理结构、目前的慈善状况、劝募的方式经验等。同学们听得很认真，对慈善有了更深刻的了解。

我们有感于这样一个机构的严密与透明。作为一个大型的基金会，他们用最低的运作资金，成就了最好的慈善项目。他们良好的品牌信用、透明的运作方式、简捷的募捐流程、很高的体验性，都深深吸引着每一个潜在的爱心人士。一个优秀的慈善基金会应该有这样的素质：从最深处打动人们的心灵，唤起一种与生俱来的善良、使命感与责任感。

接下来，我们在会议室中模拟了街头劝募。起初同学们不是很放得开，经常说不清楚，连连被拒、备受打击。不过经过努力，大家渐入佳境了。其实，我们知道不会很顺利，但是为了那些和我们生活在同一个世界却食不果腹、衣不蔽体的孩子们，我们的这些委屈算得了什么？慈善劝募的过程，不仅帮助了山那边的孩子，也为山这边的我们上了最生动的一课。

模拟环节过后，就进入到实战环节。我们走上中关村繁华的街头，进行募捐。在形形色色的人群中，我们学会了判断对象，也学会了勇敢。敢于被拒绝，敢于耐心地话说完。我们遇到了很多困难、很多阻挠，甚至碰到了城管。我们明白，做什么都不容易。但只要我们坚持、我们自信，我们的微笑总能感化他人。

在我们的努力下，我们筹募到了将近1000元的善款，可以为10位贫困小学生提供一年的学习用品。想象他们收到我们的礼物时开心的样子，我不觉扬了扬嘴角。隔着天空的阴云，我们看到了阳光与希望。

图1【图1：希望——捐点钱吧！谢谢】

花季的我们，可以做得很好。因为我们始终怀揣着感恩之心。我们之所以这么幸福，我们要感谢这世界给予我们的一草一木。然而，上天也会乏困，被阴云挡了眼。这时候，因为我们是一家人，就要学会主动的发现那些需要帮助的人，给他们鼓励、支持……我们不要因为获取的太多，就忘记回报，忘记奉献。我们要时刻铭记，我们每一个都是上天派来的天使，肩负着一种责任，那就是——让这里更美好！我愿意坚守这样一份使命，你呢？

最后，作为活动的延续，慈善精神的传承，我们决定成立十一慈善基金会，请大家关注我们，有加入意向的同学，可以联系高一4班果珈亦。

【图2：开门红的欣喜——劝募了两个爱心包裹过后】

七笔画写“我”

文/武岢

武岢，北京十一学校2013届国际部3班学生。创办了第一个以制作电影为主要活动的电影社，为现任电影社社长，并在两个月内将社团升级为“班尼达斯电影公司”，拍摄了十一学校第一部纯在校学生制作微电影《class revolution》，成功举办十一学校电影节。参与“中日文化交流”策划筹备活动，并担任主持“CCTV全国电视主持人新星风采大赛”，同时荣获二等奖。组队参加“奥林匹克头脑风暴大赛”荣获北京市海淀区二等奖，“第十二届华人作文风采大赛”荣获一等奖。

“我”这个字有着十分玄妙的意义，时而比芦苇还渺小，时而能囊括整个宇宙；“我”既是世界的起点，又是世界的终点。“我”这个字玄妙的意义却由仅简单七笔组成：撇、横，竖提，提，斜钩，撇，点。“我”因我而不同，我由七笔构成。

• 撇

起笔短促而倾斜的一笔，是迷茫和反省。

自升入高中以来，我开始怀疑自己曾经追求的东西，众人承认的就一定是对的吗？众人欣赏的就一定是好的吗？真理，这个让人摸不着头脑的词语，在广袤的虚无中存在的也许只有真我和理想。我开始放慢脚步，而不是一味地争强好胜。回忆如流水，越是平顺的时光流逝得越令人心惊，寻求挑战真正的意义也许就在于把一去不复返的时间沉淀成知识和能力，让自己感到充实，而并非胜利的风光；娱乐和玩耍带来的只有一时的快感，真正快乐似乎在理想变为现实时才得以闪现；曾以为是自己的资本，有多少真正属于我？经得起时间淘洗，仍然不离不弃、不变味的是情谊。

狂欢节为同学们送上精美的电影盛宴

如果孔雀无屏可开，就可免除牢笼的困囚；如果珊瑚鱼没有斑斓的外表，便可自然逍遥在太平洋。别人仰望出来的风光，并不一定是自己的幸福。

“园子再小也要垂柳”，奋斗与优秀也是为了生活得更好，而不是生活的目的。好时光并不需要别人看在眼里，而是自己慢慢品尝，内涵的价值要远远超过它的用途。

于是我尝试着认识自己，做自己真正想做的，对生活渐渐有了选择。

•横

不管不顾地直通左右。

“做自己真正想做的”不是“只做自己想做的”。生活中有责任、有义务，有时也会有那么一点点的身不由己。毕竟周围的环境始终不会因个人的意愿而改变。不甘被制度和标准牵着鼻子走，但仅凭单薄的一己之身又没法和生活死磕。这一横，受伤的只会是自己。

在坚持自我时，少一点强硬和苛刻、多一点理解和包容，看似是一种无奈，实则是一种胸襟。这胸襟解脱了较真的自己，才会收获改变的可能。身边会有很多志同道合的朋友，他们有着和你相同或类似的想法，放弃固执己见，把实现他人的理想也包括在自己的理想之内，自己的理想也会在同伴的支持下很快变成现实。在这里要特别感谢十一学校尊重学生自主社团的政策，为我们提供了一个自由平等张扬个性的平台。也非常感谢副社长周执，我的助理刘玉洁，还有任翔、朱晓谦、张晓霞、黄卉奕、吴振邦、彭赵雯、赵悦彤、王格和那些许许多多曾在电影社的活动中，奉献了自己的时间和精力的社员们。是他们把我从孤独和迷茫中拯救出来，并给予了我前进的力量。

万圣节

坚持自我，坚持最值得你坚持的。坚持不是偏执，而是不屈不挠、永不言弃。

· 竖提

坠落，然后坐起来。像我这种总是想太多的人，“深思熟虑”倒成了行动的障碍和累赘，再透彻的哲思不付诸行动也是空话，再美好的理想不落实实践也是泡影。因维护完美、拒绝失望而随波逐流，这种自然的行为被诗人起了个很好听的名字叫做“自我放逐”。这种行为远距离观赏确有一种美感，然而若发生在自己的生活中却是一种灾难。我不想谈境界，只想说因害怕做不好而不做，是一种懦弱。当我们习惯了优秀，最难能可贵的正是面对自己的平凡和不足。这一竖，像是一种放逐；而这一提，就像是幡然觉悟后的一个转身。有过踌躇、有过犹豫，但既然决定了就应该立即行动起来。有些事，其实并没有想象中的那么难。有山，越过去就是了。

非常喜欢《火影疾风传》的一首片尾曲《For You》。它旋律轻快、悠扬，以一种笃定淡然的声调清唱浅吟，有一段歌词是这样的：

社团巡礼上，发放班尼达斯电影公司LOGO

在你眼前的，是已选择的道路。我们的回答，来吧，带着自信向前走就好；

然后，自然地，雨过之后的道路、仿佛彩虹桥一般……

·提

短促而有力的向上一提，动、动、动起来！

我想拍部大片，天天满脑子想的都是各种情节矛盾冲突，自认为不错的原创剧本写了至少有七八部，但拍出来的只有一部《Class Revolution》，而且这剧本还是我20分钟内就写完的。其实最容易落实的，往往是最简单直接的。行动，行动起来，就是经验；拍出来，才有作品。“不积小流，无以成江河；不积跬步，何以致千里。”决定了的事，一定要做，而且要全神贯注，尽心尽力，切不可好高骛远，半途而废。拍摄《Class Revolution》的时候，正值国际部期中考试。在学业压力面前，我愁得差一点就坚持不下去了。我告诉自己不要想象出可怕的结果，而要冷静思考现在、此时此刻我能做什么。先拍摄镜头一，确保无误后再拍摄镜头二；自习时间一到，就把自己尽量从对影片的思索中抽出来，把注意力用在功课复习上。那段时间虽然很忙，但却心情大好，因为心都用在了喜欢做的事物上，充实得连烦心事都没有了。

非常感谢初中的语文老师曾盯着我背过的一篇课文，其中一句话常常在当我想放弃的时候提醒我“走一步，再走一步，然后再惊喜和自豪地回头看看，自己走过的路是多么漫长”。

•斜勾

同一时刻，没法做两件事。要做这件事，就得放弃另一件。想创新，不仅需要别出心裁的创意，更需要另辟蹊径的勇气。

当我遗憾地发现，自己要做的事和身边的人渴望我做的事不相符时，有所坚持就必须有所取舍。选择走一条与众不同的路，一旦失败，还要付出投入所有时间和精力却毫无结果的惨痛代价。从我决定将来要做导演、现在要拍电影开始，我就知道这必然要花费我的大量时间和精力。如果我把所有的时间和精力都投入到学习中，我必然能获得更高的分数；但我还是想为我将来的理想打下一点基础。我不知道这种尝试是否值得，可是我很快乐；我不敢说我一定是成功的，没有完结的故事的未来又如下何定论？一路走来、一路遗失，收获的还有一路的风景。有困难、有失败，但只有在磕磕绊绊中，才能得到失败的经验，使自身变得更坚强。梭罗曾经说过“判定一个人是不是富有不是看他拥有什么，而是看他能舍弃什么”。我是一个富有的人，因为我正值青春。山的那边有什么，不去看怎知风景那边独好？哪怕在翻过大山后看到的是另一座山，也比在望着山幻想那边有个海要痛快百倍。

人生不就是在于不断探求与取舍的过程吗？我宁愿趁着年轻，犯下众多过错，也不愿小心翼翼地过着平庸的一生。错误？失败？那不正是我们进步的机会吗？在哪里倒下就在哪里爬起！

趁着年轻，带着无悔，与潇洒作伴，撒下一路欢笑。向前，向前，再向前！

•撇

向回收的一撇——反省。

在电影首映式那天，看见同学们的表情随着影片的内容而变化，我觉得我们的努力总算有了答案和回报。在那时我才发现，作为一个导演最开心的时刻，就是观众看着你的片子表情发生了变化的时刻。这部片子讲述了各科老师为了让同学们在课堂上集中注意力听课而想尽办法做出了种种怪异的尝试与改变，在影片的最后却揭露这其实是一位同学的一场梦而已。其中有夸张有搞笑，也有辛酸有无奈，想呼吁的其实就是希望老师和同学应该相互理解，表达了“我”渴望教育改革的愿望。

说实话，这部片子实在有太多的缺点和不足，需要改进和提高。未来的路还有很长，这段经历令我收获的不仅仅是拍摄经验而更多的是让我认识到了团队合作的重要性，珍惜同伴、珍惜身边的人，这是我在本次活动中最大的收获和体会。忙起来的时候，剧组里常常有人为了出校门购买道具，或是因为拍戏而无暇按时吃饭，他们口口声声说“不必了，不要紧”我沉默不语，心中却满满的都是感激。

不要所有的事都一个人扛，认识到自己能力有限时，就把工作和责任委任给身边的人，也许只需要一点点信任，任务会完成得比你想象中的还要好。

•点

我想改变世界，但起步的过程却是改变自己！

我想做一个导演，我现在所做的还远远不够。

可以看出，我想的很多，很纠结也很矛盾。

有时候看起来很明白，但还是会不停地犯错。

可是我却是在这不断地矛盾、纠结、轮回中一点点地进步和成长！

不紧不慢。

这一点，是句号是上一篇章的结束、是起笔，亦是下一篇章的开始。

组成了完整的我。

我很渺小。

小到在世界中还不足一点。

我独一无二，你和我一样。

我——正青春！

不一样的人对于“我”会有不一样的认识，从不同角度反省会有不同的姿态，在不同的时间欣赏会有不同的颜色。一个人可能一辈子都没有机会认识到最真实、最完整的自己，但我们却又一辈子的时间去尊重自己、热爱自己。恋人可能会甩了你、亲人可能会离开你、整个世界可能根本不在乎你的存在，所以惟一可以选择永远不抛弃“我”的人就只有自己；珍惜自己、坚持自己、磨砺自己、发扬自己，让自我的魅力与能力去感染和改变身边的人与环境，就像一粒石子激起的涟漪，一圈圈向外扩散——世界，因“我”而不同。

part 6

公益达人初长成

公，是服务公众，益，是受益于己。公益，便是在服务公众的同时，了解、提升自己。

我的WONITA

文/蒋家龄

蒋家龄，国际部高三2班学生。WONITA环保社团创始人，现任社长。该社团现有社员70余人。曾获国际部英语演讲比赛一等奖，北京市中学生中英双语演讲比赛二等奖，获令德奖学金、乐仁奖学金、领袖风范奖、公益人物奖，被评为十一学校卓越学生。

每个人来到十一学校，每个人都有无数种选择，可以去辉煌灿烂的模联，参与光彩夺目的文化日，或是挺入朝廷学生会。我，选择了当“山贼”。

2010年10月，我开始办起了自己的小破社团——WONITA环保社。我这么叫是因为别人这么叫，我也基本同意，惟独不爽的是，我真心觉得社团的弟兄们都是佼佼者，我不忍心让别人如此称呼他们洒下汗水、辛勤耕耘的地方。我觉得自己办社团，就像开片荒山。选择环保，就等于把荒山又往北京九环外拉了拉。山有了，你就自己得把命搭上去召集人。人家凭什么来这个荒芜的地方，凭什么在这干下去？看的都是你的梦想，你的人品。在学校当“山贼”没办法让弟兄们大口喝酒或大口吃肉，所以山寨大王随时都有可能承担就独守空山的风险。可我就这样行动了，我原则简单：不管怎么样，就想干点自己的事。

wonita制作的台历

地理课后的决定：拯救苍生的不是状元，而是愿意牺牲的笨蛋

在高一某一节地理课后，我突然意识到自己生活的世界处在怎样一片危机当中。我不记得那是不是WONITA真正的起点，我只记得我当时我跑下楼给我妈打电话，告诉她我觉得环保是世界上最伟大的事业。我跟她说这世界上的人们大多数都只知道为自己活，不考虑着整个地球。而环保则恰恰是关系整个世界脉搏的事情。我跟她说我愿意把它当成我奋斗的事业。就是那一刹那的热情让我向前冲。在接下来的两年里，我的内心经历了许多挣扎，但是还一直记得最初的梦想。

当我质疑现在的垃圾分类方法有错误时，我很没有底气。为了验证我的判断，接下来我开始采集信息。但这条路让我对前景不再那么乐观。当我自己走到了垃圾回收站，采访工作人员询问食品包装袋究竟是否能回收，他们竟然一问三不知。当我们第一次拨通了北京市市政的咨询电话问分类细节，她们也是一头雾水。当我带领社员们到大型的垃圾处理站采访那里搞技术的高材生，结果他也表示困惑。在这条探寻路中，我一会得到的信息是我的分析非常正确，一会得到的信息是原来的分类方法可能也有道理。最后，我都不知道我应该相信什么了。回想起这些，我觉得这个社会很可怕，连与垃圾分类紧密相关的工作人员都迷迷糊糊的，我们还怎么期待垃圾真的可以得到有效地回收呢？

纵然我们无法左右大的环境，我们还是能从影响身边的人开始，所以社团开始行动了……

不尝试，你永远不知道自己的潜力有多大……

接下来的一个学期，我下定决心要干点实事。我成立四人核心团队，开始了WONITA环保日的策划。可以说，这是我们实施的最有效率的活动了。但是，在活动开始以后，我却根本没有信心可以把这个活动做下去。我们兵分几路，一队负责外围宣传策划，采集老师同学们支持我们建议，拿着我们宣传板的照片，制作横幅；另一队负责采集学校垃圾信息、照片，做数据分析，以及做垃圾桶标示；一队负责联系升旗仪式宣传；一队负责整合志愿者，做时间协调工作。印象比较深刻的是志愿者招新活动：之前我们忙乱得成了一锅粥，开会凑不齐人，演出找不到演员。招新当天我们更是出现了一系列问题：音响忘拿、错误估计学生吃饭时间等。可以说在整个活动当中，我一直都不期待最后会有什么好结果，只是硬着头皮往前走。时间安排得太紧张，我根本没有时间退缩，只能不断地解决刚刚发生的问题。但意想不到的是，当天我们的活动竟然成为了十一学校一道亮丽的风景线。当我们到了现场开始喊话、发传单、唱歌，很快就有了气氛。前来报名的同学络绎不绝，到了最后我们的几个负责解释的社员都忙不过来了。我真没有想到结果竟然是这样，招新前一天，我还在为招不到人而担心。环保日那天，WONITA的特色垃圾桶投入使用，志愿者也齐齐上阵，一边指导大家分类，一边请大家在横幅上签字。我终于发现自己以前的胆怯有非常愚蠢。不尝试，永远不知道自己的潜力有多大。

只要自己永远坚强勇敢地笑微笑，就会有越来越多的人被吸引过来

十一学校有定期的社团巡礼。本部巡礼那天，一共来了有二三十个社员，

参加我们活动的人也特别多，场面宏大。结果到了第二天国际部巡礼，事情却来了一个360度的大转弯。因为国际部主创团队的失误，竟然没有一个社员准备当天出席。我犹豫做还是不做？如果不做，就算什么都没发生；如果做，我就要一个人孤零零地去撑场子。但是我觉得如果我不做，对不起WONITA，于是我只好自己夸张地笑着，先是去了办公室的阳台上展示版，接着求同学帮我把桌子搬下去，然后一个人上楼拿胶条，再一个人下去占位置。活动开始了，我把自己脸上的微笑调整到最灿烂的级别，开始跑到圆厅一个地一个拉人，拉到几个同学之后，我就开始有激情地给他们介绍我们的扔瓶子回收小游戏以及各种奖品。他们扔完瓶子，我就自己跑过去捡。扔到3个了，我就赶紧给他们发奖品，之后再把瓶子递给下一个同学。在这个过程中，我变得非常兴奋。我觉得自己正在创造非常美好的东西，感觉非常神奇。后来真真来了，我拉人，她管摊子。真真本来已经对前期的准备工作感到有些不满，但是后来在我的情绪和是瞬间众多参与的同学的感染下，也变得很兴奋起来。我们的热情感染了很多人，摊位的人也越来越多。过了一会，我竟然发现有一个同学在帮我们捡瓶子，另一个人在帮我们介绍。原来是他们看见我们干得热火朝天，自动临时加入的。我们四个人齐心协力，最后WONITA的绿色站位竟然变成了现场最火的，直到结束活动二十几分钟后，排队的人还源源不断。我终于感受到了坚定的信念与笑容的强大魔力！

事实上，让我最感动的一次是图书美食街。那天社团并没有安排任何活动，我只是打算去超市买点吃的。当我走过那条美食街，发现地上全部都是垃圾。我实在是受不了了，就跑到里面买了一包纸，在地上拣起垃圾来。我就这么低头拣，结果碰到了两个可爱的初一社员，王一鸣和贺书慧。她们看到我在拣垃圾，问我说要不要帮忙。我当时心里还挺没底的，怕她们会嫌脏。后来她们两个人拿了我一张纸就走了。过一会下雨了，甚至还夹杂着小冰雹，我准备提醒一下各个摆摊的班级就回去。这时我就看到了这样一幕：两个小女生蹲在地上，用手捡起一个又一个脏兮兮的垃圾。雨水打在她们身上，丝毫没有反应。我不知道该怎么形容当时的感动，我觉得她们纯洁得就像天使一样。我也总算意识到了，这就是我作为社长最大的作用——做点好事，感染社员也跟着你做。

随着社团规模的扩大，我已经不太可能亲历亲为地做每一件事情，所以慢慢地我开始培养后备力量开始舒展WONITA的枝叶。

在我们完成了高难度的笔试加面试后，我们选出了一组布袋宣传的方案。我让他们自己定计划，自己准备，自己开展活动。我在这里面扮演的角色是救急和一个普通的活动参与者。当时我们在他们准备活动的初期碰了两次面。他们在活动筹划期间遇到了参加同学人数不够的问题，我请真真协助帮他们再一次向各个社员发通告，最后达到了他们理想中的人数。当天我参加了活动，我与另外一位初中同学一组进行有奖问答，知识普及和采访工作。我把握时间与安全问题，除此之外，他们都是自己想办法策划协调。过了几个月后，我让当时活动的组长完全独立完成了另外一次校外的宣传活动，而我全程没有参加（除一次开会讨论外）。我希望通过这样的安排，社员们的组织领导能力能逐步提高。从事实上看，这个最初设定的远景也基本成立。

在2012年5月份，人大附中的同学来十一学校交流，其中社团要给他们设计一个小活动。我就把这个任务半托管地交给了两位新社员。在其中，我抓了几个重要的细节，与他们商谈了核心的活动内容，经费与社员的问题。其余的没有再过问。结果当天晚上，我就接到活动顺利开展完成的消息，我感觉到了这种集合的力量。

后记

在这里，我想再一次感谢所有的社员，以及支持过我们的老师，谢谢你们！没有你们就不会有WONITA的存在。亲爱的社员们，你们的热情与负责，智慧与创意，一次又一次让我震惊！非常抱歉自己的工作没有那么完美，但我希望，WONITA至少改变了你们的一点想法，至少给你们提供了一个锻炼能力的舞台，如果能达到，我就知足了。

另外，我想特别感谢真真。一路走来，你从未抛弃过社团，没有你帮我处理那么多社团事务，我也不可能有耐心把社团工作坚持下来。就算再在你即将离开校园的日子里，你对社团的事也是百倍负责。谢谢你！

最后，我还想感谢我的母亲，谢谢你教会我坚持、责任、与勇气！

与志协一同成长

文/王光霁

王光霁，学生会权益部部长、志愿者协会社长、团支书。曾两次获得英才奖学金和一次令德奖学金，获北京市科技创新大赛二等奖、海淀区科技创新大赛一等奖，带领志愿者协会获得“海淀区十大明星志愿服务团队”、“感动十一”称号，多次代表学校接待外国大学来宾，策划过第二届和第三届十一状元榜、“回收利乐包，你我共环保”活动、“世界志愿者日知识普及”活动、清明节远足扫墓活动、2011年校园夏季舞会、2011年十一狂欢节。

在十一学校的第五年，我已然从过去那个默默无闻、沉静内向的女孩蜕变成一个乐于活跃在学校“各大组织”之间，乐于为自己所在的圈子付出的人。这一切改变都缘于在志愿者协会和校学生会中的历练。

四高一那一年，我加入了志愿者协会。渴望改变自己的我第一次在招新大会上举起手，自荐当本年级的组长，而这有悖于我从前内敛的处世风格。现在回想起来，我仍旧十分感谢自己那时的勇敢。可能因为我总是主动与社长联系、询问社团近况，社长决定让我在第一个社团活动——“世界志愿者日宣传活动”担当负责人。我受宠若惊”，因为志愿者协会这样成功的社团，一个办事这么果断、有条理的社长，居然都选择让我这个没有任何活动经验的人来承担社团事务。那次活动中，从前期的准备一直到活动结束，我的心里都特别紧张，不厌其烦地和同学一次又一次地确认笔够不够用，纸够不够用，讨论活动现场可能还需要什么东西，思考怎么维持现场秩序。现在想起当时的种种担忧，觉得当时的很多想法实在是很幼稚，可是当时的我却真的投入了百分之二百的真心。

后来我又陆续参加了一些活动，并和社长一起举办了清明节扫墓、募捐，第二届十一状元榜等等的活动。在这一次又一次的锻炼中，我认识了更多的朋友，见识到了更大的平台，思维也更加缜密成熟。

“团委、校学生会、各大社团中的领袖人物总是互相熟识”，这是我在十一学校特别深刻的感触。有一段时间工作学习都很忙，我总是早起，挤出早上的时间多看点书。但那段时间，当我一边“自夸”自己勤奋不畏寒冬一边走进食堂时，总能看见有那么几个人已经开始了早餐。记得有橄榄枝的社长、HCC的社长、学生电视台的台长，还有一些学生会的骨干。他们总是充满活力、充满干劲儿地昂首阔步走进食堂，比别的人更加快乐积极地开始一天的生活。我从他们彼此一个微笑点头的无声交流中获得了特别大的鼓舞。这是一种力量，是一种年少的我幻想的学生时代应该有的力量，是青春的力量，是不需要说话也可以从一个眼神一个步伐中散发出来的光芒，是自信，是希望！我与“那么几个人”相识相知，并在接下来的日子里和他们一起努力。

十一学校是一所非常鼓励学生自由发展、并积极为学生争取更大平台的学校，这一点我深有感触。我从未想过一个校内的社团也能获得“海淀区十大明星志愿服务团队”称号；没有想过通过策划举办活动也可以获得校级奖学金，并与知名杂志社主编亲密接触；没有想过能够代表学校参加校长论坛，在世纪坛的大舞台上展示我们的社团；更没有想过能与崔永元、鞠萍这样的知名主持人一起讨论教育问题……面临一个又一个的机遇和考验，我逐渐学会了用更宽广的视野，从更长远的角度看问题。这让我在做每一件事情时，都更多地考虑到它的价值。面对越来越宽广的平台，我的存在感也逐渐转变为使命感。

高一那年，我正式成为志愿者协会的社长，并与我的社员们举办了让我引以为傲的“回收利乐包，你我更环保”活动。这是我作为社长举办的第一个社团活动。活动的目的在于通过回收大家平时使用过的利乐包，同时宣传回收利乐包的价值并呼吁同学们注意日常垃圾分类。活动流程主要是：安排志愿者在校内定点站岗，引领同学们将使用过的利乐包放在社员们特制的利乐回收箱中，最后将收集回来的利乐包送往回收公司。那年的11月寒风习习，当我试探着询问社员们是否愿意连续一周顶着风、饿着肚子在校园里站岗时，得到的答复却是“当然没有问题”！而在活动的后几天，甚至有很多站岗志愿者的同学也自愿加入到站岗行列中来，在学校的路上向一个又一个过路的同学解释利乐包的回收价值，引领他们将利乐包投入到回收箱中。他们的态度是那么的真切，以至于我在各个站点跑来跑去为大家照相时都说不出一句谢谢，不仅是因为此时的一句谢谢显得苍白，更是因为他们并不是为了帮助我才这样做，而是他们真正认识到了整个活动的价值与精神，并在活动中收获快乐。能让这么多人参与到我们的活动中，并让大家充分发挥自己的价值，我感到特别幸福、特别满足。

这次活动终于让志协又闪亮了一回！接着，志协被邀请上了校刊《瞰十一》，我微笑着写完杂志要求的社团介绍，我为我的社团感到光荣；志协在社团巡礼中获得了最佳社团和金奶牛奖，我站在颁奖台上，我为我的社员骄傲；志协获得了“感动十一”的称号，我捧着奖杯站在颁奖台上，静静地看着我找人制作的志协视频介绍，心中暗暗地为志协喝彩；志协被邀请代表学校参加校长公益论坛，当巨大的屏幕上显示出“志愿者协会”五个大字，当台下的教育专家们投来赞许的眼神；当一张张志愿者笑脸的照片被扩大扩大再扩大，我觉得整个舞台都在发光；我也因此获得了令德奖学金，这一次我为自己自豪。

高一下半年，我参加了校学生会的选举并成功当选为校学生会权益部部长。身处一个“服务范围”更广的圈子加重了我的责任感。在举办校园慈善舞会、十一狂欢节这些校级活动时要思考得更多更细致，要考虑到每一个环节是否妥当，是否已经采用了最佳方案。由于这时的我的处事风格已逐渐定型，做出的决定也都比较成熟，所以在学生会的工作中并没有遇到太多的挫折，这都得益于我在志协的历练。

马上要步入在十一学校的第六年了，十一学校也马上要迎来一个隆重的生日，我的心中是无限的感恩，感谢十一为我铺好这多姿多彩的道路，让我能够把我的热血挥洒在这方我最深爱的土地上！

我付出，我快乐

文/林天依

林天依，十一学校国际部高二学生。担任过班长、团支部组织委员、国际部学生会文艺部副部长、WONITA环保社团成员。获得“卓越学生”、“优秀学生”称号。其志愿服务活动被北京电视台、北京青年报、北京日报、劳动午报、北京人民广播电台等媒体报道。2008年获得首都博物馆优秀奥运小志愿者称号，2008年北京市公园系统“十大青年志愿者”入围人物，2011年当选为北京市“景观之星”，并获得北京市公园管理中心“优秀社会志愿者”称号、首都博物馆“优秀小讲解员”称号。

我叫林天依，是北京市十一学校国际部高一年级的学生。虽然我还是一名学生，可我做志愿者已有六年多的时间了。我现在是北京玉渊潭公园的文明使者、首都博物馆的志愿小讲解员、“北京希望马拉松——为癌症患者与癌症研究募捐”义跑活动的青少年使者，还曾经是国家图书馆“公民参与、抢救国宝”行动的参与者和少先队员倡议人。从2009年开始，我已成为了中国社区注册志愿者（注册号：110102004100090）。

很多人，包括我服务过的听众、玉渊潭的游客、学校的老师和同学，都不只一次地问我，你为什么去做志愿者？做志愿者快乐吗？今天，我就以我在玉渊潭公园做志愿者的经历来告诉大家，志愿服务带给我的是成长，是快乐，是闪光的生活。

一、让志愿服务成为我的行动

我在玉渊潭公园做志愿者，是从认养一棵樱花树开始的。2006年4月，出于对樱花的喜欢，我在公园管理处孙爷爷的引导下，用自己的零花钱认养了一棵樱花树，我给它起名叫“奥运之樱”。之后我经常利用休息时间来公园养护我的樱花树。到了樱花盛开时节，我还向过往游人介绍“我的树”，运用我掌握的知识帮助他们了解和欣赏樱花，动员他们参加认养活动。在我的感染下，一些游人当即就随我去办理了认养樱花树的手续。我的行为得到了游人和公园管理处的夸奖。父母不仅支持我，和我一起参加公园的绿树养护活动，还认养了他们的樱花树。到2012年，我已在玉渊潭公园认养了6棵樱花树。

2008年春天，玉渊潭公园招收大学生志愿者，我也向公园提出了申请。可公园管理处阿姨却面有难色，她们说我是小学生，参加志愿服务占用很多时间会影响学习；志愿者要做很多工作，小孩子不会做。面对公园的婉言相拒我没有就此作罢，向他们表达了我的优势。在我的软磨硬泡下，管理处的阿姨被我的真诚和决心所打动，终于让我正式成为了志愿者。

二、让同学朋友成为我的队友

成为志愿者后，我发现了一个难题。公园这么大，游人这么多，我一个人的服务能力太有限了！于是我想到了我的同学，如果动员他们也来做志愿者，我们的力量就大了。

在公园管理处的帮助下，我组建的“文明游园小使者”队伍，在2008年4月30日——“奥运倒计时100天”的时候，正式成立了。2008年奥运会和残奥会期间，我们这支“文明游园小使者”的队伍一直活跃在玉渊潭公园里，参加了多种活动，提供了很多服务。

进入初中后，“小使者们”都到了不同的中学。随着学业的加重，来公园服务的同学渐渐少了。来到十一学校初三英语实验班后，学校“鼓励学生开展社会实践、奉献社会”的育人目标激励了我，于是我把自己的亲身经历讲给同学们听，向大家宣传志愿者理念和志愿者精神。当时我是班长，在我的策划下，班委、团支部联合开展了“青春在奉献中闪光”的系列志愿服务活动，这项活动也得到了班主任肖艳老师的大力支持。

我与玉渊潭公园团委联系，表示了我们全班同学希望参加服务的热情和决心，公园团委非常支持，并协助我组建了“公园之友，志愿北京”服务队伍。同学们的志愿服务一直坚持到今天，这对我也是一个极大的鼓舞。我看到同学们在志愿服务中收获了能力和快乐，我的心里也分外高兴。

到了高一年级后，我又开始积极号召国际部的同学来参加到玉渊潭志愿服务队伍中来。我利用业余时间继续为高一的新同学、学校WONITA环保社、谏客社的同学们做志愿服务培训。到了2012年春天，我们玉渊潭志愿服务团的队伍不断扩大，初一、初二年级和高一、高二年级的同学也加入进来了。这一次，我们将服务队伍命名为“文明使者，志愿北京”志愿者服务队。

从2012年3月开始，每个周末公园中都有我们志愿服务的身影，我们参加了“公园学雷锋”活动、第24届樱花节期的志愿服务、“公园学雷锋，护绿我先行”志愿服务，其中我们6名同学代表参加了志愿者发出倡议书、“同献爱心，共育樱花”科普活动、节水宣传科普活动，等等。我们的服务，在社会上引起良好反响，公园的游客对我们真诚、周到、热情的服务高度赞扬，对“北京市十一学校的志愿者”赞不绝口，更是从同学们身上看到了“十一学子”的精神风貌，看到了90后的精神风貌。

三、让文明游园成为大家的行为

为了做好志愿工作，在第一次上岗前我积极参加了公园安排的学习培训。通过刻苦学习和实地训练，我了解了服务的基本要求，掌握了一些基本知识，也熟悉了公园的基本景点和游览路线，等等。为了更好地服务，我还从网上、书本上查找一些游园须知、志愿者工作手册之类的资料；为了了解公园的特色，我在玉渊潭公园的网站进行了搜索，向公园管理处讲解员阿姨要了详细的公园导游词，认真阅读，把重点的地方背下来。

上岗服务后，我根据自己的观察和与同学交流，找到了几点针对性的服务办法，经过实践取得了较好的效果。

在服务中，我发现不同年龄、不同性别、不同国籍的游客在游园中既有不同的要求，也会产生不同的不文明行为。例如，发生不文明行为最多的是随手扔垃圾和踩踏绿地、攀折花木；咨询服务中，外国游客更多的是问路，寻找最有代表性的景点……经过总结，我在服务中就针对不同的对象和要求，以及不同的不文明游园行为，采取了不同的态度和方法。这样一来，我工作起来越来越自信，服务也越来越周到。

四、让快乐与爱在微笑中传递

六年来，我已在玉渊潭公园志愿服务了1000多个小时。我在把温暖与文明送给游客的同时，也得到了锻炼。虽然没有任何报酬，但我感到了自豪和骄傲，在游客的声声感谢中，我感受到了快乐和感动。

在志愿服务中，我经常遇到各种情况，需要有礼貌、有微笑、有智慧地应对。有一次我遇到了一对年轻的叔叔阿姨。他们边走边聊，这位叔叔还顺手揪路边小树的叶子。望着他们身后被揪下来的树叶，我心疼极了。我想我必须马上制止叔叔的行为。于是，我先是礼貌地给他们发了公园文明游园的宣传材料，同时轻声对叔叔说："叔叔，您看这些落叶我捡起来做叶画好不好？只可惜它们不是自己落下的，我有些心疼呢。"听了我的话，叔叔不好意思了。他说，小姑娘，我明白我做错了，谢谢你。看着他们远去的背影，我发现他们的身后没有了落叶。

五、让我的人生因"志愿者"而精彩

在成为玉渊潭公园志愿者的同时，我还一直在首都博物馆担任着志愿小讲解员的工作，我还连续参加了五年的"北京希望马拉松——为癌症患者与癌症研究募捐"义跑活动，在我的积极倡议和学校的支持下，"希望马拉松"也于2011年1月来到了我们十一学校。

志愿者工作带给我许多快乐，作为一名学生，在志愿者工作中，我也有了很多深刻体会。首先，志愿服务培养了我良好的习惯。我把自己的学习做好月计划、周计划，同时也按照公园的上岗要求，做好节假日安排，把做志愿服务的时间预留出来，不但没有耽误我正常的生活学习，反而提高了我自主学习的效率。其次，志愿服务培养了我严谨的态度和协调的能力，以及与人沟通的能力。另外，做志愿服务也磨炼了我的意志。我坚持按要求的时间上岗，遇到困难，尽量自己想办法解决。遇到不听劝阻的人，听到讽刺、看到白眼，我也不生气、不放弃，坚持把每件事做好。

志愿者不仅仅是一个称号，更不是一个用来炫耀或者去以此得到老师表扬的称号。志愿者是责任，是奉献。我可以肯定地说，正是志愿者美德的熏陶，才会使我在学校生活中拥有那么多的朋友，获得同学们那么多的信任与支持；才会使我在学校生活中表现出优秀的品质和能力。可以说，志愿服务使我的生活在奉献中闪光，也让我在付出中感受着快乐！

爱心满谏客

文/ 滕明璇

滕明璇，十一学校谏客社第四任社长。她带领着谏客社在校园内外开展了丰富多彩的公益实践活动，颇受老师同学们的好评。每年的主打活动“与山那边的孩子同读一本书”，自2009年起每年4月举办。累计捐得的5000余本书籍，都已送往河北山区，建立了爱心图书角。由于谏客社的活动持续时间长、影响力大，多次在校内获得社团一等奖。滕明璇也荣获令德奖学金领袖风范奖。

对于从初一就在这所学校就读的我来说，十一学校的校园是再熟悉不过的地方。如今，迎来了60周年校庆，这对于所有十一人来说都具有非凡的意义。

我是十一学校谏客社的前任社长，担任社长之职两年，在社团参与各类活动的时间也三年有余了。我们的谏客社是个标准的“民间组织”，也就是说完全没有老师参与、学生自己组建自己管理的组织。这样的学生组织在很多中学都是极少见的，但在十一学校，学生社团可谓百花齐放。而我们谏客社，就是其中的一个。谏客社是个公益大社团，从2008年组建，直到现在已有四五年的时间了。我们常常组织校园“小小义工周”，将公益的理念传递给校园里更多同龄人。学校的体育馆看台上、食堂的餐桌间、图书馆的书架旁，都留下过我们的义工身影。有时候资金用光了，我们就举办校园跳蚤市场来筹集活动经费。每年3月份为“地球一小时”做公益签名活动，寒暑假去聋儿康复中心做义工、去敬老院做志愿者……诸如此类的活动都是我们的创意和想法，我们乐在其中。

2010与山那边的孩子同读一本书 图书整理工作完成啦~

要是有人问我，这几年里，最令你得意的活动是哪一个。我会说，是“与山那边的孩子同读一本书”。这不是因为这项活动是和著名学府清华大学的紫荆唐氏支队一起举办的，也不是因为我们一共捐出了多少多少本书，成绩多么显赫，而是因为这个活动是我们踏踏实实、一步一个脚印地努力实现的。2009年、2010年、2011年、2012年，四年来我们从未缺席。这其中千辛万苦的过程是其珍贵所在。在我眼里，不论是公益也好，社团也罢，都不应该是蜻蜓飞过水塘的那一点，而应该像深涧里的小溪一样，细水长流才好。单从这一点上说，“与山那边的孩子同读一本书”便是一直以来的活动典范。自2009年起，我们与清华大学紫荆唐氏支队共同组织举办的“与山那边的孩子同读一本书”成为了我们一年一度的主打活动，每年4月都准时举办。就是呼吁大家以捐书的方式奉献爱心的活动。每到4月都是全社团最忙碌的时候，所有人都行动起来：做海报、贴海报、写宣传单、联系图书集中场地、筛选图书、把图书分类、组织捐书的同学把祝福写在横幅上、将书送去河北山区……学校里的反响很强烈，每次都能收到来自各个年级的两三千本图书，但为了保证质量，只有经过筛选过后剩下的书才能最终送去河北。我们和清华大学的学长们一起为河北山区的孩子们建立爱心图书角，希望这些书能成为孩子们的精神食粮。直至我落笔的这一刻，我们累计组织捐书5000余本，每一本都是我们从众多捐书中精心筛选而来，希望这些书能助力他们成长。

2010运3000本书用了两辆夏利车，走的时候，夏利车的头都翘了起来

确实，这是我最满意的活动，不过我们的公益进程远不止于此。那些义工活动、那些公益签名、那些志愿者工作，其中有太多感动我的故事，有太多令我印象深刻的细节：当我们到聋儿康复中心做义工的时候，看到孩子们虽然听不到声音，却积极地和我们交流，和我们一起做“20+4=”的算术题，甚至用模糊的发音把刚刚学到的课文念给我们听。我们一边感叹他们听不到声音的无奈，却又觉得，正是这些不幸赋予了他们乐观开朗的心灵；当谏客社作为公益社团代表去参加北京市社团展示的时候，一位年长的老师看完社团简介竟用刚劲的大字在我们的横幅上写下“少年强则中国强”，作为对我们的激励，我们心中的感动难以用语言表达；当谏客社和海洋星空基金会联手进行全校范围内的公益性废纸回收，在将废纸卖给收费品的叔叔时，一听说这些钱是用来做公

益的，叔叔就多给了我们50元，执意要我们收下，还说：“你们是做公益，我也来做点公益。”

三年，一批批社员走向高考，退出了社团，也有新生力量不断涌现。社团里的成员像滔滔江水一样翻新了一批又一批。不过，不论是小社员还是大社长，不论社团成员变换多么快，不变的是我们热爱公益性质的社会实践，永远有一个又一个公益活动在我们手下诞生出来，凝结着我们的努力和期待。我们希望在一次又一次的努力中，我们能向“让身边更多的人了解公益、支持公益、参与公益”的目标迈进一步。

事实上，谏客社早已成为我六年中学生活重要的部分。一次一次的社团会议，一次次与团委老师、公益组织的老师沟通交流教会我自信的同时要学会倾听；社员们的一个个新奇的想法，一个个富有新意的点子，告诉我创新的重要性；当年那一份前任社长写给年级主任、校长的信，不断鞭策我做事要有责任心，还教会了我要勇于承担责任；“学习和社团不仅都要做，而且都要做得好”，这个过程教会了我怎么提高效率，教会了我怎么挤出时间去做更多有意义的事……

在此，我要特别感谢曾经在谏客社工作过的所有人。不论是社长、部长还是社员，是每一个人的奋斗铸就了谏客社的辉煌。一次次活动，一次次会议，一次次磋商，是你们筑起谏客社的脊梁。另外，感谢一直支持谏客社的所有同学、老师和家长。你们一路的支持和理解，给了我们前进的勇气和力量。更要感谢学校和老师的鼓励、帮助，给予我们自由的发展空间。同时，祝愿谏客社越办越好，继续发扬义工精神和公益精神。加油！

我的志协故事

文/吴帆

吴帆，十一学校国际部学生。担任志愿者协会社长、大使社成员、国际部社联部部长、生活部部长、年级干部班长等。曾获校卓越学生、优秀特长生、海淀区三好学生、令德奖学金领袖风范奖、乐仁奖学金公益人物奖，海淀区优秀志愿者等。承办过日本文化交流活动，担任过花木兰剧组导演、微电影《情》导演。参加校长论坛，世界未来教育论坛等活动。第六届爱飞翔乡村教师培训组委会副主任，活动全程志愿者。

题记：在十一学校参加社团活动必不可少。与志愿者协会结缘是一个巧和，而与它的牵绊是人生的必然。

在我的记忆里社团是一个彩绘板，赤橙黄绿青蓝紫，各种明媚的颜色跳跃着。十一学校有大大小小几百个社团，种类丰富，有电脑技术、传媒、天文、社科，等等，几乎涵盖你可以想得到的大部分领域。面对丰富的社团文化，我这个初中小朋友乱了阵脚，到底选什么社团，参与什么样的活动呢？

初二的运动会前夕，志愿者协会在高中教学楼开会，我和我的几个好朋友参加了那次会议，社长问我们谁愿意负责采购运动会时献给运动员的鲜花？我第一个主动说，我来试试吧。周五晚上回家，我做足了功课，查询了很多关于北京市花卉市场的信息。

第二天我早上四点就起来了，看着夜幕下的北京，稀疏的车辆驶过，伴着丝丝的困意和凉意坐在去花卉市场的车上，我顿时百感交集，凌晨四五点的北京很美，是我从来未领略过的那种美。环卫工人拿着扫把辛勤地扫地，洒水车在大街上驶来驶去，我第一次看到这样的北京，第一次感受到原来每天我在睡梦中的时候，总有那么一些人开始劳动，为他人服务。一时间我便心生向往，向往为他人服务，同时也意识到一个活动的本身是有意义的。但更重要的是，你在活动过程中学到了什么？从此，继续参与志愿者协会活动的想法深入我的内心。

到了北京最大的花卉批发市场，在那里我看到了北京最便宜的鲜花：成捆的玫瑰、成堆的康乃馨，等等。我挨个问了价钱，还向不同的卖家询问了价钱，以作参考。如果不是因为运动会需要，我不会来到这里看卖花小贩的吆喝；不会知道每天从鲜花店买来的鲜花都是来自这里。一次小小的活动丰富了我的阅历，给了我一次实践的机会，让我看到了以前从未见过的场面，感受到了曾经从未有的感受。而这才是我在志愿者协会的一个小小的开端，在后面的漫漫三年，我在不断成长，不断地丰富自己的心灵和阅历。

初二时临近清明节，社长带着我开始准备清明节远足扫墓活动。活动的前一周，社长召集了所有的社员准备扫墓用的小白花，周末我和她提前去烈士陵园踩点，和工作者商量清明扫墓的事宜，预订扫墓用的花篮，准备怀念任弼时的演讲词……一件件小事，一件件去执行落实，在这样的过程中，我是一个实践者，独自探索，学习、成长、进步。如此的实践经验是从课本中学不到读不到的，只有在实践中一次次地摸索中领会其真谛。每完成一项任务，我都会向社长汇报，她总会教我去反思如何可以做到最好。在事后的回顾和反思中，我意识到实践是成长的前奏，反思是主体，改进是结尾。只有做好这三个步骤，才能逐步成长起来。

初三下学期，我从社长王光霁的手中接过了志愿者协会社长的接力棒。暑假时我就第一次独立组织了义工活动：去万寿路街道干休所探望退休的老人。我十分感谢赵华老师，全程活动她给了我很大的支持，鼓励我独立完成，为我提供了一次社会实践的机会。她给了我万寿路团委郭杰老师的电话，让我自己联系，亲自去找干休所的干事。正是因为老师的信任和支持，我对那次的活动特别上心，全力以赴地做好它。那个暑假，我和志愿者们去了两次干休所，跟老人们聊天、为他们打扫卫生。八一建军节将至，志愿者们特意为退休老人们准备了节目，唱歌、跳舞、乐器演奏，看着老人们开怀的笑容、志愿者们动人的微笑，让我很是感动，成功的喜悦在我心中一语难表。那种幸福远远超过了学习上带给我的成功喜悦，更是一种被他人认可的成就感。我想这也是我一直愿意在志愿者协会做一名志愿者的原因。

很快我进入到了高中，功课压力随之而来。如何平衡社团和学习之间的关系，如何合理分配时间成为了我高一的一大课题。优异的成绩是每个学生追求的，同时志愿者协会的活动我也难以割舍。在内心纠结和自我斗争寻求平衡的过程中，我学会了时间分配，同时我从一名志愿者变成了社团负责人。我按年级把志愿者们分类，初中、高中、国际部，定期开会，工作汇报成为了我每周的功课。把所有的任务集合在一起，再分配给各年级的志愿者，他们根据自己的时间完成这些任务，在下一次开会的时候汇报自己任务完成的情况。这让志愿者协会大大地提高了工作效率，在有限的时间完成了更多内容，将任务分配后，我也可以挤出了更多的时间在课业上，做到了学习社团工作两不误。这些努力也颇有成效，在社团巡礼上，志愿者协会获得了最多的奖项：最佳社团展示奖和金奶牛奖。这些奖项属于可爱的志愿者，和对志愿者协会大力帮助的老师和社联同学们。

暑假过后，我即将升高二。虽然我离开了志愿者协会，但我还会一如既往地关注、参与志协的活动，因为它已与我的中学生活融为一体。社团的经历提高了我的组织能力、沟通能力、演讲能力，也增加了我的人生阅历。每一次都是全新的体验，冲击一个个挑战，收获成功的喜悦和满足感。

part 7

蜕变的声音

成长之美，是破茧成蝶那一刻的张力，是思想的囚徒拥抱自由时的暴雨。

更快、更高、更强

文/蔡立德

蔡立德，十一学校高中2015届学生。目前担任学校校团委委员、班级团支书。曾担任年级纪检部负责人、学校“澳大利亚文化日”主持人等。2012年两会期间，他与同学撰写的“关于改进北京市三环路部分出入口及周边布局的提案”被宋鱼水代表带到会场，引起了强烈反响。

“学生要以学为主”，这是小学老师一再教导我们的话。但是，如果一名学生在自己完全地进入社会之前，没有任何社会经验，只是“满腹经纶”，也做不成大事。

·“责任心”与“激情”

在小学的时候，我曾经把班干部的工作当做一项“荣誉”，而这也使得我虽然只是一个“老师的助手，同学们的好伙伴”、一个大多数时间都在干杂活的学生，却总能拿出百分之一百的“激情”去完成每一项任务。这是我培养自己“责任心”的第一步。而小学的这段经历，也成为我在中学“立志”要“干出一番事业”的基础。

进入中学之后，我担任的第一项职务就是中队长。刚开始担任这项工作时，我依旧沿用小学时的方式，凭借自己的大嗓门与“责任感”，每时每刻地叮嘱同学们要遵守纪律。同时，在每次的学校中队长例会结束后，第一时间将各项通知布置到位。这些都是以我小学时培养的“责任心”与“激情”，让我拥有耐心与恒心去坚持完成这些班级工作。在这之后，我变得更加灵活，设立了班级事务记录本，并且在老师的帮助下，建立了“责任书与表扬信”制度。这使得我们班级各种通知的传达更有效率，奖惩标准更加明确，纪律也好了很多。

班会是我在小学从未策划过的项目。小学的班会也被称作“才艺展示”，由老师全盘组织。而现在我们自己组织的班会不仅要切合同学们的实际，又要有足够充实的内容。给同学们印象最深刻的是初一下学期的“感恩与道歉”班会，我们策划了一个向同学赠送“感谢卡”的活动。这项活动很成功，因为每个人都向自己的同学、伙伴互赠了卡片。当主持人问到谁收到的感谢卡最多时，才发现是我。我被要求发表感言，但自己激动得什么都说不出了，只是向大家深鞠一躬，说了声：“谢谢大家！谢谢！”然后放声大哭。我平时在同学面前可以很好地掩饰自己的内心情感，但那一次，我真的是抑制不住了。或许，为构筑起这样一个氛围和谐，又富有团队精神的班集体贡献力量，才是一位班干部应该做的。

•向更高层次迈进

对工作的认真负责，让我拥有了往更高层次的“社会工作”发展的机会。

从初一上学期到初二下学期，我先在年级里后担任大队长、“纪检委”负责人等职务。虽然还是和年复一年的“日常工作”分不开，但是，通过运作年级纪检部这个组织，让我深切体会到了分配工作与各个人负责的内容，一定要具体，一定要细化到每一个人身上，才能让工作更加高效，不用让总负责人去提醒每个人自己的工作是什么。

当然，在年级的工作除了常规检查外，还有参与“学生行动纲要”的编写与多元文化理解日的组织策划。“学生行动纲要”的主要内容是在学校的“行动纲要”的基础上，由学生自己编写的对于一名优秀十一学生应具备的能力的概括。这是我第一次参与编写校级的材料，虽然没有多少经验，但是在不断与同学、老师们的沟通交流中，我们逐渐理清了思路，并且掌握了书写正式文件的格式。这是一次难得的既让我锻炼自己“文件处理”能力，又引导我去更加深入思考如何成为一名“大写”的人的机会。

国家文化理解日作为十一学校的特色课程，从2008年开始举办到现在，已经有了将近十个不同国家的系列文化日。作为第二届澳大利亚文化日策划组的主负责人之一，我经历了从毫无头绪，到理清思路，最终呈现一次完美的“表演”的全过程。我在这次文化日中，除了组织活动，还负责撰写了给澳大利亚使馆的英文版邀请信，以及担任文化日当天的英语主持。这次文化日的工作让我展现出自己在组织与主持方面的特长，让我更有自信。

在初二上学期，我加入了校团委。虽然这个团体中的人总是学校各大活动策划组的核心，但真正“抛头露面”的机会不多。不过，这正好给我们提供了一个可以静下心来做事的机会。学校团委的常规工作很多，例如，定期值班与检查学分等内容。事务虽然繁杂，但要做好这些工作，用团委赵老师的话说就是：“只要能稍微上点心，就能做得好。”

团委里“做大事”的机会很多。比如上个学期，我和同班几名在团委工作的同学加入了“人大代表助理团”。李校长设立这个组织的目的，就是要让我们能更加深入地对社会上的问题进行探索与思考，并在这个过程中得出一些解决方案，撰写“提案”。我和王峻在假期进行了为期半个多月的有关北京市的“交通拥堵现状”调查。我们通过采访出租司机、实地调查拥堵路段以及上网搜索资料等方式，在假期结束前写出了《关于改进北京市三环路部分出入口及周边布局》的提案。包括这份提案在内的几份由“人大代表助理团成员”撰写的提案，最终被宋鱼水法官带到了“两会”会场。当然，这些由我们撰写的“提案”，相比较于那些由人大代表花费了几个月、几年、甚至十几年才完成的提案，显得不够成熟。但事实上，它们一方面表达了我们希望“参政议政的愿望”，另一方面又让我们在实际调查方面积累了不少的经验，这是一个丰厚的收获。

看似繁忙的“社会工作”会似乎占用了自己的“大量时间”，但我觉得付出总还是值得的。我很享受自己在工作的每一分、每一秒，因为我可以在课业学习之外，又有了一个施展才华的舞台。我在不断收获经验、丰富阅历的过程中，或许也会有“打盹”的时候，但我很快又会以最饱满的精神继续走下去。

第一笔，浓墨重彩

文/李筱佳

李筱佳，Go Green 音乐社社长、社团联合会成员、少年新闻学院院士、校学生电视台记者、电视台骨干，是名家大师固定“御用记者”，采访了多位外宾。并代表学生电视台参加策划本届爱飞翔资助一百位乡村教师公益活动。

每个人的人生中都有无数个第一次，这些第一次穿插交错让每个人的人生有惊喜的回忆。或许我们都已经忘记了第二次、第三次，甚至最后一次，但永远会铭记第一次。我的中学时代也不例外，第一次参加某项社会活动的经历，让我记忆犹新，也是这些第一次的社会活动串联起了我的高中生活。下面我想简单分享其中几个意义深远的经历。

·第一次参加文化日

还记得那是刚入初中的事。对中学生活怀揣新奇的我第一次听到了“德国文化日”一词。德国文化日是什么？我喜欢这项活动吗？我能做些什么？通过逐渐深入的了解，我体会到学校建立德国文化日的意义是让同学们能拥有多元的视角，世界眼光。我非常喜欢这样的理念，也很乐于培养自己这方面的能力。带着这样的心情我参加到了这次德国文化日。

采访来十一学校参观的外宾

一开始加入遇到了一些小坎坷：我并没有被选为第一组班底，后来文化日的筹备进入中期时，才再一次需要人手。很幸运有这次机会，更幸运的是我能够抓住这次机会。我主动提出参加的想法，虽然有点担心别人因此觉得我自以为是、自不量力，担心别人会把我误会成张狂、爱出风头的女生，但我还是义无反顾地参与其中。

我主要负责后勤和音乐方面的工作。这应该也算是我第一次做大型活动的幕后工作。这次我才真真切切地体会到当后勤力量的艰难和伟大之处。后勤部人员人少，事情多，为了能更好地完成任务，不得不牺牲很多学习和课余时间。我记得最清楚的是在文化日前一天晚上，我和做幻灯片的女生，做视频的男生，一直熬夜到深夜。每一个做后勤的人都无怨无悔，把全部的精力投入到这项容易被忽视的工作中。

在每个人的努力下，这次的文化日活动十分成功。它让我们收获的不仅是一次活动产生的优秀成果，更是带给每一个人心灵的成熟与责任感。它让我学会了如何为一个集体奉献，哪怕我只是那样一个小齿轮，却是这个集体中不可或缺的一部分，也可以让我们感受到莫大的愉悦与满足。接下来的澳大利亚文化日也顺利举办，这些都是我中学生活绚烂的一抹色彩。

•第一次采访名家大师

我加入学生电视台，成为了一名采访记者，目的就是让曾经胆小如鼠的我历练得勇敢大方。我第一次采访也是第一次采访名家，要知道采访名家并不容易，大多是有三五年经验的人才可以胜任这份工作。这也是我这次经历的特别之处。

那天我的采访对象是央视著名主持人康辉，一个能说会道，用伶俐的“嘴皮子”博得众人称赞的成功人士。面对一个如此伶牙俐齿的人，我想我的嘴皮子一定会被反衬得极其笨拙。加之我是个对采访技巧毫无知晓的新记者，尽管有充分的准备，一向自信的我在这种情况下不禁也开始怀疑自己的能力。

我站在讲座会场里一个陌生的摄像哥哥身旁，他一再地叫我不要紧张，但他越安慰越加快了我心跳的速度。第一次见到康辉，我万分紧张，一个总坐在电视机里的人，突然有一天站在我面前，总会带来些压力。我的心一直打鼓：如果我问题问错了怎么办？如果我问题问得不好怎么办？如果我临场忘词了怎么办？我闭上眼睛告诉自己我可以的，却仍然没能舒缓我的情绪。

讲座结束后，我走上台准备采访。康辉身边已经围了很多人，争着在要签名。我想等到签名结束后再采访，至少这样我还可以再准备一会儿——或许这也是一种逃避。摄像大哥哥着急了，让我打断签名环节直接采访。这我怎么敢呢？一个胆小得连教导处办公室门都不敢敲的学生，怎么敢迈出这一步呢？慌乱无措中的我不知道怎么被康辉的眼神扫到了，盯着我们手中的摄影机器。我迫不得已走上前，小心翼翼地请求他接受采访。当他站在我面前时，我感觉自己好像在做梦，恍如隔世了。采访内容我都记不起来了，只记得自己的腿在不停地抖，声音竟也抖了起来，我自己毫无控制自己的办法。我只能保证自己问出问题，他的回答是什么我几乎听不到，一只耳朵进一只耳朵出。

当我再次出现意识后，就已经是我和摄像哥哥走在回电视台的路上。那一刻我如释重负。虽然表现得并不是那么出色，却也因为这样一次经历，让我勇敢地迈出前进的步伐。我无比喜悦，因为我终于战胜了自己的胆怯，战胜了自己的畏缩，战胜了自己的不自信。虽然我在采访活动中只迈出了一小步，但这一步却是我中学生涯的一大步。这一次我不再选择逃避，不再选择退却。我学会了直面挑战。勇于尝试，才能获得更美丽更广阔的天空。福楼拜说过："人的一生中，最光辉的一天并非是功成名就那天，而是从悲叹与绝望中产生对人生的挑战，以勇敢迈向意志那天。"那时的我就像一只筑好茧的毛毛虫，只有靠自己的勇敢和坚毅才能幻化成美丽的蝴蝶。通过这次的经历，我不断学习探索，不多深入研究采访的方法和技巧。我逐渐克服了自己的心理障碍，敢于和名家交流，变得落落大方。连老师都有感慨我的改变，我想这些很大一部分都得益于这次经验，这是我破茧成蝶的过程。

•第一次参加组织策划公益

虽然我也经常参加海洋星空基金会等组织的公益活动，但我想我并不能称得上参与策划的组织者。然而这一次崔永元基金会组织的爱飞翔活动，才是我第一次真正意义上的参加策划公益活动，也让我真真切切地体验了一把做公益的不易。

机缘巧合，我加入了由吴帆带领的核心策划团队。这次我的身份与往前有些不同——我不是一个人战斗，而是代表学生电视台这样的团体。我不能只考虑自己想做什么，而是要考虑作为电视台想在其中参与什么；我更不能只想到自己力所能及的范围是什么，而是要考虑电视台的底线是什么？与此同时，我没有任何权利，不能命令任何社员做任何事，需要跟他们商量讨论再敲定下来。

列举一次经历作为实例吧。最初宣传片的准备工作就让我很头大。问题一：时间紧迫。在一周的时间内，我要写出策划，在其他人同意的情况下全面完成。为此，我无数个夜晚挑灯夜战定出方案，列好第二天要做的事的细目表；无数个中午，我督促大家完成工作，审核；无数个下午我带着摄像去采集素材，采集好后让编辑处理。上交当天的中午，我和编辑仍在为了它奋力制作，终于赶在截止时间之前完成。问题二：人员不好调配。电视台的节目需要有人来做，高年级学业又重，所以此次只能以历练新人为重。然而低年级的人经验少，效率较低，也不能因此耗费太多时间。为此，我和社长沟通，和摄像编辑不断协调，定好参加人员后还得找其他人来帮忙。

这次我代表电视台，让我学会用高眼光、新角度看待事物；以一个团体的方式参加活动，让我感受到如何做到既兼顾内又兼顾外。这也提高了我的精神境界、统筹规划；做到全面滴水不漏、顾全大局，又不能失掉细节；重视实质成果，也不能忽视成员付出的心血和努力。我想领导力应该就是这么炼成的吧。此次爱飞翔公益活动仍在继续，我相信它一定可以在全体策划小组的努力下，圆满成功。

这三个第一次，是我中学生活中的浓墨重彩。我十分珍视这些经历，因为每个第一次的尝试失不再来，因为我的笨拙才让它们显得弥足珍贵。它们带给了我各方面的历练，让我更加成熟。虽然第一次总是很青涩，却像是绿皮的苹果，酸中又有无尽的甘甜。这些社会工作的意义便是如此。它们串联起来一步步地让我成长，一步步地把我推向一个更高的高度，丰满我的羽翼，让我有在天空中自由翱翔的能力。我的中学社会工作，我中学无数个“第一次”的体验，我爱这些经历，深深地爱着它们。

荣光模联路

文/王颢然

王颢然，十一学校模拟联合国协会秘书长，国际部学生会副主席。曾获十一学校第五届校长奖学金“金苹果奖”、复旦大学国际中学生模拟联合国大会“最佳代表”、十一学校“外国国家文化日”活动“文化推广贡献奖”、十一学校首届加拿大文化日“突出贡献奖、金话筒奖”。

两年前的春天，我怀着一颗忐忑不安却带着激情的心走进了科技楼一层报告厅的十一学校模拟联合国会场。那时的我不知道模联会对我意味着什么。就那样，盯着学校里的海报，怀着一脑门子切磋口才和关注国际时政的想法，单纯地就踏入了模拟联合国协会的大门。在这条路上，我收获了许多意想不到的成长。模联所带给模联人不仅是一份又一份深刻的感情。久而久之，便是发自内心对模联无限的爱。

每一名模联人都是从一名名不见经传的国家代表开始的。无一例外，我也是这样。第一次走进模联会场的时候，便感受到一种强大的渺小和微弱感。天外有天，人外有人。在科技楼一层的报告厅里，我惊讶地发现十一学校那些充满着独特见解和思想的、大气磅礴的外交官们在台上台下掷地有声地演讲和辩论。我只是坐在台下看着他们，一言不发。不知道自己何时能有像他们那样勇气、自信地为自己的国家争夺最大的利益，为国家利益去争吵，去妥协。我看到我的梦想与现实的差距，更是我与现实的差距。为了实现我的梦想，那一年的冬天，我再次走进了这个报告厅。时隔半年，我充满了自信、勇气和想法，回到这个熟悉的地方，终于像一名战士一样去为自己的国家拼搏和努力了。在会场上，我努力地去自己国家争夺利益，努力地去说服别的国家成为自己的联盟，努力地让利益最大化。虽然在最后我的联盟并没有胜利，但是却为我的成长之路留下了里程碑式的意义。

去年春天，我毛遂自荐，成为了第十届模联校内会的主席团成员。成为主席团成员对我是另一种不同的成长。原来是自己冲在前面，在战斗；现在是要帮助别人去战斗地更顽强，更出色。在做主席的路上，我收获了成长。我要感谢我的团队、我经历的每一个困难、每一个批评和教训，是他们帮助我让我更成熟、更坚强。

我第一次当主席讲培训课的时候，讲的是模拟联合国的规则流程，模联协会的指导老师戴冲老师也赶过来听我讲课。可就是这堂课成为我的人生一个重大经验教训。记得那个时候，我自信满满，以为自己对这些知识早已经滚瓜烂熟，没有任何问题。可是就在我开口还不到5分钟，各种细节问题频频出现。我突然发现这些专业知识，自己竟根本不清楚。越是不知道怎么讲，就讲得越是错误。到最后我甚至紧张得自己都不知道自己在说什么了。我很懊恼，我不知道第一次来听我讲课的戴老师会怎么想，会场的负责人会怎么想。他们把希望寄托在我身上，我却造成了重大的失误。

那是我的第一次，却也是我最后一次。在接下来的每一届校内会培训课中，我都非常出色地完成了每一种课程的讲授。我讲得非常清晰并且容易接受，很多人都喜欢听我的课。可是谁也不知道那是我每次课前对着家具，一遍一遍地反复演练。自从那一次失败之后，我明白了要做一名合格的主席就不能误人子弟，对人对事都要认真负责。

去年夏天我组建了自己的团队，成为了一名会场负责人。成为会场负责人，自己身上也就担负了更多的责任。我记得当上会场负责人遇到的第一个棘手的问题就是如何组织撰写背景文件。模拟联合国的会议要在会前为每一位前来开会的代表都提供一份关于议题背景的文件。作为一名会场负责人，我要带领我的主席团成员分析会议思路，组织完成背景文件的撰写。当时，我还没有完全学会应该如何去为主席团成员们提供一份用于讨论和撰写的背景文件框架。时间非常紧迫，我很快就得去军训，军训回来离截稿时间就非常近了，必须尽快完成。为了能够完成一份出色的框架，我熬夜查阅了大量的资料，整理一份份笔记。将网上浏览的每一个有价值的资料都分类汇总，查阅了大量的文献和过往的背景文件，终于在最后形成了一份会场的背景文件框架。完成框架的时候，我整个人疲惫不堪，直接就躺到了床上。但却深深明白自己身上所具有的与以往不同的责任，做，就要做好。

不知不觉，我已经和模拟联合国共同度过了两载时光。这两年中，有努力拼搏的汗水，有焦虑紧张的心情，有疲惫不堪的身躯，更有充实愉快的每一天。经过第四届核心骨干的投票选举，我成为了十一学校第五届模拟联合国协会秘书长，也是十一学校模联协会的第一任男秘书长。从一言不发的一名普通代表，到一名社团的组织人，收获很多。而永远都不会变的，是对模联的单纯的爱。

模拟联合国的活动已经在十一学校走过六年了。六年中，有很多前辈、学长和老师的不懈努力。因为他们的努力，这个社团、这个活动，变得与众不同了。在2013年，十一学校将举行我们自己的国际中学生模拟联合国大会。届时，十一学校将成为中国第一个举办世界级中学生模拟联合国大会的中学。这一天，模联人等太久了，是十一学校每一个模联人的梦想，是每一位十一人拼搏努力的结果。

我们已经深知，模联已经成为许多十一人生活中不可分割的一部分。在这所校园里，沉淀一份份深厚的感情、永远不变的热爱。让我们共同期待，共同期待更美好的十一学校和更美好的模拟联合国！

破茧成蝶

文/李博特

李博特，在班中担任学习委员一职，并于高一寒假与同学一起创办了“蒲公英社”，现担任社长。曾组织了多次支教活动和为红斑狼疮患者义卖的活动，参与模拟联合国阿盟联合会议，现在还是大使社团成员，并已经坚持参与大使社团活动一年，曾经参加了罗马尼亚文化日活动、丹麦团接待活动、世界教育联合峰会活动。在国际部成绩优异，并于高一下学期期末荣获“令德奖学金”。

成长的过程如破茧成蝶一般，倘若剥掉了曾经代表幼稚的茧，那么振翅高飞的成熟就将展现在眼前。在十一学校的短短一年时间让我褪去幼稚，但又不乏对生活有更多感悟。

中考刚结束的我，还是一个稚气未脱的孩子。那个假期，我曾感叹过上天于我的不公，我觉得对不起曾经三年的努力，或许别人也感慨过吧，那个假期在同学都奔波于各种课外班时，我却在家里慢慢地调整着支离破碎的心情。我与101实验班的无缘，决定了我与十一这段因缘的开始。当得知被录取时，我感慨不用再受填鸭式教育的折磨了，出国也是一个不错的选择。我并没有怨天尤人，但也没有了中考前的冲劲，想到努力了三年也就是这样一个结果，就完全失去了动力。那种对未来的放任慢慢消磨着我学托福的动力，于是我就在同学忙于奔波托福课之时得到了精神上的休息。每天背背单词、看看书、时而小憩一下，这样的生活倒也不错，但也注定了开学时我的英语成绩不如意。

高一第一学期，我与那些彼此不熟悉的同学开始了新的生活。因为自知英语不好，所以对别的同学总是充满了敬畏之心，毕竟在国际部，学好英语才是王道。庆幸的是我没有大家所说的适应期，第一天上课就都能听懂，于是我便庆幸假期曾预习过所有的课程。但是我的英语成绩却总是那样不尽人意，这对于一个学习委员来说有点太说不过去了。于是我重整心态，将我的课余时间全部投入到英语学习之中。刚开始的效果并不明显，还是一次次被挫折所阻挡。经过日积月累的努力，高一的第二学期我的英语成绩一下从年级倒数进入了年级前五。我为此挥洒了无数汗水，没有谁能在挥霍青春的同时收获成功。

对我来说高一的课程太简单，所以闲暇时我总会发展一些自己的兴趣爱好。比如，自学AS和AS2的化学、参加本部的化学竞赛课程、全校的AMC竞赛和大使社团等，当然这些都是次要的，最重要的是我与三位同学一起创办了蒲公英社团，并且我们不断地努力，成功地把这个公益社团做起来了。在一次次的支教活动中，我学到的不仅是知识，更是那份对教师这份职业深深的尊重。当平时吊儿郎当的我真正站在讲台上，面对那一双双求知的明眸时，我才体会到了责任之重，这也为我后面为同龄人义卖的活动打下了良好的基础，因为我懂得了无论何时都应承担起我们的责任，甚至是社会上的责任。那些同龄人本与我无关，但是身为同一个社会的青年，在他们困难之时我们就应伸出援手。

蒲公英，它卑微、它渺小，但这并不能掩饰其另一个象征意义：纵使它卑微渺小，却有着将自己的种子散播到全世界的梦想。作为蒲公英社的创始人之一，我就是看到这种希望的存在，才将此社团命名为蒲公英社。因为我们社团的理念是：凭借我们高中生的力量将关爱散播到远方，凭借我们微不足道的力量感动更多的人，最后形成一片蒲公英的海洋，一片爱的海洋！

创立社团看似简单，但事实上我并没有意识到这条风雨之路还很漫长。

首先就是联系学校，由于社会上这种公益社团很多，所以能找到让我们高中生去教的学校不多。要不是学校太远就是已经有人在教书了，最重要的是那些校长都认为高中生没有能力教书。没想到开头就碰上一个大难题，我一直被困扰：为什么我们求着别人去献爱心、他们却不领情？怎样才能让别人相信我们高中生的实力？

最后好不容易找到了一所学校——燕京小天鹅公益小学。由于其师资匮乏，终于决定让我们去试试。第一次活动还是很成功的，尤其是组织活动和策划活动很成功，那些学生们也学得很快乐。于是我认为在那里长久教下去应该没问题，只等着那边的老师来电话确定下次活动的时间了。但事实却出乎意料，我们迟迟没有等到老师的电话。于是我主动联系他们，他们说踌躇不决的原因是我校的外教不能每次支教都参加，所以教学质量并不能保证。经过我们的努力终于，说服了他们给我们一次独立支教的机会。

煞费一番苦心去帮助别人，却得不到别人的认可，这种感觉让人难以接受，我也为此烦恼了好久。好在最后在这条风雨之路上见到了彩虹，但我还是总结了一下之前遇阻的原因。其一是我们经验还不足，知识还不够，相比那些清华北大的研究生，我们的知识水平相差甚远。其二是我们这是第一次活动，以前并没有成功的例子，所以人家也不放心就将学生交给我们来教。

第二个重要的活动就是最近所举办的校园义卖活动。那个病人是我的初中同学，所以我通过蒲公英社为他筹集捐款。活动的筹划永远是位于第一位的，我们四人也用了一周的时间准备筹划工作，在此期间我们联系了数个新闻社的记者和学校的领导，在他们的支持下和我们自己的努力下，我们终于完成了准备工作。然后我们联系了学校食堂的经理，并在其支持下完成了义卖活动。活动结束后，我们筹到了一笔可观的善款，并由我交给了病人。同时，我也发现我在组织、筹划活动中有了很大的进步，我从一个以前不敢说话、只知道死学的人成长为一个敢说敢做、有自己思想的青年。

创立社团之初，“蒲公英”只是个名号罢了，现在倒不如把我比作蒲公英，因为我深爱着我的社团，并且坚信爱的种子必将越传越远。记得曾有人问我：做社团你不累么？你做社团必将占用学习的时间，难道你不学习了么？

有这个疑问倒也难怪，因为一旦有活动，我就要占用晚自习的时间，经常是整晚不在教室。做社团固然辛苦，但我也乐在其中。当每次支教结束的时候，那帮可爱的孩子总是对我们恋恋不舍；当我每次看到他们求知的目光时，一种神圣的责任感就油然而生。身为人师后才觉得，给予学生知识才是最大的责任，这也是为什么我的心态由最初的为留学做准备转化成真心帮助学生的原因，所以我享受那份沉甸甸的责任。至于学习与社团如何择其轻重，肯定是学习更重要。在这条蜿蜒的路上，我能做到二者兼顾的原因是提高效率。做社团必然会占据学习和娱乐的时间，所以有时也需取舍，换句话说就是选择对自己意义更大的事情来做。

总之，我与蒲公英在这条崎岖之路上已经迈出了最重要的一步，不管别人怎样看待中学生做慈善这件事，我始终坚信我们十一学校的学生永远是与众不同的，当别人埋头于书海苦读之时，我却在做着他们从未接触过的事。纵使我与蒲公英都很渺小，但是再卑微的事物也有它自己的价值，也有它发光的意义！

我不知后面的路将会怎样，也不知今后的人生将何去何从，但是我始终都会按照我自己的理念来描摹我人生的风景画。这一路，重要的不是终点在哪儿，也不是路上到底有多少荆棘，而是看你怎样欣赏沿途的风景！

爱心永远没有终点，所以我也希望更多好心人能加入到奉献爱的行列中来，与我并肩走过人生中最美的三年，与我共同奋斗在蒲公英成长的风雨斑斓的路上！

真的很感谢十一学校给了我一个展示自己的平台，我有了那么多的机会去展示自己的才能，这也让一个从前只知道学习的书呆子成长为一个全面发展的青年。自从来到十一学校以后，我能直接称校长为“贵爷”，并在众多校方主任面前直接说出自己的意见；我还能去参加世界未来教育论坛，并在其中充当志愿者一职；我还能选择适合自己的课程，而不是让填鸭式教学束缚我的思想。

在这冲破重重禁锢的过程中，我成长着、快乐着。很感谢学校给予我的支持和肯定。十一学校拓宽了我的眼界，增强了我的责任感，让我从一个只说不做的人成长为一名敢说敢做的青年！我，很感谢母校给予了我一个破茧成蝶的过程！

原来我也可以

文/刘佳琪

刘佳琪，校团委委员，连续三年获十一学校"卓越学生"称号，两次获得"校长奖学金"，并先后获得海淀区优秀学生干部，三好学生及北京市三好学生称号。曾代表十一学校参加海淀区中学学生会总会第二次代表大会；曾主持名师大讲堂、"五四"表彰典礼、"感动十一"颁奖大会、学校开学典礼、奖学金颁奖典礼、升旗仪式、运动会等活动；曾参与策划德国文化日、澳大利亚文化日、开学典礼、文化艺术节、狂欢节、运动会、学代会等大型活动。

•原来我也可以当主持人

十一学校五洲城市运动会开幕式，我站在高台之上主持。面对下面2000多人，脑中瞬间转过无数念头。何曾想过，有一天能以那样轻松的心态站在那里，能以那样悠闲的心境扫视下面的人海，能那般由衷地享受这个舞台。

小学时也主持过一些活动。那时站在三米高的一个小台子上，面对下面200多个人也会紧张得不知所措。我完全不敢看底下的人，只知道盯着稿子，心跳得很快，生怕自己说错话或是有什么不对的地方。大概因为表现得太紧张，就连老师也跟我说过，主持这一项工作并不适合我。我也一直以为，自己并不是一个出色的主持人。

升入中学后，锻炼的机会多了。有很多幕后的付出，但也有不少台前的工作。从班会到年级会，从名师大讲堂到“五四”表彰活动，从“感动十一”颁奖大会到团校开学典礼，再到奖学金颁奖典礼、升旗仪式、国旗下的讲话……越来越大的舞台，面向越来越多的人。最初，我仍是满腹疑虑，怀疑自己是否真的能担起重任，甚至因为这种害怕与紧张而推却了许多很好的机会。但是一步步走来，面对丰富多彩的活动，我有些按捺不住了，开始试着去挑战，告诉自己要克服、要成长。就在这样一次次的历练中，我从登台前惴惴不安一整天，到学会努力调整放松，再到开始体会到掌控整个活动脉搏的成就感：这是一个让我无比喜悦的过程。

成长的快乐，重新认识自己的满足，那是一种非常美妙的体验与感受。

•原来我也可以写歌

德国文化日筹备组开会的时候，提出我们应该自己创作一首主题曲，总负责人问我可否完成这个任务。“我试试吧，”我不太确定地回答。这是我一件以前从未真正接触过的事，虽然听音乐时也常常会想，自己若能写出这样好的词曲该有多好，但我从未试着将这种想法付诸实践。毕竟这太天马行空了。然而，这件我原以为绝不可能成功的事情居然真的实现了，我人生的第一首音乐作品——《柏林苍穹下》竟真的诞生了。

在学校的录音棚里，几位同学一遍又一遍地唱，终于完成了这首歌的制作。在德国文化日进行宣传的那一周里，每天中午这首歌都会回荡在校园的各个角落，而我每每听到都会有一种不真实的感觉，像是一场梦。

后来这首作品还带给了我更大的惊喜——“校长奖学金”，这对我来说无疑是一个巨大的鼓励。后来，由我作词的班歌《繁华•青春》和澳大利亚文化日主题曲《随心所动》也相继出炉，我常常觉得生活就是这么奇妙，在意想不到的时候就又为你打开了一扇窗。

我是由此开始期待新的挑战与对未知领域的探索，因为在这个过程中，可以发现一个新的自己，否则我们永远不知道自己的潜力有多大。我开始相信，只要你敢去努力，一切都有可能实现。

•原来我也可以策划活动

其实我一直是一个擅长执行、却不擅长统筹指挥的人。也正因为知道自己在这方面的不足，我一直都不敢去尝试策划一个活动。来到十一学校后，丰富多彩的活动摆在眼前，锻炼的机会简直数不胜数，促使我去学习和进步。

在“收藏十一”的启动会上

最初，我还是一个简单的执行者，只要完成别人分配好的任务就可以了。然而看着学哥、学姐，甚至我的同龄人在学校广阔的舞台上挥洒自如，肆意释放自己的创意、大胆创新实践，留下不一样的印记，我自然是羡慕的。于是我逐渐试着在学校各种各样的活动中，找到一个属于自己的位置。德国文化日的筹划是我迈出的第一步，虽然并不是整个活动的总策划人，但负责筹备其中的三个项目。那段日子真的很忙，有很多东西要学习，我常观察那些有经验的领导者，看他们是如何安排一个活动的流程，如何做到将整个项目成竹于胸，如何有条不紊地打理一切。

就这样，慢慢成长地起来。开学典礼、文化艺术节、狂欢节、运动会、学代会……我开始由一个最普通的执行者逐渐变身为有一定组织能力的领导者，不仅学会了如何策划一个项目，如何掌控一个大型活动，更学会了一个出色的领导者应该具备的条理性、自信心和大局观。

生命总有无限的可能，人就是在不断地汲取与突破中前进。如今，我畅想未来，无限宽广，我也可以开创我的一片天空，在十一学校的故事中留下属于我的浓墨重彩的一笔，何其美好！

•原来我也可以……

我感谢十一学校，这是一个充满了机会的地方，提供给我们最广阔自由的舞台，去挥洒青春，去发现不一样的自己。

只要你想，就有你施展自我的空间，随你展现风采。

只要你敢，就有你体验锻炼的平台，任你挑战突破。

只要你愿意，你就可以大胆尝试，超越过去的自己。

只要你愿意，你就可以尽情舞动，获得令自己都不敢相信的成长。

你若盛开，清风自来。

我在十一，自由呼吸。

向十一学校的天空生长

文/路姝钰

路姝钰，十一学校高一学生。获“省身律己奖”，被评为学校卓越学生、优秀特长生。

我仍旧忘不了，很长一段时间里，不断地撕咬着我内心的一种孤独。也许是因为我的性格包含了在别人看来太多的认真、内向、文静，以至于几乎没有人敢跟我开玩笑，敢揉我的头发，敢大声开玩笑地“批评”我。所以，他们觉得我很认真很好，但是，他们不跟我交朋友。这种不正常的关系，也许并不是所有的人都能够理解得很明白。

因此，同学给我留了一个我很不喜欢的“独处空间”。即使十一学校的天空广阔无边，真正属于我自己的也只是一小块天空，一群转瞬即逝的飞鸟。我曾尽力地去尝试融入别人的朋友堆里，但是尽管我耳边到处都是欢声笑语，还是有一种很可恶的东西在我与别人之间狠命地堆入一堵无形却万分坚固的墙。

如果我与另外一个人一起去做一件老师布置的工作，我会尽力去引出话题，但是皆不足以引起别人的兴趣。经过了无数次受挫后隐隐浮上的心酸，我终于摸清了“瓜藤”的大概位置。原来，他们所乐意去谈的大多是歌星、分数，等等。这类事情我是真的不觉得是多么有趣。于是，我总和别人没有什么共同语言；我与另外两个以上的人在一起，那一群人便很自然地拉起手，或是走路时挨得很近，仿佛要显示出他们的亲密似的，只剩下我一个人，与别人靠得更近也不是，离得远更不是。于是，在我的四周围起来的这堵墙，使我不能呼吸。常常在体育课后，同学们都牵着自己朋友的手去吃饭，而陪伴我的只有自己的影子与眼中渐渐浮上的泪水，这样情景早已充盈我的记忆。

孤独把我弄得将要窒息。然而，在这种情况下，体育又开始挑战我。在小学，我是那种别人一看我的成绩就得叹一口气的角色。于是，我忘不了上小学时一次午饭时前主动去找体育老师补考令我无限痛苦的400米，跑完了来不及休息，上气不接下气地就得赶紧回教室上课。

在学习上，我也一度失意。也许是习惯了小学努力后便尝尽成功的滋味，初中时的任何一次极微小的受挫经历都会给我以打击。只是这“打击”不还不算是太大便是了。但是，真正的问题并不是出自这里，而是出现在我面对挫折时的态度上。第一次看到发下来的数学作业本上有“无数”道的红叉时，我顿觉伤心欲绝，不敢相信这是事实。

因此，我自动把自己归为了差生。其实这种日子很难受。作为一粒亟待萌发的种子，被一层层黑色的土壤压抑着、制约着、堵塞着，是一种怎样的痛苦啊！面对着成堆的需要改错的作业，老师的批评与指责，甚至于被告知需要补考的压力。回忆着昔日在小学时的荣耀，曾经的数学老师对我的连连不断的夸赞，一阵找不到尽头的辛酸涌上我的心头。我准备把自己包起来，坐以待毙。然而，每当我有这种想法时，一种发自内心、来源于本能的强大的力量阻止了我。不，我决不能够等待着分流！这种呼喊来自于那粒种子要生根发芽的勇气。

于是，我拼搏，一直竭尽全力地拼搏，从那一刻起。

想要获得成功需要时间来证明，尽管我一直都在尽力，很长一段时间我仍没有取得满意的成绩。也许是我不太适合学分制，加上学业上的不“顺心”。前三学期，我与优秀、卓越、优秀特长生等一系列的评优算是“无缘”。

这期间，我自己一直在试图改变，母亲也一直在我难过、伤心而哭泣时尽力地鼓励我、支持我，让我恢复继续前行的勇气。

但是，连我自己都没有想到，机遇与转变在一年多的辛酸历程以后，如梦般到来了。

那是一个略微清冷的傍晚。当天发生很多事情都不顺心，我心情甚是“清冷”、伤心，倍感凄凉。于是，我决定买一堆零食去吃，希望郁闷的心情能在正嚼动的嘴唇间消失。刚刚开始“发泄”（即在食堂吃零食），听到一声热情又自然的呼唤：“小L！”我有点紧张，又不好意思（不愿让别人看到正在吃零食的我），还略微烦躁（刚开始“发泄”就被人打搅）地回头一瞥，发现竟是平时不常来往的小W。尤其出乎我意料的是，小W并没有像其他的女生那样，打声招呼后就远远地避开，在其他的座椅上落座。她直接走过来，把随身带的东西放到桌上，准备去买饭。在这一刻，刚才的种种不良情绪都消失了，因为小W来了，也好，有个人来陪我。

她问我：“你来这儿吃饭？”

“不，我在……吃零食。”我不好意思地冲她笑了笑。

她也笑了笑，但绝无他意。

……

“不知道为什么，我总觉得很孤独……”我抛出了话题。平日也相对较内向，但比我更外向的她细心地、耐心地引导了我，让我渐渐地感觉到心情舒畅了，虽然不能说是豁然开朗。她的陪伴、她的话语如同一束光，照亮了我平时自己都不甚了解的内心世界。这束光并不像太阳那样“轰轰烈烈”——光线充足，但是即使太阳光照耀到我，也使我感不到丝毫的亲切。而我想要的，正是这种手电式的光。我顿时觉很满足，很感激。

此后，一有机会小W就带上我。于是，我和小W、小Z，成了总走在一起的朋友。后来，我们成为好朋友。也许以后，我们会成为挚友。不，现在已经是挚友了。

其实，刚刚开始这段友谊的时候，我也是有很多困难的。例如，先前我对谈论分数等话题可以说是“反感”的态度。但是后来，我渐渐地懂得了朋友之间需要融合。我们每个人相当于一种不同的文化，每个人的性格、价值观等所谓的特点都是不可能完全相同的。我学会了包容和理解。于是，我们之间的友谊成为了最坚韧的纽带。我自己内心中深感离不开她们。

在体育上，我也找到了适合自己的提升方法。在初二下学期，我终于实现了排球专项达优，开学前我就制定好了每天跑步800米的计划。后来，因体育学习内容增加，我又在计划中加入了练习双杠这个项目。整个学期里，除了极特殊的情况，我都会坚持去做。对我来说，跑步虽只占几分钟，它给我增加了不少压力，能坚持下去对我来说很不容易。这是对我自己的一个考验，我是咬着牙坚持了下来的。

我曾好几次在雨中跑步，它会任性地把我的眼镜打湿，把我的衣服打湿，还会在我的鞋上留下痕迹。不过，我并不介意。我会把它当做我跑步的伴奏。一下雨，我的一部分精力就转移到了它身上，也就不会觉得跑步本身那么累了。在年级800米测试和400米接力赛中，我都取得了比以前更好的成绩。在800米中，我是班级第8名；400米接力赛，我们班是年级第1名。这与华同学的带跑是分不开的。现在，我的体育成绩达优。

相对这些结果，我更享受自己刻苦努力的过程。另外，我决不会忘记那些不能与我们同路的、亲爱的同学们。我会仍为他们的进步和成功而感到开心和骄傲。其实我们仍是在一条路上走的。不经历风雨，怎能见彩虹？他们的人生会更精彩。

作为一粒已经生了根、发了芽的种子，我已经呼吸到十一学校的新鲜气息，深切感受到十一学校像母亲的博大胸怀。我知道，这里的天空很是广袤，以后还会有更多的挑战，我愿努力继续向阳、向着天空生长。

在此，感谢所有十一学校教过我的老师，以及将要教我的老师，他们都为教育而付出了心血，一直关爱我们，给予我们成长所需的阳光。同时，我还要感谢每一位与我朝夕相处的同学们，是你们，让我感受到了集体的温暖，体味到了团结的力量与难以割舍的情怀。这份难忘的记忆，我永远都不会忘记。永远，永远……

蜕变

文/贾佳

贾佳，十一学校高一学生。担任班长和班级宣传部部长、运动会班徽设计取得一等奖，策划并主持三年级英语圣诞节活动，在初三最后一次升旗仪式上作为初三全体代表发言，参与策划初三年级毕业典礼。

三年春去秋来，寒来暑往，伴随着我进行人生蜕变。一个女孩，从张扬冲动，变为内敛沉稳；从散漫幼稚，变得自律成熟；从漫无目标，到胸怀大志。感受着自己的成长，我怀着欣喜与自豪。

初一的我充满活力与斗志。刚开学就自告奋勇担任大组组长，“大权在握”的感觉让我有了小小的兴奋。但日后的学习与合作中，我却明白，一块正面写的是“权利”的金牌，背后刻的，绝对是“责任”。

我逐渐懂得要成为一个优秀的大组组长，首先要在各方面完善自我，为组员做好榜样。其次，要积极地为组员解答学习生活上的疑问。同时，要把握好小组的气氛，在做好自身常规的前提下对组员进行监督与提醒，良好的常规与学习状态是获得好成绩的前提。最后，要做好组内调解工作，一个团结一心的小组才能互帮互助，做到共同进步。曾经的我，因与组员吵架而愤怒过，因受到组员家长的责怪而委屈过，因感到吃力与无助而哭泣过……终于，也因经历这些挫折后而蜕变。我慢慢变得冷静，能熟练地处理组内各种事务；我变得坚强，明白在人生中总要经历并打败很多挫折；我变得平和，不再用一副高高在上的姿态命令组员，明白自己与他们是一样的。

记得在初三那冲刺的一年，每位同学都开始努力。我们小组学习成绩最落后的一个组员也端正了学习态度，决心要在中考时考出一个好成绩。但他却对如何学习一无所知，不知道如何提高自己。作为组长，我为他量身制定了学习计划并配上了练习题。在此过程中，我个人的知识也在不断的巩固、提高。

班长与组长一样，都让我在经历挫折后又得到成长。刚当班长时，因为我管理方法不恰当，常和同学发生争执，因为我只想着如何去管理他人，却没想到要管理自我，因此很不服众。

有一件事让我现在都记忆犹新。一节自习课，老师为了了解班级此时的学习状态，进行了录像，并在班会为大家播放。在录像刚开始的时候，有一位同学的头一直向后转，不停地跟后面的人说话，就这样一直持续到下课。这时同学们都小声议论起来，老师看向我的目光责怪中有着一丝失望，我的眼泪终于忍不住落了下来。录像中一直说话的那个女生就是我！我这次的哭泣没有委屈和伤心，有的只是深深的自责与懊悔。我把头一直埋在胳膊里，不敢正视同学们的目光。

再上课时，我当着全班同学的面给大家道了歉，并表达了以后自我严格要求的决心。虽然我还是没忍住眼泪，但从最后同学们鼓励的掌声中，我感受到大家对我的原谅与期待。那一刻我开始正视自己的缺点，勇敢地担起了责任——对自己、对同学的责任，经历了又一次的成长。

在此之后，开始高标准要求自己的我才真正大家被承认是班长。随即而来的就是各种任务，我只能加足马力工作。没想到，这一做，就是三年。三年中，我们策划了多次大型班会，如“学会感恩”、“梦想倒计时”、“中考动员”，等等，并在学校大型活动中主动担当起主策划的角色。一次又一次高度的跨越，成为我们的成长中一个又一个里程碑。在初三的最后一次以帮助之星为主题的百星评选中，我以趋近于全票的票数当选了，这来自于同学的肯定与鼓励是我得到的最好的回报。

十一学校有着丰富的课外活动，面临众多选择，懂得如何选择就至关重要。我把每学期都获得卓越学生定为了我的目标，别人选择体活的时候我去看电影、听名家大师，提前积累学分。我又把更多的精力放在了技能认定上，有着良好的体育和艺术的基础，再加上多训练，我在初一第一个学期就累积得到了二十多分的技能认定分数。我当时的想法是在初三毕业前把每项技能都考一遍。对于社会实践与社区服务的学分积累，我对自己也有较高的要求，在寒假暑假去做社工，为孤儿院、残障院的儿童设计各种活动，在校园里组织各种募捐活动，帮助在京打工工人子女。奉献爱心的同时也逐步达到了自己的目标，这种高标准自我要求一直伴随我度过初中三年。

我的过渡期是在初二。在这一年里，我逐渐对自己的学习、心态、思想进行完善。在第二次主动参加一年一度的英语圣诞节策划主持活动时，我带领着主创团队成功地完成了活动的策划，并取得了良好的效果。在此之后，在保证学习成绩的情况下，我参加了模拟联合国社团中的美国国会模拟议会，提高了自己英语口语能力。在组织策划班级运动会的过程中，我再次提高了自己的组织领导能力。

初三在大家复杂的情绪中到来。在这一年中，我仍然没有放弃参加各种学校活动，已经熟练的策划操作使我在各项大活动中游刃有余。

6月18号，初三年级最后一次升旗仪式，我有幸代表初三全体同学发言。这一次的发言，为我的初三生活画上了一个圆满的句号。

带着无限的怀念，我主动要求参加毕业典礼的策划。怀着对老师、同学的不舍与对初三生活的留恋，我尽自己努力，完成了三年中最满意的一次策划。感受着毕业典礼上老师同学的欢乐喜悦，满足与欣慰的感觉填满了我的心。

如今回首这初中三年，那些保存在记忆里的经历一遍又一遍诉说着我的成长与蜕变。十一学校是一片乐土，为我们提供了数不清的机会与挑战。“十一学子”，是我们永远引以为傲的称号！

7点29分，16点11分

文/徐子晗

徐子晗，十一学校高中2015届学生。星月共辉文学社创始人、校文学院院士、学生管理学院行政部助理、模拟联合国骨干成员、松林书院特别管理员。曾接待李云迪，崔永元等名家，学校“名家大师进校园”活动常任主持人，多次参与策划学校大型活动。分别获得过校长奖学金、令德奖学金。在校外，参与策划中学生NGO公益组织，作为中学生参加IYLS交流活动，多篇文章在市级刊物发表。

·非主流的奇葩

爱咖啡，爱奶昔，不爱柚子茶。

爱品读经典，爱享受生活，不爱枷锁的束缚。

爱16点11分的自由，不爱7点29分的慌张。

成不了学霸，也不期待大神。

我只是特立独行与非主流的代表。

我和你一样，都是世界的奇葩。

•7点29分

当第一缕晨曦慵懒地顺着窗沿缓缓流淌在阳台，温暖洒向脸颊；当第一朵朝云昂然地伴着霞光华丽绽放在天际，清脆沁入眼帘；当第一声啼鸣欢愉地乘着微风舒柔吹过耳畔，惬意陶醉心中：亲爱的，早安！

不好意思，还是让我再睡会儿吧。

习惯了赖床的我是不大可能乖乖地从被子里爬出来的，往往要磨磨蹭蹭到闹钟第三四遍发作，才有可能边打着哈欠边去洗漱，说不准打理之后又回头幸福地继续着刚刚的美梦。于是，本应该是从容地步行到学校，然后静下心在教室中翻看些名著或是高声朗读英语词句的时间，我却在进行着千米赛跑。当然，事后也证明早晨的狂奔极大提高了我的体育成绩。

然而，最记忆犹新的不在于此。每天七点半晨读的预备铃声准时打响，如果在那之前还没有踏进教室的话，一般等待你的就是长达半个小时的各种“绝望”。在初中，徐宁老师担任班主任的时候，对于迟到经常还是批评教育为主。但到了四高一，新班主任邓靖武老师是个绝对严谨的理科大叔，为了惩戒我们不长记性和屡教不改，干脆立下班规，七点半以后就不准许进入教室，闲适地在待楼道里体验30多分钟的“清凉”。

可想而知，为了将体验“清凉”的机会慷慨放弃，我不得不放弃每日清晨与至亲床铺的缠绵。老老实实地去上学，即便如此，还是经常因为迟到去“清凉”一会儿。所以不难想象，7点29分时还没进入校门，那种难以言表的慌张与焦虑。

我的初中两年，大部分时间都在一遍遍重复着7点29分的那种感受，默默承受着不期而至的失落和迷茫。7点29分倘若可以作为一个形容词的话，那么大概就是对我这前两年最恰当的概括吧。

和很多同学一样，初一刚踏入十一学校这个陌生的世界，想的依旧是怎样成为班里的优秀学生，被同学老师认可，仅此而已。我甚至不敢像李雨晗学姐那样，默默地定下三个目标。那时，无从知晓更不敢想象像今日舞台上的五彩斑斓。

我真的不是标准定义下的好学生，甚至常常成为“反面教材”。

第一次月考，班里倒数第二。

引以为豪的强项语文比平均分低了10分，看似简单的英语刚及格。看到成绩的时候，仿佛堕入悬崖、浑然不见天日，是从未有过的惶恐和绝望。

“不是我差劲，是学习态度不好。”

“不是我差劲，是没有认真投入。”

“不是我差劲，是复习没有到位。”

“不是我差劲，是最近不在状态。”

现在发现原来自己是那么可笑。总为自己找理由，找得太多，自己腻烦，别人还要替你难受。为失败而刻意找的借口，什么都不是，只是日后的笑柄。失败了就是失败了，你就是败了！失败者，别给自己寻求毫无意义的安慰。几年来找过千百个借口，千百种原因，未能掩饰任何一次失败的真实存在。藏不住，遮不住，不如坦然接受。

那次月考只不过日后是无数次打击的小小开始罢了。从那时开始，迎接我的是一次又一次的跌倒，一次又一次的失败。事实上，两年下来，最好的成绩也只是偶然一次爬到年级中上游。最常勉励自己的一句话是：“此役不克旗下死，呜呼苦战船桥里。”

如果真是这样的话，我不知已经过多少“生死轮回”了。

但值得庆幸的是，初二的结业考试，是对于直升区学生重要的一次考试，结果稀里糊涂就通过了。现在回忆起来，心有余悸。时至今日我依然未完成自己入学时的诺言，成绩还是飘忽不定。并且越是豪情壮志，越是伤得遍体鳞伤，这多少有些黑色幽默。

抱怨过，苦恼过，消沉过，所以淡然了。

•16点11分

16点11分是全天的课业结束后的第一分钟，也是全天社会活动的开始。

四高一开学下学期，分层走班全面开始。不用多说，我自然选择了人文方向的课程，不单单是为了摆脱理化的束缚，更是为了自己的理想。没有了理化的包袱，我终于可以逐渐尝试去搭建属于我自己的舞台。为了结识更多优秀的同学，体验更多的社会工作。我开始为自己争取更多展现自我机会，其实我们都明白，不去自己把握，没有人会愿意平白无故将机会送到你手中。

看到很多朋友从初中就在学校模联社团，没事就“盛论国际，大谈世界”，然后大夏天套着秋季校服，就在食堂门口的不知疲倦地发着模联周报。天真善良，活泼可爱的我也是纯属出于好奇，就在最后一天报名了。

结果，真如果珈亦所说：模联的确是“贼船”。

没错，海盗头子就是传说中那有着熊猫体型，憨态可掬的戴冲。

我也直言不讳了：我数时间在一旁只发表很少意见，更多的时候，在留意着同学之间的那种对待工作的热情。虽然提交的议案不免生涩，处理事务的方式也不免年少轻狂。可是我们无法奢望单凭中学生就可以做到纯熟老练地应对突如其来的各种世界危机，毕竟这还仅仅是一个少年间的“游戏”，即便是一个“游戏”，我依然看到那些为了能够在模联一展风采而倾情投入的同学。互不相识，随机拼凑的团体，几日之内边达成默契，做完整的立场声明，准备充足的问题应答。

或许，学识与认知的提高都是次要的，真正让我感动的，是模联人的那种属于年轻人的昂扬热情。初识世界，尚且未感受碧空之下茂原的苍茫，九州四海山河的锦绣。但是他们敢于向未知的天空高声呐喊，这就是模联。在模联，向世界宣告“贼船”的起航！

如果说戴冲老师开的船是“贼船”，那么开“客船”的就是团委的同志了。

很早就想在团委中做些事，不过这对我来说似乎遥不可及。一次很出人意料的巧合，负责策划名家大师活动的同学推荐我去做蒙曼专场的主持人，只因为原定的主持人临时负责社团巡礼的事务。也正是那次主持，为日后的出彩打下了坚实的铺垫。主持并非完美，我想台下的同学或多或少也能看出主持人初次登台的局促不安。但最重要的就是，我站在台上，然后蒙曼老师的演讲专场很成功，这就足够了。

换作别人，也许主持完后会继续以往的生活，可惜不是我的风格。主持之后，我主动向雷露老师申请成为常任主持人，而雷老师竟然不假思索地爽快答应了。借着“主持名家”的理由，开始自视甚高地出入团委，并且迅速熟识了这个小团体中的老师和很多在学校中鼎鼎大名的学长。起初，我就自己把自己视为团委中的变通一员，虽然没人敢将工作交给我，我就厚着脸皮找老师毛遂自荐。就这样，我恬不知耻地赖上了这艘舒适的“客船”。机遇天赐，想方设法也要抓住，丝毫的犹豫都有可能成为错过时的悔恨。历史的车轮从不会因为年轻人的犹豫或不满而放慢速度，更不会等待那些尚未睡醒的迟到者。

模联，因为它的特立独行而像艘“贼船”，团委因为它的友爱互助而像艘“客船”。

第三艘船，一艘暴风雨中的“战列舰”。舰长，教导主任刘艳萍老师，我的导师。

一起报她导师的还有我的死党李睦麟。

我对同学看到我们填报刘艳萍为导师时的惊诧目光并不太在意。“我中学生活中最为重要的折点必然是导师的选择。”这是我们共同的感受。

刘艳萍老师，外号“萍萍”，而我们当面则称呼“刘姐”。认识刘姐之前，对刘姐出了名的严厉作风早已有所耳闻。在校园中如果不幸撞见往往都是敬而远之，甚至不大敢主动打招呼。接触之后才发现，原来根本不是那么一回事。刘姐做我们的导师时，从未有多么严厉批评过我们，从未因为我们的过失而大发雷霆过一次。刘老师真的很温柔。

之所以说是“战列舰”，大概是她每天过得都如同在前线指挥战争一样。教导主任处里，办公桌上铺天盖地的文件等着她处理，还要抽出每周四的下午为我们开导师会，所以经常在开会的时候还公务缠身。待她忙完，又听她向我们连声说抱歉。起初是李睦麟总是和我相视一笑，久而久之，逐渐体会到刘姐的不容易，要处理全校的大大小小，方方面面的事，还要时刻留心我们的成绩，若有各种社会工作机会还会随时想到我们。在她的帮助下，我们出色地接待了李云迪、崔永元等名家的到访，欣然受任了松林书院的管理工作，并在她的推荐下负责为学生管理课程做准备。就如李睦麟所言，“一个又一个的新任务，我们乐此不疲”。像在暴风雨中的战列舰上，颠簸之余，亦要保持着高度的集中。这里可以自我锤炼的社会工作浩如烟海，面临的是难以想象的紧迫感，要不断接受着各个方面的考验。也正因此，我们得以为直指天际翱翔，积蓄前所未有的力量。

我曾想过如果没有刘姐对我们的荐举，我又会是怎样？

暗暗猜想，刘姐也会在百忙之余看到这篇文章，好吧，我私下里偷笑一下。

·尾声

文章要收尾了，没什么太多需要感慨的了。

我在十一学校，很爱十一，十一也很爱我。

三年，我活得很精彩。

不管你信不信，我反正是信了。

那个名字是李睦麟

文/李睦麟

李睦麟，十一学校模拟联合国社团骨干。获第二届十一学校模拟联合国议会制辩论二等奖，参与策划“技术，创新，成长”十一学校首届技术节并取得极大成功，同时也参与学校爱飞翔等重要活动的组织策划。曾多次参与名家大师接待、名家大师主持工作。多次主动承担交换生接待工作并与交换生同学结下深厚友谊。曾有幸主持升旗仪式，校长奖学金“金钥匙”奖获得者。

能够坐在电脑前亲手敲入这一个个字符，我将其视为荣幸。

——题记

三年前一个浮躁的孩子怀揣着小学时的辉煌和骄傲迈进十一学校的大门。他不懂何为行圆思方，更不懂什么志远意诚，他只知道以后要在这里生活和学习。他叫李睦麟。

怎料身处在十一学校这样一个丰富多彩的环境里，不知“随波逐流”注定是要吃亏的。

依然清晰地记得三年前第一场年级会的时候，年级主任在台上讲起了一个略微有些阅历的人都听过的故事，但是她没有讲完，故事在进行到临近结尾时戛然而止。

“有人知道吗？举手，来告诉大家，最后发生了什么？”

1秒，2秒，3秒……始终是无人响应的沉寂。

终于有一只手举起，跑上了讲台，大声的讲出了故事的结尾。“我觉得我们应该给她掌声。”年级主任和颜悦色。台下稀稀拉拉的掌声表明了恰巧处在叛逆年龄的我们对这种行为的不屑甚至是鄙夷。“告诉大家，你叫什么。”那位同学泰然自若。说出来一个在接下来的几年里都将让全区甚至全校的人欣赏并景仰的名字。

“那么我们年级的学生会会长就暂时交给她做吧。”

可惜那个名字不是李睦麟。

过了这么多年，我还经常会想：假如当时那个举着手冲上台的人是李睦麟，整个初中又会有什么惊天动地的变化呢？

毫不夸张地说，初中的两年里无数的机会如万箭齐发般向我射来，我都错失了。我就这样浑浑噩噩的荒废了两年，以一个极其边缘的成绩结束了自己的初中生活。

但随后的事情让我明白，假如人总是活在臆想里，那么臆想就永远成为不了现实。在接下来的一年里，我懂得了什么叫争取，什么叫拼搏；我要真正让大家知道，谁是李睦麟。

四高一第一学期，迈入高中的大门意味着也要开始适应课改的走班选课和文理分科。不得不说在初三这一年就进行文理分科是一件十分残酷事情，若不是碰上两位“贵人”，我无论如何也不会走上正轨。我的物理老师同时也是班主任在开学第一天就指着我的物理和语文成绩问我：考成这种情况，还想学文啊？那或许是我第一次坚定地告诉别人同时也是告诉自己：对，我想学文。我的数学老师同时也是年级主任也给予了我莫大的帮助，在我做出决定后给了我极大的肯定和支持。就这样在两位老师的协助下说服了我的家长，同时也说服了我自己，走上了在别人看来很莫名其妙的文科路。从此，李睦麟这个名字从排名的最后步步攀升，逐渐稳定到了一个能够让人沾沾自喜的高度。

想起跟朋友的一段对话。我向朋友抱怨：“我如果学文，应该选什么专业才能容易就业呢？”朋友却一脸茫然：“别跟我说高考，我都还没中考呢！”不禁莞尔：这就是我作为十一人的优势所在。

在确定方向后，所需要做的便只有一路疾驰这么简单了。

尽早确定文科倾向极大地减轻了我在理科方面的压力，在为我巩固其他三科让出时间的同时也给予了我课余时间上更大的空间。这就让我真正站上了属于我的舞台。

在初中的两年里，班主任最常跟我说的一句话就是：“李睦麟啊，你的能力啊各方面的都非常优秀，就是这个学习……唉。”没想到这句明褒暗贬的话竟成了我在高中的动力。因此从初二末尾的结业典礼开始我就一直努力试图将自己置身于大大小小的活动中去锻炼自己的能力，磨炼自己的意志。我试着去从

在议会制辩论赛上

初一时那个举着手上台的同学身上学点什么，而我自己总结到的就是争取。没有机会能凭空出现，更没有成功会凭空加于无劳者之身。我要证明这个“李睦麟”各方面能力真的是优秀的，而学习也不会是一塌糊涂！

首先，为了锻炼我文科方面的各项能力，我果断加入了平时一向敬而远之的模联。模联的乐趣、作用和益处倒也不用我多费笔墨去描写，但无疑它给我的收获是巨大的。首先他从根本上改变了我对事物的看法和分析方式，让我能够站在一定的高度去透彻地看一件事，而并非无脑地一通乱喷；其次它让我变的敢于说出自己的想法，敢于提出自己的问题，甚至敢于质疑权威，这对我日后的工作无疑是如虎添翼；第三点也是最重要的一点，在模联这个大家庭里，每个人都如家人般和谐融洽，这就给了我一个接触更多更优秀人的机会，也极大地扩展了我的人脉，为日后的工作增添了许多方便。古人云：三人行必有我师，在这数以百计的muner里，可以做我师的必定也不计其数。总之，模联是我走入社会工作的基石。

我中学生活中最为重要的转折点必然是导师的选择。本着自己这期由于文科倾向有大量空闲时间而需要多做社会工作的原则，我不顾老师们“选择校领导的话你们不会经常见面，于你们无益”的劝阻，义无反顾地在“刘艳萍”这个名字后面画下了钩，郑重地签上“李睦麟”三个大字，不顾他人诧异的目光交到了班主任手里。或许当时那位同学走上台时的感觉恰恰和我现在的感觉是一样的。最终整个年级只有我和另一名同样学文的男生报了刘姐为导师，这也就注定了我们两个会有比常人更多的机会来锤炼自己。

第一次见面，刘姐就问我们两个：“既然你们是为了多做工作，你们是想从小事做起，还是想从大事做起呢？”我们两个异口同声说，从小事做起。于是我们就接下了松林书院和咖啡厅管理的任务。在此之后，对名家大师的接待、收集学生意见、主持“名家大师”，等等的任务全都加到了我们头上，而我们也以此为乐趣并乐此不疲地接受着一个又一个新任务。从最开始面对名家的羞涩和紧张到后来与名家的对答如流，从最开始念稿的磕磕巴巴到后来的应对自如，我感觉到虽然“李睦麟”这个名字依然，但是这个名字所冠的那个人却有着重生般的力量和变化。

再到后来，在刘姐的介绍下我们加入了李希贵校长的选修课。在那里汇集的是各个年级的精英人才，与他们的交流让我受益匪浅。同时在课上的积极表现让我结识了少年社会科学院的院长和HCC的前任CEO并有幸得到他们的赏识加入了社科院和HCC，相信两个文科牛人在我将来的文科路上一定会对我有更大的帮助。同样还是那个举手上台的同学教我的：只要努力争取，就会拥有一切。

本以为这个学期不过如此，没想到技术节为我的高中生活画上了浓墨重彩的一笔。

在平日的技术课上，我一直践行着这个主动争取的原则，积极与老师沟通并“勇敢”地担任了课代表的职务。这样的突出表现使我给老师留下了深刻的印象，这就使我在日后组建技术节筹划组时成了不二人选。虽然这次我没有主动提出担任“总指挥”，我也尽力作出了自己所能做的所有贡献。最终，在技术节筹划组成员日日夜夜不懈地努力下，十一学校技术节成功打响了第一炮，场面的火爆程度超乎想象。而我也在整个中学时代，第一次因此走上了升旗仪式的主席台，成功主持了一次升旗仪式。这时在平日里练习的主持和在模联摸爬滚打的经历更是派上了巨大的用场，让我能够泰然自若的应对每一个微小的细节，不紧张、不慌张。

终于，在期末，我站在了一直可望而不可及的奖学金领奖台上。而三年前，也是这同一个舞台上，那位同学高举着手争取到了自己的机会。我接过贵爷亲手给我的信封，看着上面宋体三号的三个大字“李睦麟”，不禁感慨万千：在十一学校的这三年，那个浮躁的孩子早已不知所踪，取而代之的是一个十一人，一个以志远意诚、行圆思方为行为准则的人。虽然我离优秀的十一人这一称谓距离尚远，但十一学校教会我如何成长。终有一天我能够自豪地说，那个名字，它可以是李睦麟了。

绽放在阳光下

文/秦雨菲

秦雨菲，年级学生会秘书长，校舞蹈队成员，曾代表学校参加国际名校龙舟邀请赛；正在策划植物研究院的成立。

常常觉得十一学校是灿烂而温暖的阳光；而我，就是一粒小小的种子，在阳光的怀抱里，悄悄发芽……

——题记

·最初的成长

来到十一学校，我并没有认为自己还会一如既往优秀。恰恰相反，我觉得我在十一学校这个优秀的集体中一定是平凡的。这样自卑情绪的让初来十一学校的我承受了很大压力，再加上住宿，又多了一份对家的思念。`

我对自己成绩都要求很高，但由于小学基础太过薄弱，我往往要付出比别人多出几倍的努力。我不停地学习，从早上6点半到熄灯，几乎一刻也不停。这不单是为了成绩，也是为了转移我想家的注意力。

到了冬天，每天吃完晚饭时天就黑了。夜幕像乌云一样向我涌来，让我喘不过气。到后来，我实在害怕，索性晚饭也省了，全都用来学习。晚自习课间，我常常看向窗外。每次看我都会哭，然而每次我都要看。窗户正对着校外的街道，夜晚灯光闪烁，车辆川流不息。那些车一辆接着一辆，没有人知道它们从哪来，也没有人知道它们会停在哪里。那样的场景我永远也无法忘记，那是当我自己面对未知世界的迷茫，面对孤独与黑暗的恐惧，那种恐惧一直钻到我的心里，我却不敢逃避，也不能逃避。

看到别的住宿同学想回家，父母就把她们接走，我心中不知道有多么羡慕。但或许是自己太要强吧，我从不允许自己中途回家，也不允许爸爸妈妈过来看我。我不知道是什么阻止我回家，但是一回家就好像是从一场比赛中输掉了一样。但想家时，我还是忍不住哭。同学们都说我爱哭，可是我不认为哭就代表着软弱。它不过是坚强的另一种表达方式，我用泪水告诉世界，我不会逃避，我也不会认输。

初一，是我成长最快的一年，我取得了优异的成绩，读完了二十几本书，最重要的是，我学会了坚强与独立。

•梦想起飞

我8岁起开始学习钢琴，虽然经历了些小波折，但还是爱上了钢琴。来到十一学校，因为住宿，很担心在学校里没有机会练琴，然而却惊喜地发现在学校也可以练琴。六楼的琴房在中午开放，因为午休时间很短，我就不吃午饭，直接去琴房。后来觉得这也不是办法，便改在了自由活动的时间去练琴。只是那时候琴房不开门，别处的钢琴也难得闲置。有一次，我找钢琴足足找了1个小时也没找到，心里又郁闷又委屈，当天就给管理琴房的老师写了一封“抗议书”，希望老师能给我一间琴房。没想到老师真的同意了，并说想练琴就去他那儿拿钥匙。结果那位老师经常没影儿，我只好“抢”音美楼大厅里的钢琴。刚开始时很担心弹不好会让人笑话，后来胆子渐渐大了起来，心想练琴也总有个从生到熟的过程嘛，也就不管那么多了，一心练起了琴。

从小就喜欢舞蹈的我，因为种种原因，一直没能学。偶然在一张海报上看见了舞蹈队招新，便决定去碰碰运气。老师并没有苛求我们的基础，只要是真心喜爱，便都给了我们跳舞的机会。每周都能接触舞蹈，让我离那个遥不可及的梦想又近了一步。我是很不善于表现自己的，但是在舞蹈队中，我逐渐学会了克服退缩。如今在舞蹈队有一年了，参加过不少大大小小的演出，不论舞跳得怎样，只要能够去做自己所爱的事情，就是一种幸福。

•奉献是一种快乐

大概给我印象最深的，莫过于沈静老师。沈老师一直是我们的语文老师。她是我的老师，也是我的朋友，我的家人。她从不会指责我们，而是耐心地告诉我们哪里做得好，哪里可以做得更好。她讲起话来总是那样亲切，平静而有力。沈老师的美，是一种骨子里的气质，由内而外，流露着清雅与博学。那种美，不会让人一下子便接受，却如清茶，品了一遍又一遍，愈见其幽香。她常常忙到半夜，为了我们，很少有时间陪自己的女儿。在她心中，所有的学生都是她自己的孩子，她的一切，就是孩子的一切。

从沈老师身上，我读到了奉献的力量。或许，没有什么比帮助别人更让人快乐的了。当你看到他人的微笑，你会感觉自己的生活也一下子充满了阳光。假若你能帮助别人，能为别人做一点点事情，那么你短暂的生命也就有了存在的价值与意义。或许我们做不出什么大的事业，但是一点一滴奉献，同样会让我们感到无比快乐。

•明天的绽放

不知什么原因，我对植物情有独钟，这大概要从初一生物的刘世华老师说起。刘老师是我见过的最可爱的老师，她像个小孩子一样，总是那样热情，总是那样亲切。上她的课，就像是一次对生物世界的探索，充满了各种惊奇与乐趣。记得刘老师带我们走遍校园，认识校园里的植物，课后作业是让我们拍摄一朵花的成长过程。那时正直阳春三月，很多花还未开放，我和好朋友王文钊便拿起相机天天中午都去拍照。我们拍了一朵玉兰和一簇樱花，为了不弄混，在上面系了一根头发做标记。不论晴天或是雨天，我们坚持拍了近一个月，从花开直到花落。

也就是从那时起，我爱上了摄影，也爱上了这些美丽的花朵。此后，我常常拿着一本《植物识别手册》，在校园里到处认植物，有时得踮起脚尖，有时就干脆趴到地上，就这样，我把校园里的植物，不论乔木、灌木还是草本，几乎都认了个遍。

春天，常常来到一片草坪玩耍，那里遍地都是蒲公英；夏天，就躲在龙爪槐浓密的枝条下乘凉；秋天，我们在落叶纷飞的枫树下翩翩起舞；冬天，就观察玉兰那悄悄冒出的花芽。在植物的世界里，永远乐趣无穷。

然而，我却发现，很多同学和老师对我们身边的植物并不熟悉。我特别希望能够和大家一起分享美丽的植物世界，于是我有了为校园植物挂牌的想

把校园里的树种都研究遍了

法。这个想法在我一学期的努力下，渐渐变为了现实。通过与刘作亮老师的商讨，我又对校园植物的规划提出了一些建议，并最终产生了成立植物研究院的想法。目前我已将申请书递交学校，并得到了校方的认可与支持。在学校老师的鼓励下，我原本简单的想法逐渐丰满了起来，并最终得以实现。这是我第一次承担这样的工作，心中有几分喜悦，又有几分担忧，但是我一定会努力完成这份工作。愿美丽的花朵绽放在十一的校园，让植物文化成为十一又一道亮丽的风景。

其实，我只是十一大家庭中很普通的一员，没有什么突出的地方，但也有着自己的成长。在十一的点点滴滴，成为了我最快乐的记忆。我愿在十一的阳光下舞蹈，跳出绚烂而美丽的生活……

part 8

我要出国

人生，有经历，有寻觅，才完整。
青春，有汗水，有坚持，才精彩。

我的外籍老师们

文/王柯元

王柯元，第三届国际部学生会主席，第二届国际部学生会副主席，大使社团骨干成员。2009年承包学校复印社，担任复印社社长。曾于2010年赴美参与中美斯诺研讨会，获得该年度令德奖学金。于2010年、2011年分别参与了第二届罗马尼亚文化日、第二届美利坚文化日活动，并担任重要策划。

2012年6月20日，毕业典礼。

无论带着怎样的不舍，这总归是我在十一学校六年生活的最后一天了。铿锵的音乐声中，绚烂的聚光灯下，我拿着名校的录取通知书，手捧着荣誉毕业证，那些奋斗的辉煌岁月以及自豪感顿时涌上心头。但是，当我最后一次仰望十一学校的天空，或许也是最后一次聆听头顶那几只乌鸦鸣叫的时候，镌刻在心底的回忆一齐跃入脑海，百感交集。

回顾我第一次踏入国际部大门的心情，是那样紧张。第一次面对全英文课本、全英文授课和全外籍教师是那样的不知所措。第一次翻开化学书第一页的时候，望着满篇不认识的单词和晦涩的长难句，想到今后三年还要继续面对这样的课本，难以想象今后三年要怎样才能熬过去。手捧字典，我一字一句的阅读起来，3页课本竟然花费了将近两个小时的时间。然而，第二天的化学摸底测验依然让人绝望。因为不认识Tube这个词，于是Test Tube也被我断章取义当做“试卷”，考试结果一塌糊涂。

正当我对全英文学习感到苦恼的时候，第一节数学课却给了我信心。

数学老师Mr. Mac面带微笑，哼着小曲步入教室。因为他的膝盖一直不好，走起路来似乎身子有些摇摇晃晃。望着他那轻松甚至略显滑稽的姿态以及脸上透露出的老年人特有的一种慈祥，让我顿时感到周围的空气放松了许多。他笑了笑，默默在黑板上标题“factorization”，随后用一种自信的眼光扫视着我们。他说道：“听你们的老师说你们数学水平很高，那今天这个内容应该很简单，但你们要通过这节课学习数学需要的专业词汇。”说完，他在黑板的右边画出了一片空白，把factorization写在了那里。“我会把所有你们不认识的词汇写在这里，回去一定要背”。

这还是第一个专门从词汇入手的老师，不需要我们翻字典，而是他把所有重点词汇给我们标出来并予以解释，甚至包括“加减乘除”、“大于”、“小于”。顿时，我突然感觉到和这个老师少了许多隔阂。他清楚地明白我们的不安，理解我们的需求，无论是心理上的还是学业上的，他不是我们的命令者，而是我们的同行人。这些设置也让我们感受到他讲课经验的丰富，那种自信也自然而然地传递给了我们。

当他对课程内容继续解释的时候，我们更加激动了，原来所谓的factorization只不过是因式分解而已。这对于经过了初中训练的我们完全是小菜一碟。Mac后来说，当他把factorization解释之后，他顿时感觉到教室里似乎沸腾了一样，所有人的眼中忽然精光四射，一扫刚进班时大家颓废的面容。是的，因为我们终于找到了一节可以容我们稍作喘息的课堂。当然，后来老师也坦然承认，这是他刻意安排的一项内容，既为了探探我们的数学水平，也为了给我们一些信心。

或许，这便是他讲课的艺术吧，既然在学术上很难找到突破口，那就先来点简单的，在心理上让我们能撑下去！当我们知道了他的良苦用心时，心中十分感动。外籍教师也是这样以学生为本啊。

经过这一节课，我们重新找回了动力和成就感，也找到了学习的方法。逐渐地， 所有老师完成了磨合，找到了给中国学生上课的方法，而我们也逐渐体会到了A-Level课程学习的优势，也逐渐地找到了学习的快乐。

那个曾经给我留下灾难性回忆的化学老师Mr. P，在化学课里留给我最珍贵的回忆。Mr. P年轻富有精力。毫不讳言，他是我高中三年遇到的最优秀的老师。他的课激情澎湃，能点燃起学生对于知识的兴趣。他讲课重点突出，语言精炼，让人很容易能抓到一堂课的核心所在。他会把需要我们掌握的重点知识整理成笔记，方便我们复习。但最让我难忘的，是他丰富多样的课堂形式以及培养我们学习方法的意识。

当我们语言关过了以后，Mr. P有一次上课和我们提到："每节课都是由我来讲，你们也需要自己做一些工作，毕竟学习是你们自己的事。自主学习的能力在大学至关重要，这节课我只会在黑板上列下你们需要掌握知识的提纲，然后你们要自己在书中找知识点完成对于这个提纲的补充。"

第一次听到这种讲课方式，我感到很新奇，但并不是很理解这样做的意义，甚至还觉得老师有些故意推卸责任。本来应该由他讲的课却让我们自己找答案。但经过几次以后，尤其是当后来学习其他更需要自主学习复习的科目时，我才逐渐明白，老师的这种上课方式其实是对我们学习能力的培养。中国学校对于自主学习能力的培养较为欠缺，更多的是老师在传授知识并通过大量练习夯实基础。然而在化学课上，我却体会到了完全不同的教育模式：以培养学生学习能力为目标，而不是单纯地灌输知识。

后来化学老师的课程更加丰富多彩，不拘一格，甚至课本剧、游戏、辩论等也成了课堂。但不论形式有多么离奇，都一定让我们本于课本知识，扎根于调查研究，借此培养我们的学习能力甚至研究能力。但同时，对我们的展示能力也提出了一定要求。需要我们把枯燥艰涩的知识变为轻松活泼可以让人愉悦接受的表演。记得那个时候的化学课热闹非凡精彩热烈。每个同学都没有感受到学习的乏味，却都真真切切地感受到了收获的喜悦。

三年光阴流过，当惟一陪伴我们三年的外籍教师Mr. Mac登上演讲台，回忆我们三年相处的点点滴滴，如数家珍般地盘点我们三年里的成长，我的眼眶不禁湿润了。同我一样，我们所有学生都被老师的真诚所打动，感激他们的付出，也为自己三年的蜕变感到喜悦。

拼尽全力，努力生长

文/黄靖媛

黄靖媛，校学生会主席团参谋兼权益部、“早安十一社长，剑桥慈善基金会创始人、国际部志愿者协会志愿者。曾策划2012蓝洋筑梦校级夏季舞会、举办剑桥基金会慈善义卖捐助山区中的两名儿童、组织同学们走进大山走访贫困儿童人家。参加2012世界未来教育论坛并志愿者活动。

这已经是我在十一学校走过的第四个春秋了，每年校园里都会消失一批熟悉的面孔，迎来一批崭新的面孔。看着初一新入学的小朋友，就会回想起那时的自己，怀着一份天高任鸟飞般对未来的无限展望，踏上这片属于十一学校的土地，开始属于我自己的青春。

我还可以清晰记得初一刚刚入学的时候觉得十一学校的一切都是那么新鲜，各种各样的社团看得我眼花缭乱，便利店和食堂各种食品让我不知道从何下手，每周各种电影对我的吸引力极大，还有名家大师、图书美食节……我极其热衷于这些各式各样的活动，把绝大部分的心思都放在了这上面。所以说初中前两年的我的成绩简直可以用极其“差劲”来形容，考试如果能够考到班里的中等就真的“阿弥陀佛”了。但是这么多活动让我用两年的时间把初中三年所需要的所有学分都攒够了，所以在初二结束以后，我就由原来的实验区去到了常规区，开始了初三阶段真正给我带来巨大改变的学习生活。

初三的每一天对我来说都是重复的，上课、跑步、考试、作业。作为一个喜欢挑战喜欢新鲜事物的我，这样的生活对我来说简直就是煎熬，每天掐着手指头过日子。但是又期待着中考可以快点到来，这样我就可以快点从这段痛苦的日子中解脱出来了，当然我也担心自己没有准备好，考试结果不理想。直到有一天的傍晚，我记得那天还下着小雨，我和好朋友下楼到操场上练习长跑，看到一些从十一初中毕业的同学回学校看望老师，他们身着异校的校服行走在校园中，实在与我看习惯了充满十一校服的校园显得有些格格不入。这时候我的好朋友跟我说，也许有一天我们也会像他们一样，成为这个校园里的稀客而不再是主人。我猛然间发现也许如果我再不努力的话我就要离开这个我爱的地方了，换句话说十一就要把我拒之门外了。以后想进学校的时候，要东躲西藏的偷偷借件校服才能躲过保安的拦截进入学校，而不是挺胸抬头地踱进踱出；想进教室的时候也手足无措只能等待别人帮忙开门，而自己也不再拥有那张近乎万能的校园卡；想要再次在语言中表达十一学校的时候也只能转变成你们十一学校，而不再是骄傲地说出我们十一学校。

人总是要到快失去的时候才懂得珍惜，恍惚间一股难以表达的心痛涌上心头。这里是我爱的地方，这里有我爱的人，我的老师、我的同学、这里有我的回忆，美好也罢，苦涩也罢。这里有太多我无法割舍的东西。而也就是这偶然的一瞥，好朋友简单的一句话，彻彻底底地敲醒了我，就在那时，我下定决心无论如何我也要留在十一学校，这里有我爱的一切牵引着我不断前进，我终于明白了，真正掌握自己命运的只有自己。只有自己明白想要的是什么、怎样才能得到、并且付出相应的行动，才有可能拥有想要的明天。

现在作为国际部的学生，在十一学校这一个小型的社会中，我十分清楚要靠自己的努力不断地前进，一点一点地向上爬。从安排班级活动开始，不断地扩大到校级的活动、舞会。我明白每一次活动都是对我的磨炼，至于结果到底如何对我来说并不那么重要，因为最重要的是自己能在活动的策划安排中不断地提升自己，发现不足并努力一收获成长，这就足够了。我开始认真地对待身边的每一件事，认真地去完成它。我不是圣人，最初开始做这些事情也是因为希望我希望自己能在申请大学写offer的时候不是只有空空的一纸文凭，其他什么经历都没有。从希望essay能够写的更加丰富多彩的这个有些“功利”的动机开始，在不断地工作和学习中我慢慢喜欢上了这种忙碌的生活，我开始得到更多意想不到的收获。

走入深山探望贫困儿童

现任学生会主席吴振邦这样说过：“只有那些动机强烈的人才有可能真正取得成就。我不相信那些标榜自我行为高尚或纯化自己动机的人，追求个人利益的巨大引擎不断运转，功利的动机推动着高尚的动机，使得人们变得更强大、更坚决、更有毅力。他们尽职尽责，卓有成效，因为他们有勇气坚持自己的信念，有力量追求他们的目标。”

剑桥慈善基金会义卖

四年在十一学校的学习生活让我明白一个道理，上天对每一个人都是公平的，你必须要努力地牢牢抓住每一个锻炼自己的机会，努力地汲取养分，拼命地成长，才可以在成长中磨炼自己，逃离平庸。机会总在不经意间与你擦肩而过，没有人会为你预留，善于把握机会的人才能取得最后的成功。

我的梦想还很遥远，我要踏踏实实、一步一个脚印地走下去。我想要实现这个遥远的梦，就需要有强大的根基和实力，才能够走得更远。拼尽全力吧，离触碰到梦想还很远呢！努力生长吧，离遮天蔽日还有很远呢！

在路上

文/李慧

李慧，2013届AP高一2班学生。国际部社团联合会主席、模联骨干，国际部合唱团成员，WONITA环保社团核心成员，《中国日报社》、《21世纪英文报》学生记者，见报文章30余篇并连续三年评为明星记者；曾4次参与十一学校国家文化日组织工作，2010年被邀请赴美国堪萨斯城参加第14届斯诺研讨会，2012年曾赴多哈参加国际中学生模拟联合国大会，因赴河北省馆陶县支教授予十一学校乐仁奖学金，因学习成绩年级前10%，综合能力优秀而授予十一学校方圆奖学金，2012年被评为十一学校卓越学生。

刚刚踏进十一学校国际部AP学部，我还是一个成天盯着课本，社会经验几乎为零的人。那时我对于优秀的理解，还仅限于学习成绩。然而，从刚上高中到现在这短短的半年时间里，我得到了很多锻炼，经历了很多事情使我成长，并让我站在更高的地方看得更远。

学习AP课程是一个十分特别的体验。它不仅在教我们学习知识，同时也在渗透着美国文化，旨在培养我们获得美国所提倡的团队精神、自学能力以及批判性思维。

我记得在我第一堂经济课，政治老师给我们分了组，然后让我们10分钟讨论完一个话题后以小组形式介绍讨论成果。那个时候我还不太懂得团队合作，把所有内容都一个人说了。然而，在之后的学习过程中，我慢慢懂得了合作的重要性：比如，化学课做实验需要你和你的搭档合作完成，有时需要同时做好几件事，你就是有三头六臂也未必忙的过来；经济课上需要小组合作做课题研究，在全班汇报，而且规定每人必须讲几张PPT；英语课上大家分小组改作文，每个人都需要在别人的作文上写自己的建议，而数学课有时做题需要凝聚整个小组的智慧。这种团队精神更蔓延到了课外：下午的小组活动中，大家一起背单词，讨论学习上的问题；班会课上要以小组形式向大家介绍美国大学，就连AP单词竞赛上都以小组形式比赛……

美国的课堂不仅提倡团队意识，同时也鼓励个性思考。英语考试中经常问你对于某篇文章有什么看法，而这种问题从来没有规定你必须答到哪几点才给分。我记得有一次英语老师让我们评论一篇课文写的好不好，为什么。还有一次，我在经济作业的一道问答题的回答跟老师的看法截然相反，但老师并没有因此就给我扣分。就是在语文、历史等中文课上也经常就一个问题组织小组讨论，有时会引起激烈的争辩。

同时，老师还有意培养我们的自学能力。刚开始每次上完课，老师都要给我们布置读课本的任务，到最后读课本的作业老师也不怎么布置了，但是大家并没有因此停止温习课本，自学已经成为我们的一种习惯了。

在AP，老师们也都鼓励同学们提问题。因为每班人数少，同学们在课上就能与老师自由地提问，一般老师讲完一个部分都要停下来问同学是否有问题。同学有问题就提出来，理解了再继续讲课，更易吸收课堂内容，带动同学们的思维。

值得说明的是，很多人都认为国际部的学生毫无压力，十分轻松，这是不对的。我们的课本跟百科全书一样厚，满页密密麻麻的英文字，这样的课本我们有时一天要读十几页、几十页。美国教育和英国不同，每隔几天就要考试，就连写作业也像考试一样，因为这些大大小小的考试以及作业成绩，都要计入期评成绩。有时可能因为一次作业，你的期评成绩就从A落到了B。除了要把课内知识掌握好，你课余时间还要准备托福，SAT，参加各项活动，因此在国际部学习一点也不轻松。

然而，有些人确实做到了上述的这些。在十一学校我遇到很多真正优秀的人，这使我对优秀的定义已经从最初的仅仅学习上的优异上升到各方面的优异了。比如，有的同学是原来本部的社联副主席，经常要面临突发状况，有时老师只给1个小时，让她带领整个团队制定出某个活动的方案，而她的学习成绩几乎全A。有的同学是校学生大使社团的骨干，经常接待各种来校访问的交流团，眼界开阔，学习成绩好得惊人；还有的同学是模拟联合国的骨干，参加多次模联会议，拥有卓越不凡的演讲能力和辩论能力，学习也是班里前几。然而这些同学，成天忙于工作，却一点不耽误学习。他们怎么会如此优秀？我一位老师的话说得非常好："学习能力是综合素质的反映，同时应该与特长相结合，而它的提高需要依靠课堂外的各种活动去培养。"而十一学校恰恰提供了这样一个平台。

众所周知，十一学校有丰富的课外活动。例如，学生大使社团、模拟联合国、学生电视台等，还有由国家系列文化日、各种比赛，以及学生会筹办的晚会、舞会、义卖、学生组织的义工活动等。来到十一学校，这些课外活动让我应接不暇。我是模拟联合国骨干、学生大使社团成员以及社联部副部长。在模拟联合国，每学期都有老师同学精心准备的培训课程，训练大家的学术研究能力、演讲能力和辩论能力，让我自发研究和分析国家大事；学生大使团经常接待来自世界各地来我校访问的交流团，使我总能接触到不同文化背景下的人，听到不同人经历的不同的故事，开阔了我的眼界。2011年1月，国际部AP课程班还承办了罗马尼亚文化日，而我作为主创人员之一，经历了最开始查资料，定主题到将文化日晚会节目编排成型的全部过程，体会到团队协作的快乐，激发了我对罗马尼亚文化的兴趣。在学生会，我也参与组织大家做义工，例如，去敬老院、义教站、打工子弟小学做志愿者等。除此之外，我还参加学校组织的职业考察去参观中央电视台；学校还让同学们在假期自己寻找职业考察和做义工的机会，这让我得以在中国日报社21世纪英文报编辑部做了一周的实习编辑；又在迪拜的渣打银行实习了一周。这些都让我得以在16岁的小小年纪就广泛地接触社会，让我找到了未来的职业方向和奋斗的目标，又体会到社会责任感沉甸甸的分量。

总之，我在十一学校学会了很多，也收获了成长。我学会了放心地把事情分一部分给别人而不是自己全权负责，我学会了有自己的思想，学会了面对压力，但更重要的是，通过这段时间的学习和生活，我找到了我自己的理想，找到了我希望实现的人生价值。我的脚下是一条充满希望却又蜿蜒曲折的路，而我的学校、我的老师、我的同学，我身边的每一个人正在教会我如何在这条路上奔跑。

青春没有机会重来

文/邹成星

邹成星，SYMUN学校模拟联合国秘书长、BJMUN北京模联学术总监，坚持做5年语文课代表，学生咨询中心志愿者，接待超过30所各国大学代表，被美国西北大学录取。

如此明确而深刻地意识到我的中学生活再也不会回来了，是在毕业典礼的最后一天。走上主席台，和校长、老师拥抱，拿到毕业证，对着对面的摄影师一笑，“咔嚓”声之后定格，我的中学六年、我的青春就永远被定格在这张照片里面了，再也没有机会重来一遍了。可是，我想我丝毫不会后悔在十一学校度过的这六年，每一个决定、每一份经历，都让我成为了现在的我。

如果时间再倒回去六年，我觉得我可以进入十一学校真的很幸运，或者说命中注定。我并没有在海淀区读小学，也没有从小上补习班，我在小升初的时候，除了十一学校，一所学校都没有报名。很幸运地被朋友带着一起参加了十一学校小六的最后一个小升初班，然后又万分幸运地通过了层层选拔，最后终于进入了这个我第一次走进去就爱上的学校，并且在这里一直学习了六年。

我觉得我初一的时候念书不厉害，也没有什么特长。第一天见面的时候，我的同桌大力鼓动我说，“哎，你很适合去竞选班长啊！”然后我很懦弱地说，“可是我只想做学习委员啊”。当时我的同学都是来自全北京很优秀的小学，大多数都是从小开始就当班长、大队长。而我在小学就一直做学习委员，所以理所应当的觉得自己应该继续做。班长对于我来说也太难担当了。可是很不巧的是，第一次班会时间很紧张，只有竞选班长的同学有机会在前面读竞选词，而我要竞选学习委员，就连在前面讲话的机会也没有了。幸运的事情是，第一堂语文课的时候，老师问了一个问题，没有人敢回答，其实我也不知道答案，可是还是一腔热血的举手站起来答问题。老师觉得我很喜欢语文，就让我做了语文课代表，这是我整个中学生涯里担任时间最长的一个职务。

我从初一开始就很热心于各种活动。我没有机会去年级学生会，因为能够参与的只有各班的班长和团支书，都没我的份；于是我去找学姐，希望能做学校学生会的成员，每周有三天的中午负责从传达室取信然后送信到各个教室；我除了网球没有太多特长，我就加入了网球队，然后代表学校出去打比赛，最后还做到队长；听学长说学校里面有“四大社团”，我恨不得个个都去参加，我并不擅长计算机，但是还是加入了HCC，负责写新闻稿和采访；对心理学一无所知，还是去参加了心理协会，然后稚嫩地设计推理案件组织推理活动。

当时班里的同学成绩都很优秀，而刚入学的时候我很平庸，但是我特别有自信的事情就是：我是一个适应能力很强的人，虽然我不一定能考到第一名，但是我会给自己找到属于自己的位置。更让人觉得不可思议的是，我在生活中尝试了那么多新鲜事的角色，竟然成绩也有进步。我想可能忙碌的生活才会让人更有效率，有限的时间才逼迫人学会规划和安排。

当时学校给我们安排的活动里，除了每学期才一两次的出游以外，最让我喜欢的就是学姐、学长来班里交流，总觉得每一次听他们讲中学的故事的时候，都会受益匪浅。我记得，当时有一个学长，他入学的时候成绩很好，后来不好好念书，尤其是不用功念英文，每天尝试各种事情，然后很瞧不起只会念书的“书呆子”，初中到高中分流的时候，他差一点就要被淘汰掉，可是他恰好卡在倒数十名。他到了高中还是不好好念书，一直到快要高三，他才开始着急，觉得不能再这样玩世不恭，就开始拼命念书，最后去了北大。我印象最深刻的是他说，他虽然中间很长一段时间，并不用功念书，但是他一直是负责给班里开门关门（那个时候还没有现在的磁卡开门，只能用钥匙，而且每天都要锁门），每天早上第一个到最后一个走，他到了高三的时候，也一直坚守着那份责任。其实这是很小的事情，但是我就越来越感觉到，小的事情虽然大家不会注意到，但是确实不能缺少的事情。除了这个其实还有好多，比如学姐说往课桌上贴纸条提醒自己要做的事情，总之，和他们交流的时候，一点点吸取他们的经验，然后畅想自己的未来。

其实我要出国，也和学姐学长们的交流有关系。当时来到班里的学长们都很优秀，可是问到他们大学毕业的打算，却十有八九是准备出国念书。于是我就觉得，既然都要出国念书，其实大学也可以尝试一下的，就是从这时我萌生了出国的念头。

看上去还算顺利的中学前半段，也有各种困难。在初二的后半学期，什么事情都很不顺利。在社团里面和学姐学长意见相左，又固执得不肯放弃自己的想法，于是一气之下干脆退出了全部的社团，打算专心念书，却在期中考试里面连最喜欢的数学都考得很糟糕。我还记得我专门被数学老师叫出去，他是一个很年轻的老师，但是有着不符合他年轻的严厉，很多人都很害怕他，平时我总觉得只有做了虚心的事才会害怕，可是那一次被叫出去，我也很害怕。我以为老师肯定是要严厉地批评我，可是意想不到，他却拿出他几乎从不露出的“慈祥”鼓励我，他说他很相信我数学一定只是偶然的发挥失常，而且叫我不要有太重的心理负担。然后那次期中考试因为卷子很难，大家都考不好，所以就全年级都又重新考一次，然后我就没什么压力的去考，因为知道自己也没有了退步的余地，后来数学竟然考了年级第二。

因为我们是初中两年、高中四年，所以我们的初二就是初中毕业了。而初中毕业最让我不舍的就是我的语文老师，就是那个因为我一个发言就让我做了语文课代表的老师。我现在还记得她在我初中毕业纪念册上面写 “我最优秀的课代表”。语文老师真的给了我这个课代表很大空间，早自习一般是我来安排，留作业也会问问我的想法，有的时候就干脆交给我留作业的任务。我每天晚上经常是忙完一天功课还要用20分钟做第二天早自习的幻灯片；有时候老师不留作业，我也会自作主张地给同学安排任务，然后第二天还把收上来作业本抱给老师看；考试之前还会组织大家一起复习，互相考背诵考文常，有些同学的语文实在让人头疼，就会在考试之前以“请吃饭”为赌注激励他一下。当课代表，一面看见了同学的辛苦，但是更多的是发现了老师比我们更多百倍的辛苦，然后就格外明白了做一个负责的课代表有多么重要。

因为退出了所有社团，所以初二的后半学期，还有四高一的大半，我都把所时间用来读书。一是因为受到语文老师的熏陶和身为课代表的“使命感”，再就是因为我自己实在是很喜欢读日本的小说和推理小说。当然，因为有了一年的空闲时间，我就不仅仅读自己喜欢的书，也开始强迫自己读不那么有趣的书。最辛苦的时候，是一个月读完了德川家康系列，本来就并不太了解历史，日本古代的各位将军还要不停地换名字，光记住名字就是一项大任务。但当啃完了厚厚的13本书时，却也被自己小小地震惊了一下。还开始接触了纯英文小说，最开始是读《The Little Prince》，《The House On The Mango Street》这种简单的小说，后面就开始读《Pride And Prejudice》这样的名著。读了很多书以后，才明白自己原先有多幼稚，有多肤浅。在不同的书里面，像是看到了不同的人生缩影，我只能选择一种人生，但是看到了别人的故事，我会觉得生活变得充实起来，视野变得广阔起来。

在直升班，没有考试的压力，却会有了提前进入高中的压力。其实太小开始学高中的东西真的会比较吃力。我记得当时我们考试的分数通常都在及格线左右。在我们正式进入高中之前，老师带我们去野外生存，我现在都还觉得，那四天是我整个中学无法替代的四天。我们第一次六个人挤在一个房间，第一次在野外生火做饭、第一次住在自己搭的帐篷里面、第一次在黑夜里不打手电筒出去思考人生、第一次在山里面开篝火晚会、第一次背着行囊走十几公里，在野外的四天里面，有太多太多的第一次，好像那四天一过，我们就一下子从初中生蜕变成了高中生，我们仿佛在一夜之间就长大了。

其实高中也没有想象的那么难，只是老师经常吓我们。而且四年制高一的时候又经常把考卷出很难，到了真正高一的时候，我都很惊讶，原来数学不仅可以很高分，而且可以几乎每次都能考到快满分（笑）。不过，四高一那一年我变化最大的是英语。我整个初中英文都很糟糕，不仅考试很差劲，而且不敢说。可是当时我在想，我以后要出国，不能继续这样下去了。然后我升入四高一前的整个暑假都泡在英文补习班里，夏天真的超容易犯困，经常会手上还在不停地做笔记但眼睛已经闭上了。私下里也偷偷地努力，我买来当时大家还不太常用的五三，然后也不管自己究竟会不会，就每天疯狂地做完形填空做阅读理解，我说疯狂是真的很疯狂，一般每天都要做20几篇阅读10篇完形填空。其实这样用蛮力方法的努力我并不知道究竟能有多少效果，直到四高一第一次期中考试的时候，从来都是吊车尾的英文竟然在年级前10。我开始明白，疯狂努力是真的有效果。还有对于所有我的英文老师，我都很感激。我其他的科目和成绩从来都很优秀，但是我在英语上真的体会到“差生”的感受，可是老师并不会瞧不起或者天天批评，反而是鼓励和帮助更多。

我在四年制高一的末尾，接触了一个让我的人生发生大转弯的事情——Model United Nations，模拟联合国。对于很多人来说，甚至是最开始的我，都觉得模联是一件很无趣的事情，就好像一群小孩穿着大人的衣服端着官腔过家家一样。可是当时我的同桌是一个英文很好又对政治很感兴趣的人，当时和她关系很好，所以看她参加人也决定和她一起参加。开始什么都不会，然后戴冲老师还有学姐学长就会给我们讲课普及，他们讲得都很有意思，而且学姐学长们本来也很有个人魅力。虽然第一次开会其实并不成功，英文即兴演讲又特别紧张，写文件的格式也不熟悉，可是还是很开心遇到了那么多优秀的人。我们在暑假第一次去参加培训营，参加全国的会，更觉得世界被打开了。每天和来自Yale，MIT，UC-Berkeley的mentor一起上课讨论，然后一起学跳舞，一起玩模拟世界的游戏，在地球村上穿着奇装异服，遇到来自全国各地甚至不同国家的代表，越来越觉得，生活要这样才更有意思啊。

高中重新分班之后，整个班的大部分同学都很热爱学习，每天都很忙碌，有的时候都很少说话，就利用每分每秒都在拼命念书。可是我是个很不安分的小孩，我觉得高中怎么能只念书呢？就继续活跃地参加模联，准备招新，宣传让大家关注哥本哈根会议，跟着学姐学长弄校内会。我还想着出国的梦想，所以就每天在学校做完老师的功课，晚上回家看TOEFL的复习资料。当时觉得自己很努力很拼了，可是现在回过头看，却觉得那样根本连用功都算不上。

高一的时候就去考TOEFL，自以为“认真”地准备了一个学期，一定会有不错的成绩。可是当我从考场走出来的时候，就知道自己准备的实在太不充分，听力听得囫囵吞枣，阅读时间都紧紧张张，口语写作更是磕磕绊绊了。那个时候还正是冬天，我几乎一出门就开始流泪了。等成绩要15天，明明知道会很糟糕，那15天还是过得如坐针毡。

从那个时候开始，我知道如果我选择了出国，面对的是一条全新的道路，更充满挑战和风险。其实老师也经常来找我谈话，劝我放弃出国，劝我选择物理或者化学竞赛而不是数学竞赛，可是我很固执，不想轻易放弃梦想，尽管知道老师是在为我着想，却依旧不想没有尝试过就放弃。

后来准备SAT的时候，又要兼顾模联，还要兼顾课内学习，真的有种一个头两个大的感觉。当时还为了准备SAT在家复习一周，老师也都给我亮绿灯，我回学校之后还会帮我补习。后来，学校有了出国班，我在纠结了很久以后，终于决定自己实在不能多任务，所以得到一些就必须放弃一些，就放弃了高考去了出国班。其实这个决定真的有很大的风险，给自己断了后路，也许这就叫做“破釜沉舟”的勇气和热血吧。

我在出国班认识了一群与众不同的同学，他们每个人都是“奇葩”，有着很不一样的经历，很不一样的梦想。大家看到的我们，是在参加各种不一样的活动，经常很闲、经常在玩。可是亲身经历了准备出国和申请的自己，才可以毫不心虚地说，我们其实也有很多时间在念书！出国的考试有很多，但是不像是高考，仅仅通过考试就能决定录取。我们要考TOEFL, SAT, SAT2, 还有AP. 从进入出国班以后，直到录取之前，几乎就不停地在准备着大大小小的考试。我们要花很多时间背单词、读书，然后自己预习大学的课本，最困难的地方在于，出国的事情，每一件都不是别人可以帮你完成的，每一件都没有快捷方式，而大家每个人的时间安排和水平又都不同，自然没办法像高考班那样，老师统一留作业、规划统一的进度，这是一段一个人的奋斗和旅程。

再后来，因为时间很自由又很愿意为社团卖力，我接任杨路得成为了新任模联秘书长。其实我压力很大，因为当时大家都很优秀，而且上一任秘书长真的太出色了，我也希望自己像她一样，让更多人有机会参加模联。后来我还参加了BJMUN的主席团，当时是第一次从后勤到学术一点点学习。从打印代表牌、国家牌，到解决代表的住宿问题，还要自己写背景文件。我记得我第一次在很多同龄人面前做主席的时候，在背后都紧张得要哭出来。但到后来，经验多了，也就轻车熟路了，就越来越顺利，学会了承担责任，分配任务。

模联真的让我成长了很多，认识了很多好朋友和学姐学长，而且还让我有机会去了中东，一个我从来没想过会去的地方，也是一个充满惊喜的地方。很多人都觉得中东的人很闭塞，迷信宗教，但当我真正到达那个地方的时候，我才明白其实现在全球化的速度真的太快，身为年轻人的我们，无论在世界的哪个角落，都会有相同的话题，都会思考类似的问题。而宗教，也远没有我们所想象的那么可怕，不过是每个人的信仰不同而已。

到了高三，我们正式开始申请大学，每天要面对的是无限的文章和表格。我们没有考卷，没有分数，也没有老师来告诉我们一个标准答案，我们需要的，只是展现出最真实的自己。但是每天都在生活着自己的生活的我们，真正审问自己“我是谁”的时候，却会发现原来自己是如此迷茫而找不到一个答案。但是很幸运的，我们还有counselor和同学们可以一起讨论那些让人迷茫的问题。

高三的10月，我参加了原定计划中的最后一次SAT。可是计划赶不上变化，成绩被delay，出了结果也不尽如人意。那个时候真的有种感觉全世界都在和你对着干，没有一件事情是顺利的。我还在纠结提前申请的选校，一边是我喜欢的学校，一边是比较有把握的学校，其实很多人都建议我去申请后面一所，可是在纠结了很久以后，我终于还是不想让自己留下遗憾，选择了尝试拼一下。

后来又报名了12月的SAT，我真的不相让自己留下一丝后悔，我想知道我究竟能做到什么程度。12月，成人礼的早上，毫无征兆地收到美国西北大学的一封邮件，点开链接竟然就是录取通知书，当时突然就觉得，之前所有努力都是值得的，这是给我成人礼最好的礼物。

后面的日子里，成为准大学生的我，既激动又紧张，但其实我好舍不得中学的生活。我每天中午都会去找同学吃饭，问问他们高考准备得怎么样；每天晚上也会赖在学校不走，和大家一起晚自习，预习大学的知识。我太清楚了，这样的日子、这样的简单的快乐，也许没机会再经历一次了。

高考那两天，第一天我去签证，很顺利地通过；第二天去和未来的校友们一起体检。走出医院的时候，刚好遇到高三的同学结束高考，他们有狂笑的、有哭泣的，但是我清楚地知道，他们的整个中学阶段最重要的一次考试结束了。

高考之后过没几天，我们开始筹划毕业的活动，谢师会、泼水节、毕业礼、舞会。筹办的过程中有各种不顺利，大家也都有很多意见，多少次让我心里有点难受。但是，当它们真正发生的时候，即使你知道，它真的不完美，可是你还是会无比感动，因为这是和同学们老师们在一起度过的最后两天。就像十一学校对于我，它真的不完美，但是它有我整个青春的记忆，它让我敢做梦敢有梦想，所以无论如何，我都很爱它。

当我站在主席台上拿着毕业证书的时候，眼前仿佛闪过了无数回忆的片段，最后尘封起来，告诉我，这段青春再没有机会重新来过了，但是我会笑得很灿烂，心里想着我永远不会后悔这些年，我的所有经历，每一次跌倒，又爬起来，和朋友的每一个瞬间，每一个小小的进步和成长，青春里面让我感动的地方很多，不胜枚举。

我的“十一样”

文/张航达

张航达，学生电视台台长、蒲公英社团社长、大使社团骨干、模联前主席，曾任金帆唱团团长，负责首届法兰西文化日主策划，获英才奖学金、令德奖学金

写下这些文章的时候我已经在十一学校整整四年了，可说的实在太多了，如果你就在我面前的话，我一定会抓着你跟你激动地说个三天三夜。

十一学校绝对有自己的性格、自己的风尚，那是我们的“十一样”。

给我最大的感觉是十一学校是个家，不过这个比喻看起来真是要多俗有多俗。但是，这里的确给了我切实的温馨感，有种被特别关心的感觉。

模联的指导老师戴冲，他是特别热爱时政的老师，也特别八卦、爱“管闲事儿”，每次有事情请他帮忙，他都尽力给我提供帮助。我曾经在半夜一两点找他，不管是是否续参加模联的事儿，还是什么感情问题，学习问题，规划问题，他都特别快地回复我。我喜欢给他发短信，因为他那股小孩儿的活力、那股劲儿，都从短信里表露出来，什么“:p”、“嘿嘿”、“呵呵”、“晕死”这些我们最喜欢用的词他都喜欢用。他的想法还是很辩证的，我在和同学做蒲公英社团（这是一个以在教育上帮助同龄人为主旨的公益社团）时，我之前也看到很多很功利的学生组织和一些学生参加社会义工时出现的不能坚持的等弊端，就跟他聊了聊这个事情，他特别迅速地从他的联系人里找到学校的一个校友，现在在在美国做的一个教育项目，告诉我，他们在怎么做，我们做自己的社团切勿好高骛远。还有他现在看到的一些这方面组织的困境，等等。我们还会开玩笑说他是“老猪”，因为他有段时间脚伤的时候天天在人人网上说他在吃猪蹄。他不是凑个热闹，他会持续地关注你很久。我特别不喜欢被“一视同仁”的感觉，过年时，戴老师给学生们群发了短信，我问他是群发的么，过了一会儿，他重新编了一条，我到现在还留着短信：“嗯。我想在新的一年你会面对新的问题和挑战，但微笑与勇敢永远是你坚持下去的法宝，新年快乐！张航达，这条短信绝对是独一无二的祝福。”

可能是年纪大些了，越发觉得街上人流川息不止，世界上几十亿的人，一辈子擦肩而过的也数也数不清，有人这样挂念着你、关心着你，是几生也修不来的幸福。说到这儿，一定得提起我高一的，也即将是我高二的班主任马志民。他最爱说的一句话就是：“据说这辈子的相遇，是上辈子千百次次的回眸修来的。”来到国际部后，我感觉到他是最多关心我的人。我当时准备托福的时候，他会逐字逐句地批我给他的托福作文，尽管有很多工作在身，他都特别及时地把作文返还给我。整篇都是他的红色的批改，每篇结尾他还会写上评语，他能很清楚地说出我跟之前的几篇的差距，是否有进步。我也特别喜欢跟他聊天，我们俩一聊就能聊几个小时，有关班里的事、学习的事，天南地北，之后我都有点不敢找他聊天了，要不然自习可就没了，呵呵。我们的事情甚至比他自己的事情都着急，他是比我们大10岁的大哥哥，最能切身地为我们考虑、为我们着急。

国际部的吴校也是让我倍感温暖的一位老师，初进国际部，我对各种事情还是睁眼瞎，我短信她约了时间和她谈谈，她挺细致地给我讲了讲怎么为新学期准备，给我推荐了书目，给我修改了假期计划，我那个假期对于该做哪些准备就明确了很多。

现在日日与我相处、给我温暖的不止马老师、吴校这些人，太想都讲一讲，但是真是一言难尽。我也特别喜欢特别感谢给我社团工作特别大支持的袁朝阳老师，他一直关注着电视台的工作，我在原来做节目的时候他会很认真地看每一期节目；我四高一的英语老师侯敏华，从那个时候开始，我切身感受到了十一学校个性化的关注，她会帮助我规划出国道路，制订短期的目标、长期的目标，等等；在国际部，还有特别用心的咨询师，他愿意听我任何对于出国的困惑，能记住我留学的专业倾向、个人特点……平常见面我们就像朋友一样互相寒暄。

他们对于我是有特别的关心的，但是我一定不是他们惟一关心的。十一学校的老师让我感觉特别有归属感，他们不是把我们当做工作任务，而是把我们的学习、生活、未来当做他们自己的事情来关心。

来到十一学校绝对是这种感情和氛围让同学都更关心别人。我记得在十一学校的第一年，就特别受学哥学姐的关照，我向模联的学姐咨询过很多关于模联的事情，还借过书，社团里认识的学长还会帮我讲物理题；后来，我在一次主持人比赛时认识的姐姐，我们俩一见如故，之后她到了美国还经常与我联络，给我讲在那里的故事；在人人上，需要帮忙时那些不怎么冒泡的同学都会出现来帮忙，一篇特别难过的日志下面，同窗好友会很真切地安慰我，学长学姐们也会各自说经验帮助我。回想过去了的四年，我遇到很多不顺、疲惫、难过，但是身边的温暖一直没有少过，我就这样一直坚强地走了下来。

这里太像大家庭了，身边的人不再是路人擦肩而过，十一人都很在乎你的存在。

十一学校是个让我具有独立思想的地方，如果不自夸地说，是让我具备了一种思考能力。不得不提的是模联，这个社团历练我让我尽量有个置身于外的思维，并且锻炼我随时保持清醒，我们通常开会都是连续三四天的开会或者讨论、写文件，有时过度疲惫大脑变得纯粹的单一、执著，抓着自己的立场死活不知道退让，完全忘记了我们会议要达到的一个共识、达到求同存异的目标，这些都是我们在会议中逐渐意识到的弱点、不足。还有一个很明显的例子就是我在学生电视台工作的时候，不管大大小小的媒体，都会惹上一些非议，我们自己做节目的时候总是会想我们到底在为谁说话，我带“方圆聚焦”（一档关注校园某一话题，解决问题，或推动问题解决，为学生们提供建议、帮助）的时候，组里总会有人问我一些学生们对学校有的问题为什么不做、或者疑惑我们是否一直在为学校领导唱调子，而且我们在做一些学校问题的时候也遇到一些障碍，我们这个年龄和阅历并不能这么轻易想明白这些事情，我们的指导老师袁朝阳老师特别用心，会经常跟我们聊这个问题，给我们讲一些媒体他们接触到一些话题时怎样处理去达到监督解决的目的，我们并没有被打压，而是真的去表达学生的想法，那些理智的想法。

电视台的工作让我有机会去思考媒体和大众的关系，坚持本该坚持的观点。在日常繁琐的工作中我对新闻素材是要筛选的，对每期节目是预先有个定位的，以避免被新闻线索人牵着鼻子乱走的状况。同时，在学生电视台的经历给我在别的方面很多的帮助，比如，能过快速分析、提炼材料，还有在接待来访外宾时能从容淡定。体会最深的是我在蒲公英社团（之前提到的那个公益社团）做一个募捐活动，我联系三家媒体时，深知各个媒体对新闻的需求度的差距，所以在联系沟通时会特意强调某一方面，比如新闻的价值、信息量的多少，等等。结果，很成功地联系到BTV和两家报社。

在十一学校的这些经历特别让我学会思考，更灵活地去解决问题，去发出自己独特的声音。

而在十一学校，我也特别感受到了一句话的内容，努力你就能达成你想要的。在这里，充满竞争，周围是各种学霸、校园红人、各种牛人。牛人的领域也各不相同，竞赛、组织、创意、某个专业的。在十一学校，学生们特别多元而且各有自己的特色，不是说成绩好就是好学生，在这里只要你努力你就能成为出色的学生。比如，我在学生电视台的工作，最开始我只是以主持人的身份进入电视台，随着我对电视节目的热爱，我更渴望去做节目，之后我就主动跟前辈学做记者、学剪辑、学做策划，我自己申请带一个节目，当时的台长和指导老师都很开心我能够做这样的选择，我在他们的支持下便开始做“在十一”节目策划，在那一年里我经常会一大早去工作室去查节目，有时候因为突然出现的意外，晚上很晚还得在工作室自己一点点重新剪片子里的素材，但是这些辛苦绝对是得到认可和可人的成果的，我那一年的工作业绩受到认可获得了令德奖学金，那段时间我每次看到自己和团队做的节目都有一种很感动很冲动的感觉，我想这一定是一种成功的喜悦^-^ 再比如我进大使社团时，是通过独立准备竞选演讲来决定我是否能进入骨干的。在十一，竞争无所不在，而我也总能找到最适合自己的领域，去拼一把，好好努力就能争取到我想要的成绩。

十一学校给予的我不仅仅是难忘的师生情、同窗情，它给我更多的十一特质，我学会温暖别人，学会思考，学会去拼搏争取我的一片天地，做出我的“十一样”。

part 9

成熟的味道

如果人生是一个舞台，成熟就是放开胆去演绎自己热爱至疯狂的东西。
当蹄迹千里，岁月留痕时，让时间去惊叹这恒久不变的[illegible]

梦开始的地方

文/陈天泽

陈天泽，十一学校高二学生。任十一学校少年社科院院长、学生会副主席、模拟联合国骨干等。曾主持美国文化周、2次奖学金颁奖典礼、高一年级诗词朗诵会、感恩十一欢乐午宴、名家大师进校园、名师大讲堂、社团表彰、升旗仪式。参加过两期凤凰卫视一虎一席谈节目的录制、3次十一学校模联大会。获北京市三好学生、海淀区优秀学生干部、卓越学生、优秀特长生、校长奖学金2次、令德奖学金1次、英才奖学金1次。

我问一个哈佛大学的本科生，哈佛的独特之处在于什么？那个本科生说，哈佛的独特之处，在于她教会学生如何去拥有梦想，如何去追逐自己的梦想。我暗暗激动，因为这恰好是我在十一学校四年来的感受。

这本书中，很多人会很多次提到梦想，因为十一学校多元的文化、丰富的机会和先进的思想氛围孕育了各种各样的梦想，十一学校是梦想启程的地方。

我2008年走进了十一学校。在那之前，我上的是一个相对“传统”的小学——翠微小学。当时我们天天呼喊着“明天的我是翠小的骄傲”，当时觉得自己很英雄，以后一定要为自己的小学争光。然而具体怎么做呢？到我们小学来访的最有名的一个人好像是一个交通台的播音员，那可算是大名人了，于是我决定以后没准要有一天飞黄腾达做了播音员，一定每周都回到自己的小学探访。

当时闲来无事参访小学的名人不少，于是我的梦想在区体育局领导、国家运动员、大使馆工作人员、播音员之间来回摇摆，哦，我毕生的努力就是为了给自己的小学争得荣耀，这就是我最初的梦想。

来到十一学校之后，这一切都变了。十一学校就像一位循循善诱的牧师，在我头上轻击三下，我便进入了上帝的殿堂。

•第一下，她给了我思想

我在一个传统文化气息比较浓厚的家庭中长大， 从小就被教育要敦实懂礼，尊师爱长，还有最致命的一条，要听话。

听话，是一把双刃剑。作为一个从小就听话的孩子，我的理解力超越常人，能够轻松地站在对方的角度思考问题，问题是，久而久之，我就失去了自我思考的能力，幸亏我来到了十一学校。

我一直很爱读书，但是书中的世界和眼前的世界总是相差那么遥远，Jules Verne 的科技世界，美国人类学家眼中的日本社会，经济学家眼中的货币，他们的逻辑是那么的严谨，让人在无法辩驳中甚至生长出一种恐惧。直到我真正进入思想碰撞的那个世界，我才知道了什么叫思考。

第一次激烈地碰撞是在辩论赛上。当时我看到“花花绿绿”的各种社团，忍不住手痒报了一大堆。最后终于有一个辩论社要了我，当时他们给我和另一位初一的社员的任务是，两个人，组织整个年级的辩论赛。当时只是觉得整个过程很艰辛，但是从现在来看，那一个月的挣扎，为我整个中学的奋斗打下了基础。

作为组织者，我在现场观看了几乎每一场辩论赛，我看到了每一个问题都可以有正反两面，正反两面都可以有自己的逻辑严密的论述过程，几乎可以做到天衣无缝。于是我学会了接受不同的想法。

第二次碰撞在模拟联合国。这是一个有趣的地方，这里几乎可以培养所有人文方面的能力，在此不再赘述。我的第一次模联之旅教给我如何表述不同的想法。模联的精髓在于角色扮演，在于你能够站在某个团体的代表的角度上，根据资料阐述得出相应的观点，并表述观点。我非常喜欢这个过程，它向我展示了思想形成的过程，每一个灵魂不断接受外来的信息，根据自己的经验，不断塑造新的想法，或者被别的想法塑造。从某种意义上来讲，模拟联合国之旅带给我的是一种启蒙，它让我逐渐有了挣脱成见的能力，而以一种全新的视角来认识这个世界。

第三次碰撞是一次最美丽的相遇。作为初二学生，我非常有幸参加了几位高三同学创建的少年社会科学院，从此社科院一直伴随着我的成长，并且最终成为院长。在这里，我第一次开始表达自己的观点。还记得在我们的第一次讨论会上，作为小学弟的我一直没有敢发言，好不容易等到最后快结束的时候我心惊胆战地提出了自己的观点，让我没有想到的是，我的观点竟然在讨论中引起了轩然大波，并且最终被大部分人所接受了。

于是我终于等到了这一刻，我确实隐隐约约地摸到了那个叫思想的东西，并且走上了追求自己的观点的道路，并且坚定地走下去。再后来，我遇到了越来越多有自己的独立思想的人，有“大喊，你们要给我负责任”的政治老师，有自称为“一颗特立独行的蛋”的历史老师，也有身边的同学，在他们的帮助下，我逐渐摆脱成见的束缚。

是的，在十一学校，我获得了“enlightenment”。

·第二下，她让我有了梦想。

十一学校让我有了梦想，这要感谢各位优秀的十一人。

我是一个后知后觉的人，很晚才有自主的思考，多亏了很多有独立思考的学长们，我一步一步由近及远寻找着自己的梦想。

前面说过，我的第一个梦想们大概是成为一个小学的骄傲，但是具体要做什么呢？

初二的时候，学长团的学哥学姐们来和我们交流，机缘巧合，我碰到的是一个和我未来将会志趣相投的人，为什么这么说呢？这位学长后来成为了校学生会的主席，最后被清华大学和北京大学同时录取。而我进入十一学校的第一个梦想，就是在他的指引下形成的。

他问我，“你对自己的期望是什么？”

我说，“我要做到最好”。

他说，“‘最好’可以是有很多方面的，问题在于，你要对自己的未来有一个目标，并且为之奋斗，才能一步一步做到‘最好’。每走一段路，都要看看自己，问问现在的自己是不是自己希望之中的‘最好’。”陈嘉证学长教会我很多。

上了高一，我经常问别人，你们长大以后想做什么？有人说想做医生，有些人想做律师。但是我也常常听到另一种声音：“Go to change the world”。

来自模联的学长告诉我们，他们做模联，或者因为看到了有那么多的不公平，所以他们要做外交家，去用自己的双手改变现状。

社科院的第二任院长郑沛倞时常在列车中徘徊。他说，他喜欢火车，他热爱自己生长的这片土地，他要让这片土地拥有自己的思考。

我最好的合作伙伴，现任校学生会主席，曾经指着多功能厅的舞台对我说，总有一天，我们要站上去挥洒自己的篇章。现在，我们一同看着这所学校，说，我们要改变现有的不足，我们要让十一学校的学生会真正成长起来。

也许你说不仅十一学校的学生有梦想，衡水中学、黄冈中学、人大附中、华师附中，这些学校的学生不一样在努力奋斗吗？但是，十一学校的不同之处在于她的学生的梦想，不是考入最好的大学，不是找到最好的工作，不是拥有最好的生活，不是站在社会金字塔的最顶端，而是，实现自己的愿望，为不虚此生而奋斗。

至此，我知道了什么样的东西才能算做是梦想，只有精神上的成功，才是值得奋斗终身的目标。

•第三下，她让我学会追逐梦想

在十一学校，我学会了追逐梦想，这要归功于无处不在的选择与机遇。

在我们浪费的大学四年，美国学生已经把自己打造成了世界上最具竞争力的人才。除了他们优越的教育资源之外，很重要的一点是美国学生知道自己应该做什么。他们从小就会做出各种选择，到最后，他们对自己要做的事情，和该做什么样的选择，一清二楚。

十一学校近两年开始提供越来越多的选择，不得不承认，这让包括我在内的很多人不适应，因为我也吃过选择不当的亏。但正因为如此，拥有选择的能力才显得如此重要。

十一学校拥有很多种不同的课程可供学生选择，毫不夸张地说，我一开始是用脚趾头选的课。为什么呢？根据我的虚荣心，我不顾自己要进行出国项目的学习，选了最多、最难的课程，结果一个学期下来把自己弄得鼻青脸、肿头破血流。我在接下来的选择就要理性多了，我会根据我自己的职业倾向、时间安排来选择密集程度合适的课程。

影视课上过足了导演瘾

而另外一种选择，则更有挑战性。去年我参加了翱翔计划，很不幸，我们的对接学校并没有为我们提供很好的教学资源，反而在官僚主义的材料上大费周章，于是我决定退出这个计划，可惜为时已晚，在对方的胁迫下，我不得不完成大量的表格和报告，这将占用我的很多学习时间。

同样，我还要协调好工作和学习的时间，每一项活动的参与，每一段学习的付出，都要经过反复思考使其最终安排合理，错误的判断和选择轻则打乱你的计划，重则可能会影响到整个学年的状态。在我竞选学生会主席的时候，社科院的交接刚刚完成，同时期末考试也在逼近，导致我的精力分散，使我输掉了选举，也输掉了期中考试。选择错误的结果是残酷的，但是现在我们犯的错误越多，以后我们面对选择的时候就会更加成熟。

十一学校给了我无数的选择，也给了我无数的机会，有些我抓住了，就做出闪光的结果；失去的机会，则让我学会选择。

康奈尔大学说“All Student, All Study”，但是哈佛大学不仅有如此的包容，更会培养学生在这样的环境中抓住机会的能力，这样的学生将会是社会残酷的竞争中的胜利者。

在这个环境中，我逐渐拥有思想、追求梦想、拥有梦想。所以我有理由相信，十一学校也将培养出有梦想、知道如何去追逐自己的梦想的学生。

十一学校，是梦想开始的地方。

世界原来是这样

文/陶泽平

陶泽平，十一学校高三学生，第8届HCC社团社长，校辩论队骨干，校机器人队成员。曾获第五届高中生海峡两岸辩论比赛获“优秀辩手”、令德奖学金“领袖风范奖”、乐仁奖学金“公益人物奖”、“卓越学生”等称号。

在十一学校学习了5年，我从综合楼搬到高中楼，再搬到科技楼。现在，我选取在十一学校生活中的一些人、做过的一些事、参加过的一些社团，分享些故事给读者。兴许能使读到这篇文章的人产生共鸣，也勾起他们在中学时代的美好回忆。而如果真能如此，并且读者能够从我的经历中“窥一斑而知全豹”，看到十一学校和十一人的成长，也算是我为十一学校60年校庆尽了一点绵薄之力。

•戴冲老师

我与戴老师交流的机会颇多，比如上次，学生会副主席、戴冲老师和我在舞会的“名人秀”环节中登台献唱，戴老师一展歌喉，引得台下的同学们一阵鼓掌和叫好。戴老师很能和学生们打成一片。你经常能在学生们的活动中发现他的身影，而他的存在也并不会让同学们感觉有一个“老师”而有所拘束，反而会更加“放肆”。要我说，“知行合一”，这些都来自于戴老师对教育深刻的思考和独到的见解。

记得在人人网上，有一位小我一届的文科班学妹写下了这样一段话：

“记得我最初的梦想就是当一名音乐家，可以带着提琴到世界各地开音乐会，可以在奥地利午后的阳光下弹着钢琴；长大了发现曾经的梦想在现实的摩挲中遥不可及，于是小心翼翼地规避，只能幻想着不‘出格’的事情，蓦然发现原来今后几十年已早就被安排好。今晚听着V3悲怆，想起儿时的梦想，真是无比悲哀。”

戴老师回道：“不要埋怨梦想远离，不要感怀现实的无力，选择皆在于自己。”

这位学妹继续回复道：“我觉得在现实面前我是如此软弱，我被束缚在一条‘美好的’路线中间。做我不喜欢做的事情，而我却走不出去。有时候我特别怨恨自己的无力，我想反抗可是我会顾及很多。”

这时我写道：“你跟我高一时候的状态一样。”是的，在这种现实前的无力感，我们每个人都有所感受。我四高一时曾用极大的热情来准备本科出国，然而世事并不总尽如人意，尽管我如此努力，最后还是因为家庭的原因，不得不放弃。

戴老师接着回复道：“恩，那没办法，还是在于你自己的选择。无论屈服还是反抗抑或忍受，或许发现中间道路，这些都是自己的。你自己需要努力。不要过多埋怨亲人，他们是基于爱与关心。但一个真正有雄心且敢于实现的人，是会让自己的内心去做主的，同时也会给予亲人和关心自己的人以信心，努力去改变他人的前提是改变你自己。”

是的。戴老师说得没错。那段梦想破灭带来的悲伤过去之后，我发现现实或许会对你有所影响，可只要你自己足够强大，敢于对自己的选择负责，路还是自己走的。尽管我不能本科出国了，高考又不会要求我发展我的兴趣爱好并把这些经历写在简历里，可还是经常去看话剧、逛博物馆、研究哲学、写诗……当然我经常会被一些老师说成“不努力”、“思想不正规”，因为我做的这些都跟高考没有直接关系，但是我知道，怎样选择全在于自己，而不在于别人怎么看。

戴老师接着在底下回复道：“我读文科那会儿，下课后时间都奉献给录像厅、足球场和武侠小说、谈恋爱、喝酒吹牛了。所以我文科才牛。高三的时候，周末我没上晚自习，和几个哥们跑出去看录像了，回来在寝室里，我们班主任亲自一脚踹开了宿舍门，指着正在洗脚的我说：‘你，戴冲，高考肯定完蛋。’哈哈，我当时只后悔啊，应该再晚点回宿舍嘛。”

相比较于我们班主任提倡的“上厕所也要拿张纸背英语”不同，戴老师提倡文科生应该经常发呆、旅游，享受生活。这样的主张，和我看到的一篇陈染的文章中的观点不谋而合。陈染曾经急切于探究生活的意义，急切于把那些探究来的“意义”付诸文字。最终她意识到：“生活本身的意义，比探究生活意义的意义，更为重要”。她明确：“我要和正在写作中的《僻室笔记》长久地、心平气和地相处下去；没有时间的捷径，没有身体本钱的捷径，更没有任何意义的捷径，可以囫囵而就，急切成章。”

是的。生活才是最重要的。戴老师正是一个认真生活、会享受生活的人。因此他才对教育有如此多的思考和见解，他才能给学生们指明方向，才能获得学生们朋友般的信任和敬爱。

·校辩论队

“喂，你好。”

“暑假去青岛的辩论赛，我们缺个人，你能不能来？”

“这……恩……”

“你暑假应该没什么事吧。”

“没有。”

“那就跟我们一块儿去吧。”

“那……好吧。”

“那现在来团委吧，我们都在这儿呢。”

这段对话发生在2010年6月的某一天下午。那天是个周五，我正要回家，突然接到了当时的学生会副主席史子微学姐的电话。我与她只有屈指可数的几次谋面，也并没有什么深入的交流，她邀请我加入辩论队确实是大大出乎我意料的事：一则，我在学生会主席竞选上的演讲并不出色，而那时她就坐在我旁边；二则，那时我甚至还有些口吃。

一切都是那么不可思议，从那时起我第一次踏上辩论赛的赛场——在青岛举办的“海峡两岸杯”高中辩论赛，到如今，我在校辩论队待了两年了。

跟随着辩论队一起成长，我也不知不觉到了高三，该是好好复习高考的时候了，可我还是对辩论队的活动恋恋不舍，最近北京市辩论赛半决赛来临，我又去参加了辩题准备会。这次我们准备的辩题是“杜绝盗版，消费者还是政府扮演更重要的角色”。我们是正方，观点是“杜绝盗版，消费者扮演更重要的角色”。除了初钰锋同学和左烜暄同学等几位上场的高一新辩手，戴冲老师、郑沛倞同学、贺久恒学长和我也来一同为他们准备。

……

戴："好，我来问你这个问题。在盗版肆虐的今天，像您这样的消费者在杜绝盗版的过程中发挥了哪些作用？"

我："如果说我是消费者，我在某些情况下没法发挥作用。比如那个，咱们这个地理书，纸质比正版的差，但我也不知道它到底是正版还是盗版，所以只有政府来告诉我它是正版还是盗版之后我才知道我买的是正版还是盗版。"

戴："你没发挥作用？胡扯。你不是买了么？"

我："我不知道它是盗版啊。我买回来也不知道它是盗版，只有政府鉴定了它是正版还是盗版我才能知道。"

戴："那你不认为，增强消费者的辨别正版和盗版的能力而不是靠政府，才是解决你刚才所说的那个问题的一个最好的解决方案。"

我："不是。道高一尺，魔高一丈。永远有新技术可以让我辨别不出来。盗版制造者总能推出更以假乱真的产品。"

我："比如这一瓶'农夫山泉'，我可能喝了它也不知道是真的假的。口感上我觉得（跟正版）没有什么区别。"

初："对，比如说三国杀。现在盗版三国杀比正版三国杀卡牌还好，而且还硬。而且往往有些产品自己用了之后也不知道是真的假的。"

左："盗版的怎么可能比正版的做的还好呢？那这样不论是政府还是消费者都没法鉴别了。"

初："未必，'游卡桌游'是'三国杀'的创始者，他们费了很大的劲才把'三国杀'这套牌弄出来。而真正的盗版厂家他只要知道'红桃7'是'杀'、'红桃3'是'闪'，就可以再印出一套来，他们没有研发成本。所以说正版厂家他们开发这个游戏的研发投入、他们这个知识产权就得不到保障了。”

……

要说辩论队的经历带给了我什么，我觉得口才、演讲能力都是次要的，最重要的是使我有了一种发自内在的自信。这种自信使我敢于与任何人对视，为不公正和不合理的事情而奔走疾呼，在随波逐流与坚持自我之间选择后者。

•校长导师会

我很早就和校长有交流，是那种几周一次的固定交流。

高一刚开始，李希贵校长开了一门“领导力与管理学例说”选修课，每周四下午上课，我凭着在学校里的活跃表现和HCC社长的身份得以参加第一期校长选修课。

高二下学期的时候，导师制在我们年级初步施行，年级要求我们每个学生都要选择一位老师作为自己的导师。于是当天晚饭时间我就给李校长发了一条短信：“李校长好，我是陶泽平。近期我们年级要求选择导师，我先想到了您，但我也知道您很忙，可能没有太多时间，因此我发短信问您一下我能不能有幸请您做我的导师呢？”

没想到校长当即回了电话，同意了。

除了带北师大带的几位研究生，校长在十一学校作为导师带的学生大概有20位左右，很多都是在校园里很活跃很有影响力的。比如，第14届学生会主席石嘉雯、数学竞赛大神和唱歌达人耿晋哲、第15届学生会副主席陈天泽、校外杂志主编和模特孙婧妍……所以很多人都相互认识，至少也互相有所耳闻。

就这样在每周四的下午，或在校长办公室里，或在国际部大楼的某间会议室里，你会发现一群老朋友在一起聚会聊天。

有一次的导师会令我印象非常深刻。根据校长提倡的“打开”的原则，我们每个人都要向大家敞开自己，当然也包括校长自己。在第二次的导师会中，整整一个小时，我们提出了各种各样的诸如为什么从事教育工作、如何走上这条道路等针对他个人经历的问题，他毫无保留地、耐心地给予回答，给我们树立了一个“打开”的榜样。而这次导师会就是由我们来“打开”。而我自然是第一个。

先用三句话描述自己。我的PPT上写着这样几句话：

“间歇性神经病患者，昼夜型人格分裂病人，文字演奏者。理想主义者，自我心理医生，患有思考强迫症。对任何问题都要思考到底，妄图使任何事情都在自己的预测和控制之下。”

演讲者的紧张大都源于对听众态度的未知，源于害怕自己所讲的内容会招来听众的反对或讥讽这样一种心理，而如果听众表达出一种接纳、赞许或鼓励，表达出一种“但说无妨”的意思，那就会一下子卸下演讲者的紧张。因此当场被人指出紧张会导致两种结果，要么是十分令人尴尬的，要么一下打开紧张者的心理障碍。校长这句话发挥的效果明显属于后者。我对大家回以微笑，很流畅地将我自己写的话读了出来。

作为演讲者与听众的隔膜被校长的一句话打破后，后面的内容便基本上很流畅的进行下去了，也没再让校长打断做点评。但我演讲中介绍的两点内容在最后得到了校长的重点“关照”：一是我向大家介绍的一位我一直关注的名人——极有社会责任感和牺牲精神的艺术家、社会活动家艾未未；二是我对成功和幸福的定义——“认识自己了解自己”和“找到适合自己的环境”。

“我觉得陶泽平你还没有真正想清楚想明白，大家看他关注的名人是艾未来，尤其关注的是艾未未的社会活动，说明他有很强的社会责任感。但是看他最后对成功和幸福的定义都是局限在‘自己’这一层面的。这是很明显的一个矛盾啊。说明你还没有真正地想清楚。”

我连连点头，佩服他的洞察力。是啊，这样一个明显的矛盾怎么被我这样一个“患有思考强迫症”的“自我心理医生”忽视了呢。

接着校长又说：“大家都知道学校的育人目标吧？”

我们大概都知道，可又背不出整句话，只说出了“志远意诚”、“思方行圆”和“社会栋梁”几个词。

“是的，‘培养志远意诚、思方行圆的社会栋梁和民族脊梁’。大家都是十一学校的学生，比你们大多数同龄人想的问题都要深，比你们大多数同龄人接受的教育都要好，如果你们将来不去承担这个民族发展的重任，那么谁来呢？所以坐在这里的每个人，都要有社会责任感，要把自己的理想与这个民族联系起来，否则你们不去做这个民族未来发展的顶梁柱，谁去呢？”

那天的导师会，校长的话给我提出了很多新的问题，使我产生了更多对自己的新的、深入的思考。我感到前所未有的、莫大的快乐，这种快乐来自于他人对你的启发，产生于他人对你的耐心的倾听和真正的理解。

•HCC社团

“一进屋，凉爽之余，一股浓烈的 geek （极客）气息扑面而来。屋里不算整齐，但干净而清爽。两面墙的涂鸦，两台 iMac，散落的杂乱的书。这里毫无疑问是自由创作的地方，是最有想象力的小屋。

别以为这些人只是一些程序呆子，墙上的涂鸦告诉我，他们都是艺术家。他们在 6 月 1 日过儿童节，用老虎钳来拧三脚架，还拿内存条当钥匙链……”

这是学校的校刊《瞰十一》到我们HCC社团工作室采访时的描述。

HCC社团是一个有着14年历史的以校园网页制作为核心的校级社团。我在HCC工作了两年，从第二年起开始担任HCC社团负责人及CEO直至期满一年。直到现在，现任的HCC社长还会向我咨询某些社团管理和社团发展上的问题，要说两年在HCC学到了什么，这实在是无法用三言两语来表达。可以说，我学到了一种“纯粹”、一种“热情”、一种“精益求精”，还体会到了一种geek（极客）精神。

“感动十一”是十一学校每年都要进行一次的人物评选活动，它采用的是网上投票，这网站制作的重任也就自然落在了HCC社团头上。

柳东原和曾兴为是“感动十一”项目的制作者。每年，柳东原都会发现有人用一些“旁门左道”的方法攻击投票系统，然后开始焦头烂额地修补。每次一问，都会发现其实攻击者是曾兴为。HCC的极客们就用这样甚至有些“苛求”完美的付出进行着他们的工作。

在HCC社团两年和在校园里参加各种活动的经历，不仅使我获得了组织能力和管理能力上的提升，更重要的是，遇到了许多以前不曾认识过的优秀的人，他们用行动告诉我：生活原来还能是这样。

在十一学校学习了5年。细细想来，十一学校对我最重要的影响，并不在于教给我多少知识，而是提供给了我许多的机会和平台，让我能根据自己的需要和选择来成长，让我认识许多优秀的、有独特想法的人。她不像一些学校如同监狱一样把你“囚”在教室里背书、做题、考试，那样让你在单一价值观里活着：她是一条河流，带你走出“山重水复”的境地，转过山脚，发现一片平原一望无际，广袤的大地任你耕耘：世界原来是这样。

青春与梦想，让我与众不同

文/石嘉雯

石嘉雯，十一学校2013届6班。曾担任校橄榄枝社团社长、第13届校学生会活动部部长、14届校学生会主席，班级团支书、组织委员。多次带领班级在校运动会、国家文化日、艺术节表演。主要策划组织过校园思辨大课堂、新年联欢会、夏季校园舞会、双语主持人大赛、狂欢节等。也曾多次主持过校内“名家大师进校园”活动。2011年暑假曾代表学校参加海淀区中学学生会总会第二次代表大会。2012年因中学生活经历丰富被选为《大学指南》杂志第4期封面人物。

她并不是一个从小便才艺出众、有着明确目标的孩子，与大部分学生一样，她贪玩而且时常很懒惰。但是好强的性格与极强的自尊心却让她渴望学习更多的知识、拥有更强的能力，她不甘平庸，很小的时候就常常与父母老师讨论未来，进入社会我最需要具备什么。她所得出的结论是：需要很强的独立性与学习能力。在之后的成长过程中她便格外注重培养自己这些能力，在她平凡的生活中演绎着一个又一个精彩的故事。下面我们就近距离的走进她——北京市十一学校第14届学生会主席石嘉雯。

——《大学指南》第4期封面人物故事

如果说2007年我做的最正确的决定是什么，那一定是选择北京市十一学校。提到这所伟大的学校，可能很多人会说这里有着美丽舒适的环境、有着先进高端的设备、有着优秀负责的老师，但是这里最吸引我的是她自由的风气。正是这种自由的风气，鼓励了一届又一届的学生在课余闲暇时间组织并参与校内的活动，或是校外的社会实践与义工服务，抑或是建立一个个社团与学院，在给予大家快乐的同时培养未来急需的社会能力。感谢十一的自由之风，让我可以在我的青春年华中写下浓墨重彩的一笔。

•创意、想象无极限

在我初一初二时，虽然十一已经因“自由之风”而闻名，她却还是很“含蓄”的。直到李希贵校长上任，十一学校的“自由之风”才一点点散发出内里的魅力。

最能体现这点的是既丰富又有趣的校级活动。以“国家、民族、城市”三个主题为一循环的秋季主题运动会、以“开学护照”打头阵的创意开学仪式，还有各个国家的文化日、狂欢节、电影节……真是眼花缭乱。作为班里的活跃分子也是活动负责人，我总是带领着班级积极参与各种校园活动，其中获得的荣誉也不少。年级的澳大利亚文化日、五洲城市运动会、High School Musical音乐剧汇演等等都留下了2012届6班的“光辉形象”。但是荣誉是次要的，准备活动时的艰辛、大家的团结与配合，才是整个过程的意义所在。尤其对于我自己，作为一个小领导，过程中的合作与摩擦、沟通与争辩都是一笔笔财富。

此外，教学形式也是“花样百出”。走班教学、个人选课、导师制……一系列的改革让我们感觉好像进入了大学般，虽然仍然有初次尝试的生涩之感，却是更加突出了学校“培养优秀的自主学习的学生”的宗旨，毕竟未来进入社会，人们更为需要的是自学能力。

经过多次与希贵校长的交谈后，我终于明白为何十一会“如此的自由”。拜读了校长的《为了自由呼吸的教育》后，我更是感慨，怕是只有希贵校长如此“奇葩”——如此敢想敢做的校长，才会给我们一个可以放肆去想象、去创造的十一学校。

•学生会指引我成长

或许是校园风气的熏陶，也或许是校长人格魅力的影响，十一的老师一个个都有着超前卫的想法。我的各种挑战也是在各路老师多方支持下才能顺利完成的。

老师最常给我的评价是，“开朗热情，善于与人沟通，十分热衷于组织活动、服务同学。”《大学指南》中介绍我时说：“初二时，她就加入了校级社团橄榄枝，协助社长在初高年级内开展辩论活动，超强的工作能力与交流领导能力，使得她很快成为了骨干成员，那时，她从心里也更加想向上攀登。在北京市十一学校读四高一时，她便顺利的成为了橄榄枝社团的社长，也成功加入了校学生会，竞选成为了新一届学生会的活动部部长。校园舞会、图书美食节、特色运动会、校园闯关赛……一次次的活动，让她明白了换位思考的重要性，更体会到许多为人处世的道理，这些都是课内无法接触到的思考。”

在我看来，学生会的工作并没有耽误自己的学习，而是加速了自己的成长；学校丰富多彩的活动激发了我的创新思维：思辨大课堂、校园慈善舞会、校园狂欢节，等等，每一次的创意都是对自己能力的挑战与突破。

作为第14届的学生会主席，我还有幸与央视著名主持人白岩松以及鞠萍面对面交流，我们交流的主题是“全国百名教师最温暖笑脸”的活动项目，两位主持人都表示十分支持这项活动。在谈到“校园舞会”和“特色运动会”时，他们显得格外有兴趣，并肯定地说十分有创意、很有趣。等到后来谈到这个全国项目时，他们的语言变得很是犀利，并提出了一系列的疑问：“你怎么确定你发出的邀请，其他各省市的学校便会响应你，积极配合呢”，“你的目标是邀请到全国百所学校还是百名教师呢？若是分配不均，其后果你们考虑过吗”，“评选之后是否有一个颁奖仪式呢？在哪儿办？怎么拉取赞助？谁出车票钱呢？奖励又是什么呢”……

这时的我虽有一点愕然，却也将我曾经的思考说了出来。“我们问这些犀利的问题，只是为了帮助你们先过这个坎儿。在未来的活动准备期间，你们必不可少地需要面对这些问题。提前思考，两手准备，才更容易达成目标。”两位主持人的话将我点醒，后来，我立即与学生会常委们将单调的一份计划书扩展成为了三四个计划，以备遇到不同困难时，有及时的方案可以去解决。回忆那时候，面对犀利的提问我真的有点不知所措；但是两位主持人很快又平静地解释并鼓励我们，我才明白，他们是想教会我们在做事前如何谨慎考虑、细心规划。

当我回想过去的三年打拼奋斗的时光，那些感动的一幕幕已然模糊，更多留下的是一种感受。这些经历潜移默化地影响着我，使我变得成熟、变得懂事。我也一点点深刻理解王泽的赠言：“比经历更重要的是有所得。并不是说只有到成为了学生会主席，才能培养能力，每一个位子都会给予很多，关键在于我们能否发掘出来。”

•纯粹地前行

除了学生会的经历外，高一暑假为期两个星期的社会实践和短短三天入境教育也给予了我极为深刻的教育。

都说学校就是个小社会，但是与真正的社会相比，那真是小巫见大巫。高一暑假，我进入一家公司进行为期两周的社会实践。严格来说，我是“靠关系”来到了这个小公司——仅有五人，其中还包括一位经理。初来乍到的我难免会有点想高效做好得到表扬的意味，使得一件件小事都经过了多次“被上司打回来”的经历。而看着最后评价表上“自尊心很强，但是有点毛毛躁躁，自信心过剩”的不客气的评价，我也终于明白了工作的最佳心态，或者说是最佳方法：纯粹的工作。不是为了被表扬，不是为了得到最后的学分，而只是为了做好这一个小工作。而学校鼓励同学们参与校园活动的目的是不是这样呢？让我们明白学习的最高效方法，那就是纯粹的学习。心无旁骛，盯准目标，这就是认真的最高境界了吧。

作为一名准高三学生，我例行参加了学校的“特别活动”——入境教育。拓展训练、经验传授以及长达30公里的长走，这仅仅三天的经历让我学会了很多。学长陈嘉证的演讲主题就是“纯粹地前行”。他的演讲教会我们的，也就是我曾在经历了一些之后自己体悟到的，自是引起了十分的共鸣；而后的三十公里也让我真切体会了“坚持”的含义——不能有一刻松懈，因为只要有那么一瞬间，提的那口气泄了，我们还要用几万倍的勇气再次提回来。

在十一学校，我学到的不仅是知识和学习方法。更深层次地说，十一学校不止教书，更是育人。脑袋中珍贵的回忆与感受数不胜数，这都是在十一学校收获到的财富。感谢十一学校给予我们的自由之风，让我可以勇敢地挑战自我，可以站在过去的我的前面，自由呼吸！

历练不止，成长不休

文/黄启皓

黄启皓，现任校团委学生副书记。曾经担任校刊美术总监、学生电视台主持人、年级学生会主席等职。曾获北京市十佳少先队员、北京市三好学生、海淀区三好学生、优秀学生干部，校优干、三好学生、卓越学生、优秀特长生、优秀团员。曾获美利坚文化日“金话筒奖”，以及校长奖学金、英才奖学金等。

望着台灯下闪闪发光的团徽和校徽，上面遍布锈迹，这令我想起无数次戴着它们走上各种舞台，接受历练。回想第一次登台主持，紧张得全身出冷汗，到现在主持能相对轻松自如，我的成长尽要归功于一次次地历练。

•从班级常规做起——班长

我中学阶段担任的第一份工作是班长和智囊团团长。作为初一的班长，最重要的工作就是建立起一套班级日常工作的模式，可是之前没有任何经验的我们，需要从头做起。我和班委们一起开始撰写各部的章程，对学习生活的各个方面做出规定和量化，最后竟汇编成为了几千字的“初一1班班章”，麻雀虽小但五脏俱全，使各个环节都有制度可循。

而作为智囊团团长，我先后组织策划了十几次班会，印象最深的是一次“走进NBA”，一改往日班会感恩、动员等烂俗的主题，让全班同学对感兴趣的篮球有了更深的认识。

千里之行，始于足下。班章教会我要用制度管事、管人，方能服众；而策划班会初步锻炼了我的组织力和想象力，为我今后工作打下了基础。

•让同学们在篮球场上挥洒汗水——年级学生会主席

初一下学期，我竞选成为了年级学生会主席。当选后，我在保证常规评比正常运行之余，依照承诺举办了年级篮球赛。面对年级主任“二十天内就要办完”的要求和同学们多打几场的希望，我只得一面压缩赛程时间，一面多安排比赛。最终我们决定先打小组循环赛，再打淘汰赛。

在编写比赛章程和规则时，我满以为一切会按照计划进行，可实际一办起来就不是这么简单。光是赛前集合队员就费了好大周折，光我和体育部长两个人根本召唤不动好几十号队员，磨磨蹭蹭地拖了二十多分钟才开始。等比赛开始才发现裁判都不到位，说好每班出三个人，实际全都自己打球去了……我们俩只得到处奔跑、东拉西找再加上自己临时上阵终于凑齐了裁判，更不用提其中的判罚争议了。

但最终大家在篮球赛中玩得还是很高兴的，亦达到了目的。此后又举办了趣味运动会和相声大赛。但这也暴露了我干工作喜欢自己一个人闷头干、缺乏团队合作的漏洞；也让我明白中学办活动有多复杂，不是写个方案就能实现的。

•看镜头前的自己——电视台主持人

暑假去美国一次偶然的机会，让我结识了当时的电视台台长，被游说加入其中做主持人。可一方面，电视台的工作自主性大大提升，再加之正处在新老交替之时，每人的负担都很重；另一方面这与之前担任的团委委员在时间上有些冲突，对我自主安排时间提出了更高的要求。

我初进电视台时，对各种专业设备感到茫然，亦未形成一套成熟的工作流程。我们只得自己一点点摸索：我们先是征求同学们意见，确定下来了节目和密度；面对职责混乱，渐渐确定了不同小组独立运作、相互协调设备，小组长全权负责、统一调配的工作制度，使节目数量和质量均有所改观。一开始录主持，我们既没有背景板又没有补光灯，只得跟着摄像满学校跑学求一个安静灯光又尚可的地方，稿子还是自己从新闻稿上摘录下来的。现在回看当时节目的录像，看着自己在镜头前时而严肃、时而热情的播报校园新闻还会常常笑起来。

当时为了赶节目经常一天都不去食堂吃饭，工作间里充满了方便面的味道，有时晚上下了晚自习还要再去接着录，翘掉的竞赛课更是无以计数。在佩服自己之坚定的同时，更嘲笑我自主安排的无能。学习成绩的飞速下滑和工作上投入与产出不成正比，为这种工作方式打上了不可持续的标签，一学期后，我黯然退出。这给准备在校级活动中大展身手的我当头一棒：如果不能安排好时间，协调好学习和工作，一切都白搭。

•小试排版——校刊“美术总监”

初二时我就加入了团委宣传部，成为了新成立的校刊编辑部的一员。对于我这个文笔欠佳（感觉到了吧）、美术设计也不好的人来说，只能干技术活了，成为了电脑排版技术的负责人，名曰“美术总监”。

又是一个没有前人经验的任务，按理说，我作为几个创始人之一，应投入大量精力进行创建工作和各种有益的尝试。可我却于此上投入甚微。连最基本的排版技术没学到手，更别提给予成员技术指导了。我还满以为老师会给我指派任务，可实际上等我去开会一看同学们都把版排完了，让我无地自容。

要想一项工作做得够出色，只有自己主动向上进取，而非坐在原地等别人推你。

•从法兰西到美利坚——外国文化日

在学校倡导培养学生国际视野的浪潮下，各种外国文化日应运而生，我便参与了法兰西和美利坚两届文化日活动。

印象较深的是前者。当时正值要考试分流之际，但它排练的强度依然可谓史无前例。大家提前一个月开始准备，无论是每天放学后还是周末、甚至是模拟考试的间隙都安排了不同的排练项目。而身兼主持、跳舞、诗朗诵三职于一身的我不但任务繁多，而且各个精益求精，每一句台词、每一个动作都要“千锤百炼”。这让我深刻明白了什么叫熟能生巧。

而在准备过程中，我们查阅了大量资料，充分了解了异国文化风情，更领略了他们独特的文化精神。我们感慨于都德的爱国情怀，折服于美国电影的创新精神。这也许正是多元文化理解的价值所在吧。

•光荣啊，中国共青团

我仿佛游于学校的浪子，终于在团委找到了归宿。高一开始，我进入了团委秘书处，开始参与负责团委各项工作，而其中十分重要的一部分，就是团组织的常规建设。

学校里有几千名团员，每个人的档案都保存在团委，每学年开始的档案整理工作量就大得吓人。而每年在校团员要一个个地注册，初三、高三团员档案还要转出，更要督促每个支部还要发展团员……这一切都要由三十位团委委员们和两名老师完成。我始终相信，委员们一定是校园中最有战斗力的一支队伍，如此繁琐的工作一项项做来而毫无怨言、少有差错。

脚踏实地，才能仰望星空。

而另一项让我印象深刻的，是出任团校小老师，为初中同学们讲解共青团的历史。正好我是一个文科生，当时正在学习“近代中国人民反侵略、求民主的潮流”，我便依此为同学们构建了一个大的历史背景，把共青团的诞生放入其中，还其本来面目，而不是单纯地记住团委几次更名的时间。

它不但让我团课讲得更加专业，也拓宽了我的知识面。学以致用，原来如此简单。

·更大的舞台——各校级活动

加入团委后，在老师的帮助下，我获得了更多策划、组织、主持校级活动的机会。运动会、表彰会、文化日、狂欢节、舞会、升旗仪式等舞台上都留下了我参与的身影。

城市运动会前夕，我迷上了谷歌地球这款地图软件。我便灵机一动，录制一套在地球上模拟游览各个城市的视频，然后

主持候场很放松

在开幕式大屏幕上同步播放呢？于是我和同伴们一起动手，逐一寻找百余个城市的地标建筑，插上标签，然后排好顺序，从一个城市飞到下一个并录制下来。我们试验了接近千次，终于成功地展现在开幕式上。

有时只要把平常想到的创意记录下来并付诸实践，就是一次成功的创新。

活动中我做得最多的便是主持人了。当聚光灯打在你身上，全场黑压压一片都等着你张嘴说话，没有人会不紧张。我至今仍记得初一主持学代会，自己都能听见音响中传来的声音在颤抖，可还是要硬着头皮往下读。遇到困难，我的选择是迎难而上。我依然不停地承担主持的任务，一次次战胜紧张和恐惧站在舞台上，从而使技巧日趋娴熟，轻松自如。

当你能不断地克服心理障碍后，你就会发现所谓的紧张都会渐渐消除。你恐惧的只有自己。你只要相信自己，整个舞台都是你的，正是心有多大，舞台就有多大。

四年来，连我自己都没好好梳理过我做的工作。昨夜整理资料，看着初中时策划的班会、撰写的方案，自己常常嘲笑当时为何如此幼稚、莽撞，但细细想来，没有这一次次的尝试和锻炼，何来今日？从班长到团委秘书处，我不断地历练自己，在无数失败与挫折中收获喜悦和成长。

谢谢十一学校、谢谢我们的老师，为我们创造了大大小小的舞台，让我们一步一步成长为参天大树。不久，我肯定还会带上团徽和校徽、穿上制服、再次登台，历练仍会到来，成长不会停止。

左岸右语

文/左烜晅

左烜烜，模拟联合国周报主编，辩论队成员，社科院、新闻学院院士。曾获校长奖学金，策划社科院新闻发布会。

2008年的9月，我走进十一学校，成为了二四直升班的一名学生。与大多数的很“拼”的学校不同，在十一，除了学习还有丰富的活动，社团、名家大师、名师讲堂、电影、运动等是我们学习生活最好的调节剂。

·左岸右语

初二时，我和其他四名同学共同创办了“左岸右语”这个文学社团。同样爱好文学的我们，将左岸右语视作展示的舞台，经常会办一些活动。像4月23日世界读书日时，我们曾举办名为“书香余温”的文学知识竞赛，在活动中，我们增进彼此的情感，锻炼了组织和协调的能力。因为是仅依靠学生自主的社团，在创立初，我们遇到了很多困难。

记得最开始申报社团时，只有我们创始的五个人。为了招募更多的有识之士，刚诞生的左岸右语就参加了学校统一的社团招新。通过与社团联合会的沟通，我们占据了一个人流量非常大的位子，然后贴出我们手工绘画的海报，将社员报名表摆放在桌子上，供来往的同学们填写。那天中午过后，我们几个的嗓子都哑了，令人欣慰的是，我们也收获了累累硕果。有很多的兴趣爱好相同的同学，向我们询问联络方式，活动形式等具体内容，希望参加活动。

第一次自己举办活动的经历，令我们终身难忘。每次活动的成功与否，都对未来的安排提供经验或是教训。这是初二时的我们梦想开始的地方。

·模拟联合国

模联可算是十一学校最大的一个组织。这种新颖的活动方式，几乎席卷了整个校园，当然也吸引了我的注意。模联会议的议题有些是联合国真正开大会讨论过的，也有些是主席们的构想。在模联会议中，每个人都会分配到一个角色，并依据这个角色的身份，定位自己立场。虽然开会的代表们有的并不是非常有经验，但大家共有的一种解决纠纷和问题的热情，让模联会议其乐融融。

第九届校内会是我参加的第一次校内会，我们开的是经社理事会，而讨论的议题是巴基斯坦的洪水问题。为了最大化的减小洪水所造成的危害，巴基斯坦向各个国家求助。当时作为法国代表的我，是欧盟中的重要角色。在施行救助的同时，我们还要考虑到己方的利益，无论是舆论还是经济合作，都要有所建树。最后，我们四十多名代表起草了一份凝结心血的决议草案，针对解决巴基斯坦洪水问题。短短的四个会期，讨论问题其实并没有很彻底很深入，但无疑是启发了一个思路和一种视野。直到现在，每次看到关于法国的新闻，我都会想起那时当代表的感受。

•少年社科院

这是一个思想碰撞的地方，相互交流辩论，分析事件背后的起因发展。社科院所讨论的话题从国际关系到社会现象到读书体会，包罗万象，涉及很广阔的领域。而社科院院士们最重要的工作就是共同对问题进行分析，写论文，做研究。

升入高一之后，我们这个年级的同学成为了社科院的主力。在一次题为历史决定论的讨论会中，院士们头脑风暴，从历史中跳脱出来讨论到了偶然与必然。每个人独特地阅历都会影响看待问题的角度，思维发散的过程中，我们将一个问题变成一类问题，甚至是一种规律。社科院的创始人冯嘉荟曾为设定过一个目标：成为十一学校的头脑，代表十一学生思考的深度和广度。一批批的院士都在努力奋斗达到这个目标。

每一个社科院院士都在心中有一股豪情，为天地立心，为生民立命，为往圣继绝学，为万世开太平。

•辩论队

还未加入辩论队时，就早闻辩论队的盛名。迄今，十一辩论队没有一场败绩。这样的骄人成绩，让我得知自己加入辩论队中的时候，更多的是带着忐忑。

每次比赛之前，辩论队都会有两到三次的准备会，主要是确定辩论的体系和一些重要的论点。根据辩题，大家都会发表一下自己的认识和想法，在明确思路后，通常都会有同学来假扮对方辩友，尝试进行破立。换位思考后，我们针对问题重申定义或是修改措辞，将论证更为准确和规范。这样的一个过程会从辩论前一星期到辩论前一分钟都在进行，不断修改，强调重点的地方。

思维缜密是我在辩论队学到的最重要的东西。想事情要顺着一个脉络往下进行，浮于表面且平铺很广，其实并没有扎到深入的东西。就好比说一个印章和一根针压在纸上，透过纸面进去的一定是针。

四年的十一生活是多彩且充实的，除却这些，我还在学生电视台做记者，偶尔去跑跑采访。我坚信，中学六年是成长最快的时间，要尽可能的接触到更多的东西，经历更多的事情，才会渐渐趋向成熟。

在十一

文/赵森

赵森，年级学生会主席、校足球队社长、学生电视台副台长、少年科学院、少年经济学院院士、力学竞赛北京市第二名。

没有中考的压力，高考又遥遥无期，自然就多了几分恬适，少了些许紧张。我便在这种轻松，低压的环境下在十一学校度过了美好的四年。

当然，美好并不等于完美，而是一段丰富曲折，也多坎坷的旅途。初进十一学校时，对住宿生活的不适应，对同学的陌生，都让我颇感焦虑。然而，十一人那种谦和，包容的精神，很快注入了我们这些“菜鸟”中，不到一个月，我们初一6班，就形成了一个凝聚而安定的集体。当然，这也与公茂杰老师煞费苦心的调和与管理是分不开的，她待人温和，做事又十分坚决、果断，把班级管理得井井有条。一个学期过去，无论在学习还是在常规上，我们班都在年级中独占鳌头。

也正是在初一这懵懂，摸索的一年中，我加入了校足球队，开始了艰苦，恐怖的训练：从四点半集合，然后开始体能，技术等各个方面的训练，一直到六点钟降旗，才能拖着疲惫的身躯去吃晚饭。幸运而又不幸的是，为了抓学习，年级主任叫停了训练。现在想一想，如果当初能坚持下来，我们这一届的足球水平，将会多么出众。

尽管生活中常会泛起朵朵水花，初一的生活还是和我们那时平整的脸蛋一样平淡，在适应与浅浅的好奇中过去了。

因为我们是二四制的模式，到了初二，我们竟一下子成为了毕业年级，虽然不用参加中考，但也会有一部分学生会被分流到普通班去。这与中考性质相近。因此，一种毕业年级的紧张感也就开始在年级中弥散。这一年，我当选了学生会的体育部长，组织了一些体育方面的活动，在年级中也混了个脸熟。同时，这一段时间的管理经验对我后来的工作也是很有帮助的。

初二的下学期，我们生活的重点就放在了学习上，虽然没有初三那么紧张，但起码可以说是半个初三了。有许多考试，作业要应付，活动与娱乐也少了一些，很多时间就在背书，做题中度过。余下的时间，也可以练练球，看看闲书，生活还算充实。也得益于我勤勉，我学习还算优秀，丝毫没有分流的压力，也就度过了一个十分愉快的初二。也正是在初二的最后，我抓住了一个重要的机遇——加入了学生电视台。

初一、初二并没有听说过学生电视台的大名，也没有见过什么电视节目。后来才知道，那时候学校的传媒系统正在进行更新，电视台的节目也就无法播出了。

正式来到电视台是四高一了，我开始担任摄像工作，学到了不少摄像的

学生电视台的兄弟姐妹们

技巧与电视电影的知识。然而，最让我心动并不是什么电视节目，而是电视台本身，一种电视台的氛围与精神。进入电视台不大的工作室，是一张大桌子，几台电脑，两台苹果机，和一群说笑的人，那便是我们，电视台的成员，我们可以一下午泡在电视台里，做片子，上网，听音乐，玩笑。有任务便拎起机子出去干活，回来再继续聊天，看片子。有时赶片子很急，就会让同学带饭。对于便利店的食物，. 每个人都有各自的喜好与忌口。时间长了，不消说，同学都知道你要买什么饭，自然就替你买来了。然后，我们便吃饭，聊天，再继续赶片子。就在方便面的热气，冰红茶的红色里，面包圈的香味中，我们成为了哥们，闺蜜，成了一个不可拆分的集体，成了相亲相爱的一家人。

当然，太过放纵也不是一件好事，我们也需要抑制我们享乐情绪的调和剂。这调和剂便是我们的指导老师，袁老师。袁老师是一个正经，偏内向的人，他的眼神如宝剑般锋利，仿佛能刺透你的心，看到你偷偷玩电脑的罪行，让人不寒而栗，不敢做偷鸡摸狗之事。袁老师有时太过冷酷，连开起玩笑来都没人敢笑，但有时也不乏温柔——“尤其是对女生”我的前辈们如是说。

在电视台的成长也伴随着我各方面的发展，在四高一下学期我当选了年级的学生会主席，我在管理和组织方面的成就也深得人心。以致在高一的新一届学生会竞选时，整个礼堂都充斥着“赵森留任”的呼唤，那一个场景，那种感动，我永远都不会忘记。从那以后，我知道了，一个人最大的财富，不是红色的毛爷爷，而是别人对你的信任与肯定。

还是在四高一，我迎来了人生中第一场正式的足球比赛，我作为球队的主力右后卫，随球队取得了二胜一负的成绩，获得了海淀杯足球赛初中组的冠军，并给普通区的队友们赢得了宝贵的中考十分加分。

然而，海淀杯的比赛，只是一个小小的考验，真正的重头戏在高一来临了。北京市奥程杯即将开始，前三名的球队便可享受高考二十分的加分，这可不是个小数目。一开学，艰苦的训练便压顶而至，我仿佛又回到了初一的训练时光。只是，这次集训，更加残酷，体力严重透支。有一天力量训练之后，第二天连走路腿都会酸痛难忍。然而，我们忍一忍还是过去了，比赛很快也就到来了。

到了赛场上，我们才真正领悟了一则道理，“足球是圆的”。第一场对手是实力明显弱于我们的三里屯中学，我们却在一开场被他们攻入两球。后来我们尽管大举反攻，却也无力回天，最终以一比二惜败。第二场是对手是平谷体校，我们并没有吸取上一场的教训，又在乱战中被对方连续攻入两球，结果我们又顽强地扳回两球，最终双方握手言和。小组赛的最后一场，对手是北京四中。我们在上半场凭借两个任意球攻入两球，但是在下半场被对方快攻扳回一程，又因为风大制造了一个离奇的乌龙球，最终无奈地接受平局，小组赛竟然没有出线。我们带着满腔热情而来，却只能伤心而归。从这次失败中，我们并不是一无所获，我们至少学会了谨慎与顽强，我们会在下一次比赛中更加专注，踢出更优秀的水平。

足球赛结束了，学科竞赛也就要来临了，到了高一下学期，利用小学段的时间，我在努力地准备物理竞赛的第一次大考，北京市高一力学竞赛。那一段时间，每天都是考试，做题，考试，做题，心情也为此十分紧张。终于，初赛来了，过了，复赛也来了。走出考场，我一身轻松，只等成绩。得知我获得了北京市第二名之后，我并没有太多的惊喜和激动。我知道，这只是漫长竞赛路上一个小小的里程碑，后面的路依然艰辛，需要耐心地走下去。

在我的高一生活即将结束时分享在十一学校这四年的些许经验与趣事，并衷心地祝愿我们这一届同学能在高二充分地提高自己，抓住这最宝贵的年华。同时也希望即将迈入高三的学长们能够一路杀到理想的高校。学弟学妹们，更要用心珍惜在十一学校的时光，体会校园中点点滴滴的感动，做一个无悔的十一人。

心有多大，舞台就有多大

文/韩雨晨

韩雨晨，校学生会副主席、十一学校首届狂欢节总策划、卓越学生。荣获校长奖学金“金苹果”、市级三好学生、区级优秀干部的荣誉，并作为十一学校优秀组织者代表刊于人民画报。

我曾经很喜欢看当代名人的传记，看他们年轻时早慧、在职场里拼搏，最后功成名就、终成翻云覆雨手。然而，每次读罢，在羡慕他们完美的蜕变之外，越发感受到书内书外人的差距，多少心里有点失落。今天，当我也有机会聊聊十一学生会的事儿时，我不得不说，人的差异是客观存在的。虽然我也很想把自己的奋斗描绘得神乎其神，但坦诚地说，我自己的学生会经历不仅仅不完美，相反还有很多泪水和遗憾……

记得第一次是开学代会是2008年，那时我还是一名初一23班的代表，自然也没有发生“韩雨晨同学深受感触，立志考上十一学校振兴学生会为远大理想的事情”。只是依稀记得陈石磊的名字和演讲很有意思，还有当时有个女生引用了苏轼的诗句“竹杖芒鞋轻胜马，谁怕”，仅此而已。而后来看到2009年竞选者的精彩演讲和视频，我才开始认识到学生会的竞选原来可以如此精彩，而至于为何在手机记事本里记下了“前七名时机较佳、用视频”等竞选注意事项，坦诚来讲我也说不清楚，也许在我心底里，走上学生会舞台这个看似“疯狂”的念头早已在那时便已经扎下了根。

作为一名初三同学，中考还是很重要。虽然凭着点运气和聪明，我保下了签约，但“人在初三、身不由己”，学生会自然被搁置在心底了。回头来看，中考确实磨炼了我的意志，但我必须承认，在竞选时，我非常埋怨中考。为什么？当你埋头分析试卷时，你的竞选对手们却在一个个优秀社团、乃至学生会挥斥方遒；当你刚熟悉那些如传奇般存在的名字，却发现你的竞争对手早已与他们交情颇深，甚至他们自己就是传奇……就好像已经被推上了拳击台，却发现对手跟你不是一个重量级的，更让人郁闷的是裁判告诉你仅此一场，不打没了（因为当时我已是高一）。

虽然很想来个传奇式写法“韩雨晨同学奇迹大逆转，凭借一扇厕所门，和无数同学帮助以及李校长的支持，以一颗为学生会服务的心，获得学代会最高得票及扩大会第三名的佳绩，成功当选第14届学生会副主席。”然而事实上，这句话开头是对的，结果也不差，但过程却绝对没有这么潇潇洒洒。有限的时间、有限的经历、强大的对手、弱小的自己，总结起来，“压力很大”，曾经因此躺在自家地板上大喊大叫的光荣实例也是做过的。幸亏有一帮不离不弃的朋友和一颗年轻勇敢的心。这次体验，着实让我体会了钟杉同学竞选时说的“心有多大，舞台就有多大”之感。

“上帝为你关上一道门，必定会为你打开一扇窗”但这句话反过来发生时，就不由得让人无奈。当选后的喜悦还没有消散，体育课的意外、T12脊椎爆裂骨折、四个月的休学，当“梦寐以求”的“吃与睡”真的降临时，除了痛苦，还是痛苦。可惜我资质不够，没有在这四个月里想明白什么人生问题，更不用提释迦牟尼的大彻大悟了。心里只是放不下，放不下学习、放不下学生会，导致日日卧床的我，体重居然下降了不少。然而，也正是这次“被休息”，让我真正明白了“珍惜眼前人”和“珍惜手边事”，使我日后分外珍惜学生会乃至学校生活的点点滴滴。

学生会竞选海报

学生会事宜。多少有些遗憾，当任期过半，我才正式开始了工作。虽然学生会的工作报告很丰富，但坦白来讲，我参与的只有首届城市运动会、首届电影节、首届狂欢节、15届学代会这四个活动。所谓失败是成功之母，在我这边，失败是成功的姥姥。运动会的班徽、海报评比和首届电影节的策划、实施，如果没有团委老师和学生会干部的帮助，那后果真是……当然，我也学到了不少教训。还有心态，不再是竞选时的毛毛躁躁，毕竟，四个月都能等，更何况眼前暂时的失败。

狂欢节。打下这三个字时，心里不由沉重了一分。对狂欢节的感情很复杂，以至于无法像上文那样用半调侃半认真的口吻来叙述，倒有点矫情、有点

“无语凝噎”。简单比喻，狂欢节是一条图像为正弦的函数，半路杀入狂欢节策划组，升旗时“毁誉参半”的发言，回不完的电话与短信，狂欢节的召开，校长奖学金的肯定……大概就是这线上的几个显眼的点吧。然而，亮点本就是孤立的，真正构成“狂欢节”图像的，还是过程本身。已经忘记了在那段时间流下过的汗水或泪水，而那些曾经放不下的难过与遗憾，那些曾经光鲜美丽的肯定与荣誉，也都成为记忆里模糊的片段……

记得参与狂欢节时，有一位朋友问我：何必呢？诚实讲无论我多小心地规划时间，组织策划还是对我高二的课业有些影响。这个问题我现在也没有想得很明白，因为高中拼命学习肯定是对的，但我的所作所为我也不想说就是错的、无用的。还好这本身就不是一个熊掌和鱼，必舍一个的问题，找一个合适的平衡点其实就能解决。最理想的状态当然是学习好又能力强，可惜本人能力有限，还在奋斗状态中。

不过，在组织策划体验的乐趣，我相信与学霸解开一道奥林匹克竞赛题的喜悦是一样的，就如我们这届“竞赛”的衍生品是“保送”“加分”，但你不能说我们这届同学“竞赛”就是为了“保送”与“加分”吧？至于我，虽因为能力有限，有很多遗憾和委屈，但大体来讲狂欢节我还是享受居多。我喜欢开会、喜欢看别人开会、也喜欢被开会；喜欢琢磨流程，甚至有一次睡前激动了，干脆一宿没睡；虽然我看到台下很多人腿就抖、音就颤、嘴就大舌头，但我还是很喜欢发言和讲演……你的兴趣又是什么呢？人与人本身就是不同的，记得努力寻找就好。

换届。学代会工作我只负责了一个项目，会前考核。原因就是：“不仅仅选出最会演讲的人，而是最有综合领导力的人”。这届候选人很优秀，考核对于他们只不过是锦上添花，在此不多表扬他们咯。我班里的同学也帮了我很多，感谢感谢。至于我自己的发言，从紧张到大舌头、腿发抖，虽然回座位后刘佳琪说“还不错”但我还是很难过，再加上刚换届心理很脆弱，于是几天没睡好。还好我比较“小心眼”，为了“一雪前耻”，学生会换届的升旗主持，我放学去主席台练过、站在我们班窗台上练过、晚上睡觉时练过，虽然升旗主持还是不完美，但是也算是给我的换届画上了个半圆不圆的句号。小插曲，跟初中同学吃饭时，她说，他们学校（育英中学）的一个负责学生会老师去看了十一的学代会，跟她说有一个我们这届的副主席很厉害，好像叫“谭”什么。虽然得检讨下我的大舌头“韩谭不分”，但是说真的，很开心。

记得自己竞选时，当时的副主席史子微学姐给予了我很多帮助。在会后我向她握手致谢时，发现她眼圈泛红、险些掉泪，那时我还在想她怎么了？然而在15届学代会后，当选的副主席陈天泽向我这个学姐致谢时，时空重叠，我想我的表情大概比哭还难看吧。虽然在当选之时，我就知道终结的一刻，但就如生命，明知终点即死亡，但还是会痛惜遗失的美好。我无法像庄子一样为此“盆鼓而歌”，因为学生会给予我很多，与其说我参与了学生会，不如说是学生会改变了我……

最后想感谢李希贵校长。当初认识李校长是因为高一的管理学选修课，初中时耳闻过的大神们都在左右，有些自卑，却也激起了我的上进；竞选时有校长的鼓励帮助，我受宠若惊，却也让我真正迈上了学生会的舞台；然而狂欢节的失误，一直记挂在心，觉得自己愧为“校长门生”，心里始终不安；而借会前考核的光，在校长有约上道歉，也让我将心里的负担放下……虽然“校长有约的三块，是要为母校捐三亿”听起来好像校长的玩笑话，但其实它已被我认真地埋藏于心底，因为十一给予了我太多太多。

不得不承认自己的幸运，真实的我只是常规区的一员，不漂亮，没参加过竞赛培训，没有参与校级社团的经验，能力、口才算不上卓越，第一次校级活动的参与是在入学的四年以后了。不过十一就是个神奇的地方，只要你愿意要，它什么都可以给你。

钟杉说，“心有多大，舞台就有多大。”

我说，“她说得对。”

时光走过，笑容留下

文/姜又升

姜又升，2012届班2班班长，十一模拟联合国协会会议总监，曾任第二届北京市模联经社理事会主席、第一届UMUNC校际模联气候大会主席。参与策划高三入境教育、毕业典礼，获北京市优秀学生干部荣誉，第九届海淀区英语风采大赛二等奖。

最后一场英语考完，她走出育中，阳光刚好暖上脸颊，融化了四周家长焦虑的气息，甚至让她忘记了抱怨前面那个在听力时转笔的男生。她穿过四处张望的人群，踩着斑驳的树影，握住来送考老师的手，她现在只想说一句：“您辛苦了。”

时光惊鸿一瞥，六年走远。六月是毕业的季节，纸飞机承载着青春，与梦想共同起飞。行至高中终点的她完成了高考的战斗，又悄无声息地和自己的十八岁撞了个满怀。她虔诚地等来了她的十八岁，等到了告别自私，回馈他人，回馈母校的年龄。

这些年，十一学校的温情与豪迈为她铸成了一面坚不可摧的盾牌，护她六年恣意妄为地追梦，有过无数次的冒险而依然安然无忧。

那一年，《阿凡达》没有上映，小卖部没有成立，她每天还要提前五分钟出来完成宿舍到综合楼的艰难“跋涉”，她还不爱说话，讨厌写文章，拼命怀念在课上睡觉还能拿年级第一的小学时光。

转眼，时光潜行，穿过低矮的屋檐，告知人们它的宝贵与易耗，彼时年轻的物理和数学老师已经担上了爸爸的责任；她的手被光阴传递着邂逅了三位不同班主任的掌心；爱看的电影变成了新时代的古董；只有自己歪歪扭扭的字体还依然是那么的不靠谱。她渐渐发现她可以做很多的事：她可以把冬季长跑坚持下来，她可以和完全陌生的人打成一片，她可以把好朋友护在身后，她可以学好她最害怕的物理。

从初一到高三，她和彼时稚嫩怯懦的自己渐行渐远。

伟大的学校带给学生的不是成功，是成长，亦如十一。

她的成长不算早却足够及时。那时初三，她第一次参加模联，被好朋友拉着。在那之前，她一直在课内成绩自顾不暇的情况下低头独自行走，她第一次承受着在宽阔的会场里的手足无措，硬着头皮和陌生人讨论着自己也不太懂的议题。无法逃避，没有底气，没有坚定的立场，也没有强大的气场，她只能不断配合着，力求跟上他人的节奏。

恍惚间她迈出了第一步，彼时笨拙的表演到后来都成了成长中最美好的回忆。就是这样，毫无预兆地，她开始逼着自己前行，利用最好的资源服务于自己的成长。她总是想知道自己潜能的底线在哪里，却一次又一次地越过了既定的底线。她感恩于戴冲老师的指导、好友的鼓励、学长学姐的包容，以及十一给她的一次又一次的机会——从做代表，到做组委，主持会议，辩论比赛……

一切的历练都为她未来看到的风景采撷着养分。

一路上，她有过对于成功的小小窃喜，也有不尽如人意的落寞，拿过这样那样的奖，也在和外校精英的对比中遇见自己的渺小，然而只要她终于学会了在艰难境地中依然无所畏惧，一切便都值得。十一提供的充足机会把她变成一个开拓者，不断前行，不断突破，不断进化出更加健全的人格，不断迈向精英团体。

纵然有无数次磕磕绊绊，十一总会张开温柔宽厚的手掌把她护在掌心。她在模联会议的高压力被戴冲老师的笑一带而过，在校长选修课无拘无束地发表自己的看法，所有的老师，包括校长在内，都在为她的成长铺路。

她还记得高中那个英语老师，那大概是一个极其矛盾的人，总是说着自己如何严厉却又表现出对学生无尽的关怀与包容。她本是成绩并不出众的一个学生，老师却因为她身上闪现的一丝管理能力把整个班级都交给她，成为班长的她带着心中的不安时常犯错，她得到的总是原谅、支持、和未曾消减的信任。老师教会她调动班里各方面的人才，挖掘并利用同学的潜能，教会她如何提前做好规划，高效行动，迅速收益。她带着这笔宝贵的财富走过每年的运动会、合唱比赛、英语话剧、一次又一次的班会，走过十一的数载本该迷惘平凡的时光。学得笨拙，却自得其乐。

当她的学习成绩渐渐步入正轨，她发现成长沉淀下来的是一份成熟，一种能把握住自己未来的精神力，她在不断地磨炼中逐渐发现，十一学校教给她的是——她可以把自己的未来塑造成任何想要的形态。

她发现太多的事她无法一本正经地拿出像样的解决方法，但她知道面对每场输不起的对垒她不该低头。

她看见自己心中曾经不可撼动的牛人也会落下眼泪，她发现成功和成长都是用血和泪熬出来的，无论谁都一样。

她发现人或是有自尊地努力地活着，或是卑微到尘埃里。有付出一定会有回报，除非自欺欺人。

她发现她希望陪伴她终至天涯海角的学校、老师、和同学终于在高三的幕布后方，消散在烟水迷离的渡口，却已然给了她独自行走的支撑。

时间拉长了回忆，把静态的影像拉伸，抽离出美好，十一为她的成长包裹了最美的锦缎。

或许她以后都不会再相遇一个设施媲美贵族学校的校园，不会相遇扮成加勒比海盗的校长，不会有老师静静守候她晚自习直至夜晚十点半，不会有那么多为她成长开辟风景的机遇，不会有自己社团专用的活动室，不会嗅到如此民主、如此融洽的味道。

不会再有这样满满六载的时光，沉淀成温润的琥珀在她的年华中折射出笑容。

她庆幸她通往18岁的足迹落在了十一学校铺就的坡道上。十一学校终将成为她最美好的怀念，以及岁月中的独一无二。时光走过，留下的是为成长感怀的笑容。

活出属于自己的人生

文/吴振邦

吴振邦，十一学校 2014 届剑桥高二 1 班学生。校学生会主席，国际部社联副部长，社科院骨干、人大代表助理团成员，音乐之声国际部剧组导演。曾参加哈佛辩论夏令营，在联赛中进入十六强，参与 2012HSYLC 哈佛领袖峰会等活动。曾策划蓝洋筑梦主题舞会，参与策划和组织夏季慈善舞会、2011 年度狂欢节、法兰西文化周、“为爱而跑”加拿大文化周、国际部社团巡礼，策划多次十一新闻发布会。曾获校长奖学金，令德奖学金。当今正在寻找学生会的意义以及当代人的独特价值。

曾经有人对我说，你会考上北大，然后去做出自己的事业。

现在我告诉自己，我会考一个好大学，但是更需要活出一个精彩的人生。

如果人生如琴上之弦，自有定数，那么，我现在不会坐在这里敲出这些字。三年前书桌旁的吴振邦很难想象今天之吴振邦，正如今天的吴振邦难以想象今日这一步与三年前有何关联。

13岁的小孩子吴振邦是班长，他的理想就是现在好好学，未来能到北大念书，平时就做一个好班长，能在六年里上几次主席台。

第13次学代会的时候，这个13岁的孩子就坐在台下。这一次校学生会的选举中有一颗耀眼的明星——高一4班的陈嘉证。不论是海报宣传，还是演讲风格，这位校园的老大哥可以说是独树一帜，从此之后，十一的校学生会竞选，就更有了一丝“米”国大选的味道。

那一刻，吴振邦受到了很大的震动，敬佩，但是，绝对令他意想不到的是，从未站上讲台，面对数百人之众的他，会有一天以他的风格，去演绎自己。

“别人可能会光彩照人，但是你要记住，他们背后巨大的付出是常人看不到的。”

两年后的晚上，陈嘉证与我相聊甚久，从那一天，那一句话起，我开始向我的目标发起冲锋，校学生会主席，在这一年里，我没有一天忘记这个梦想，没有一天放弃考虑一切能够实现它的方式，我每一天都在默默努力。

这个时候的我，早已辞去班长的职务，每当别人问起我的职务，我尴尬无言，就算多么的努力，当花苗没有冲破地壳，等待的永远是无休止的冬日，没有荣誉，没有成就，没有信心，甚至没有注意，那些只有自己看起来，在梦里都能笑起来的理想，支撑着自己，也容忍着旁观者的漠视，这个世界的逻辑永远不像课本里说的那样。艰巨的努力不一定会换来美好的结果，但是这不代表着你可以不努力、可以放弃。也许会静寂很久，很久，但是，那却是为梦想那一刻绽放，成为这世界上最了不起的一景。他们，和我的故事，我不会忘记。

那是2011年6月10日，下午5点，在六层报告厅，第14届学生会举办夏季舞会，那一次活动，是我第一次参与到策划中去的活动，作为普通干事，我和天泽忙前跑后，一直苦忙了很久，直到我们终于歇了下来，喘口气看节目的时候，天泽看着领舞的人，叹了口气说：“总有一天，我也要去领舞”，我们一笑而过，那一刻，我们头脑中充斥着未来的构想，却不曾想过，这一刻铸就了2012年6月21日，作w为主席团的成员，我们共同看着亲手编导的舞会，回想过去，这样的一年，我的梦想，周围人的梦想，共同的执著，共同的倔强，才是人生的意义，才是属于年少轻狂的我们的声音。

2011年12月末，我接手校园狂欢节电影项目，我很清楚，这是一个鸡肋的项目，可以说是完完全全的陪衬。我们一月初还有期末考试，开始我着实不想接这个项目，但是毕竟是以学生会名义接下来的活儿，于是我联系了电影社的武岢学姐一起合作，作为一个绿叶活动，我们经费有限，也不会得到多少关注。试问：有多少人会愿意舍弃在户外玩乐的时间在两个报告厅里窝着看电影呢？我感觉前景悲观。

出乎我预料的是，就是这样的一个活动，武岢学姐竟全力以赴，调动了电影社所有人马，我们将全场设计成电影院的风格，不仅是小食饮品的售卖和电影海报，还增加了真人秀和立体装饰，寄望完全将观众置于电影场景中，12月31日，演出当日，两场坐席全满，电影社的演员倾情演出，所有的商品销售一空，整个活动收获了巨大的成功，但是，我更记得这一个月，电影社在每一个细节上的努力，武岢牺牲大量的时间整理了所有的材料，电影社初一初二的新成员一下午时间认真作画，最后两天晚上大家一起布置会场，把一个普通的地方用执著装饰起来，我看到他们联合VIA社团把我们的队伍壮大起来，我看到他们入不敷出却乐在其中，我看到我们身为配角却不甘于配角的固执，这一切的答案，就在演出的前夜，当副主席来视察会场时，武岢学姐生气地告诉她：

“不管学校是什么态度，我们就是要让大家乐在其中！”

因为梦想，剑锋所指，披荆斩棘，扳逆全局。

2012年 3月，我迎来最重要的一局棋，第15届学生会大选，这一年的苦与痛，思与行，终于迎来了他们的终止，与新的开始，问题是，这个终止，或是开始，会是怎样的？不论是校内的影响，还是上届主席团的评判，抑或我现在国际部学生的身份，都指向一个既定的终点，部长，而不是主席。很不幸，残酷的现实逼迫人麻木地接受，一年的艰苦，换来一个铁定的结果，是哭是笑？也许更多人会因为同样的原因无奈、徘徊、沮丧、放弃，我理解，因为只有真正用心去活的人才会在现实面前感到彷徨。但是，生活还有难能可贵的一点——这个世界，不是逻辑的，批准不存在于思想的困笼中，逻辑也束不它的心。

很多人看别人的故事，议论："咬咬牙不就过来了么"，真的，凡事没有那么简单，咬咬牙永远只是一时冲动的事，到最后，支撑住人的，不是意志，不是定力，是本能的冲动，由此而来的麻木而盲目地坚持。那时的我，就处在这样的环境，看到了既定的结果，又有期中考试，身边很多人劝导我放弃，告诉我目标的渺茫，我的团队灰心丧气，团队策划告诉我："说实话，吴振邦，你这次悬了。"我曾经在开始咬牙狂奔，但是现在却一路崎岖，那是我最灰暗的一段时间，你觉得我凭什么要坚持？凭什么不顾我学业的未来跟这个小小的职位较劲？凭什么为了这个小小的职位去毁坏我的心情？那些劝我放弃的人，我知道他们是关心我怕我失去太多。告诉我没问题的人，我知道他们是想让我好受些。也许我不该坚持，三周的大选，冲动劲早已逝去，我脊背后再没有支撑，我如何站立？每一天，每一天，我都在挣扎煎熬，但是，我坚持着，没有任何倚靠，早已不顾结果，麻木却自然的坚持，现在想起来，好像某个非逻辑的力量重新撑着我去拼命地做完我该做的事，像交上一份答卷，那时候，我好像不是自己，没有理智，我似乎想把这一年的付出狠狠地砸向该死的结果，我疯狂执著地拥抱这一年，换来一个似于悲剧的结果，不如更疯狂的迎来高潮。也就是那一刻，我终于意识到，过去的那个吴振邦，和过去的那个目标，早已不在，今天的这个目标，不再是以往主席职位的虚荣，它吸取了我的血与汗，成为了一个有生命，有意志的活物，我深爱着它，它引领我到这里，不论它的诞生因于自私、自大与虚荣，这一刻，我有理由，为它背水一战，因为目标化为梦想。

我站起来，看到我的团队，即使在沮丧时刻仍然和我一起努力的团队，我告诉他们，我们面临的就是一场败仗，但是我会打这一仗，因为这一年，就是为了那一天。于是，我们坚持：800张名片，400页传单，10张宣传海报，两个剪辑短片，一个不要命的团队。我真的很感谢他们，他们让我看到了人生中真正应当去追逐的东西。最后的两天，我沙哑地重复演讲，一遍、两遍、至数十遍，因为我还记得“别人可能会光彩照人，但是你要记住，他们背后巨大的付出是常人看不到的” 。

结果？文前已提，不加赘述。但是当我与同伴们欣喜相拥的那一刻，我们拥抱的不仅是结果，更是梦想与付出，以及人生长路上的一个足迹，当我走出选区，走进班门，世界于我，有了新的意义，人生的现在与未来，全新展开在我面前，活着，就是为了活着，他不为某个高尚的理由而活，因为可大可小的梦想。意志，赶在20岁之前，去在人生的长卷上挥洒下最豪气的篇章。

It’s my life. It’s now or never. I ain’t gonna live forever.

——Bon Jovi

静态的快乐

文/蔡艺璇

蔡艺璇，十一学校2013届高中14班学生。十一学校模拟联合国协会秘书长、十一学校拜占庭CREW舞蹈社社长。曾代表学校赴美参加North America International Model UN，赴卡塔尔参加Georgetown Model UN，PKUNMUN, FUIDMUN等多项模联活动。参加欧洲－亚洲文化交流项目，并在该项目中的北京工业大学辩论邀请赛中，与斯洛文尼亚及立陶宛学生组队夺得高中组冠军以及最佳辩手称号。

爱

有的时候人会感到很孤独，因为我们最先处在的圈子并不是按照我们内心最深刻的渴望而划分的，而划分这种圈子的标准流于随机或者表面化。最佳的分类尺度莫过于个人内心深处的渴望；每个中国人都不同，但全世界的演员都是类似的——无论是在巴黎、纽约还是在乡下最不起眼的小剧院，演员就是从小便自愿在不认识的公众面前展示自己的人；这根本性的自愿与天赋无涉，是比天赋更深刻的东西，少了它，就不可能成为演员。

摆脱孤独，需要跟随内心深处的渴望来寻找和自己类似的人；而了解自己内心深处渴望这一尺度便意味着了解自己想要什么，意图将自己置于怎样的环境当中。

所以会有学生在一起组成社团。或许“社团不过是业余爱好耽误学习”这种论调极为广泛，但我还是想说，这对自身渴望的尝试与探索极为重要，而我就在其中找到了自我。

我加入的第一个社团是模联，复旦大学中学生模联会上一位学长曾说“有人说，模联，是一个梦。在我看来，它更像是连接象牙塔和现实世界的一座桥，为我们提供了认识、了解和走近这个复杂而充满挑战的社会的一个平台。走出来，不是为了永远在桥上驻足远望，把模联当成一个温暖的避风港。我们这些青年学生领袖们更应该从模联中走出去，用我们在模联中所学得到和所感悟到的知识和精神，去勇敢地面对这个变化万千的现实世界。”模联带给我最重要的东西，即是“责任感”，或许五年、十年之后，我会忘记一些眼下看似重大的国际事务，但这份责任感却不会因为时光而褪色。

在美国华盛顿参加North America International Model UN，在卡塔尔多哈参加Georgetown Model UN，在北京参加欧洲-亚洲文化交流活动，来自各个国家的人我们相聚在一起，总有一种莫名的感情将我们联系，那就是对这个世界的责任以及记惦，当我意识到这些外表看起来与我极为不同的、有着天差地别背景文化的人竟蕴藏着相似的感情，顿时觉得世界——这个整体——如此温暖。

但是西装革履不代表责任，高谈阔论无改于非洲乱局，模拟政治也无助于任何敌对的改观；所以，要从这个象牙塔，这个避风港中走出去，纵使我以后不会选择与政治或者经济有紧密关联的职业，但我愿意去做我力所能及的真正的改变、并将这份责任传递。

真正的摆脱孤独并找到内心深处的渴望，是在进入拜占庭CREW之后，担任社长并将其壮大为一个大型的综合艺术类社团，拥有舞蹈、声乐、说唱、乐队、跑酷五部。

我们在做的当代艺术，像街舞和流行音乐同属hippop文化，还有后现代绘画以及摇滚，都是从西方传入中国，大多是20世纪80年代和90年代开始在中国流行，但仅仅20余年实在是无法消化西方千年的美术传统，囿于商业化的羁绊摇滚显得有其形而无其神，而hippop文化则缺少一个氛围和宽阔的交流渠道，这些当代的、从西而入的艺术都还在不断探索，从技艺的层面尝试着进入精神和思想的领域。

狂欢节上与拜占庭CREW的姐妹们献舞

而在艺术中，最重要的东西是技术，它是基石，同时还有更重要的东西，便是“人文”；一个仅仅具有高超技能而不具备任何人文感情的东西不足以成为艺术。动作、语言和音符是有灵性的，可以通过你的毛孔和你心灵相通；这样的舞蹈和歌曲，就不再仅仅是单纯的动作和音符，而是你的快乐与悲伤，你的狂喜与焦虑，这是一个人的故事，一个人的思想。

我们在编舞或者编排音乐剧时非常注重情感的表现。依据梵高两幅绘画编成的舞蹈《阿尔的夜咖啡馆》，舞至最后，竟有人哭着跪倒在地板上而无法起来。马菲老师曾说，“谁说勇敢不是一项重要的艺术品质，艺术需要勇敢，需要演员在舞台上完全忘记自己而全身心地投入到角色当中”。

我们这一群跳舞的人，可以在任何可以舞蹈的地方放上音乐、旁若无人的起舞，在万达广场、中关村广场、王府井、无锡街头……我们也曾带上音响、吉他去寻找夏天，穿越整个学校，走到哪里跳到哪里，坐在操场一侧的空地上所有人席地而坐，抱着吉他边弹边唱……当然，我们疯起来的时候疯，认真起来的时候也是更加认真，为一些艺术创作的整体编排或者细节问题吵得不可开交……不仅是在舞台上，生活中也需要勇敢与真实，勇于表达自己，执著于所坚持的信念。

在刚刚踏入这所学校的时候，我很孤独，原因在于离开了以往熟悉的同学。高中两年过后，我感觉到周围非常温暖，因为这里让我走出国门，感受到世界各地的人与我们都心系一方，惦念着远方那些看似遥远到却有着千丝万缕关系的人和事，所以无论何时我都不会是一个人，而是整个彼此牵挂的网络中的一环；因为这里，我向内审视并探索自己，将细腻的人文情怀用艺术表达，真实地倾诉给我身边同样在审视自己并尝试表达的人们，我们彼此鼓励去更勇敢地面对一切。

优秀观

初一时在语文课本上读到过这样一个场景：一个女孩在宿舍熄灯后，听着同寝室的一个女孩和一位女老师聊天，竟然嘤嘤地哭了起来；原因是她觉得比起同年龄的这些人，自己懂的东西实在太少。

前几日和朋友聊天，他提到了自己哭得最厉害的一次，是晚上学习完在书桌收拾东西，突然跪在地上号啕大哭，因为突然间发现自己还有很多单词没有背，有太多书没有读，有太多知识没有学。

这样的哭泣这样的挫败感，我也经历不少，正是这样一次次被强人所激励，一次次从自己优秀观的最高点掉至最低点，激励着我一定要拼命地逼着自己学习。

在卡塔尔多哈国际会议上，纵使在此之前我是多么努力，还是免不了被彻底地打击。安理会圆桌会议，所有代表都是以英语为母语的国家，我代表着最重要的国家。美国却被不断攻击、孤立，直到在一次speech中哭了出来。那个speech也是我第一个脱稿演讲，完全没有按照既定的提纲来讲，而是一边抹眼泪一边磕磕绊绊地说英语，主席问我“要不要一会儿再说”，我说“不要，让我把想说的话说完”，就是这样逼自己，现在终于可以脱稿演讲和辩论。

在北京工业大学辩论邀请赛上有来自四个国家的高中生和大学生。我的第一次辩论，全英文辩论，我的队友是两个1米8以上，有时候对我不怎么照顾的欧洲大男生。我永远忘不了那一幕：我们一边讨论着学术题目一边从酒店大堂的一边走到另一边，他们流利的英语和敏捷的思维我有些跟不上，而他们高个长腿的步速也把我甩在后面，他们的皮鞋声在空旷的走廊里回响，那种落差感让我更加努力；最后我们拿了高中组冠军，夺得了最佳辩手，当然，我的队友很博学，他教会了我很多，我很感谢他。

人在有些成就之后，总会有些骄傲自大。这是我一直提醒自己的：你要谦虚、内敛。和那些偶然邂逅的人相视一笑；尊重每一个生命的存在，无论是翻松土地的蚯蚓抑或是展翅数米的海鸟；听老人的每一句话，安安静静的听每一句话并在心底虔诚地祝福；听别人告诉我错了，然后去改正；咨询别人的意见，尊重别人的看法。

幸福观

“在这个美学全盘崩溃的年代，我们只能在真（理）中寻找失落的美。艺术因为是科学的所以美，那种清澈的抒情性、静态的快乐，是最美的”。在导师制填表的“人生目标”的框框下我写下了四个字“生活状态”，我最高的目标就是达到我喜欢的生活状态；有的时候很有意思，会回首去看自己曾经经历过的那些一路走过的坎坷、做过的傻事，那是些我以前从来没想过会发生的事情。我也期待未来有许多想不到的意外会发生。这是一种宁静的等待，波澜不惊的相遇。

作为一个承受力并不是很好的女孩儿，我曾经被一些事情打击到长时间情绪低落。同时接手两个超级大社团的社长——十一模联协会秘书长、拜占庭CREW社长并不是一件轻松的事情，同一时间处理多项事务并出色完成的能力也并非我与生俱来的，上任之初便遭到反对且必须面对社团江河日下的情景并不在我事先美妙的构想之中，在家长极力反对且干预遏制的情况下依旧坚持下来。我并不是没有想过放弃，然而我都放弃了“放弃”的念头，告诉自己“明天毕竟是崭新的一天”，才能到两年后的今天，说自己在这方面有所建树。并不是什么能力都是平白得来的，在这些事中一次次摔倒，然后再爬起来，爬起来还要继续往前走，往前走还会摔倒，周而复始，我终于能够走得更久一点而不摔倒了；久而久之，无论前方有多少未知，我依旧可以安心地往下走，因为我想我正在一点点接近就像伊壁鸠鲁先生所说的“幸福”。

两年前第一次读到伊壁鸠鲁的幸福观的时候，就被他的论述所吸引；直到看到修拉《大碗岛的星期天下午》，我才能够真正理解那种“静态的快乐”的真正内涵。

修拉《阿涅尔的沐浴》与《大碗岛的星期天下午》让我联想到在树林中的场景。每天上学必须要经过一片小树林，清晨是亮的，因为有露水有雾霭，刚醒来的树叶就像刚醒来的大脑一样是凉的，因为凉所以清爽。这样的穿越是每天必做的“程式化”的作业，这样被不断重复的没有什么新奇的作业，因为没有新奇所以宁静、流畅，就好像一片掉落在溪流中的树叶，它知道自己总有一天会落入这条被注视一个季度的溪流，死亡、落水、撞上石头、分解这都是可预见的未来，就像伊壁鸠鲁静态的快乐一样：“在这种状态下你不会感到任何妨碍或不适，我不是通过做哪些感觉良好的事情来拥有幸福，而是通过如此安排我的人生而达到一种平和的境界。”

《设计中的设计》真的教会了我生活，我一直记得原研哉先生的那段文字“我并不想以领先半步的视角来观察整个世界，我只想站在一个可以俯瞰过去和未来的基点上进行思考。因为波澜壮阔的过去，未来才得以成立。我每天做许多事情，和艺术无关，比如我要做发布会，我就要提前准备好宴请的人名单，我要把杯子擦干净，这样才能让与会者心情愉悦。这些事情琐碎但是必须要做，在这个过程中我的境界得以提升。”读罢才明白，原来这些小事，对于我来说就是每天学习上或者社团上的琐事，都是在锻炼我的感觉；而那些打击也如此重要，只有经历了波澜壮阔的过去，未来才得以成立。

现在，我觉得现在自己很幸福，幸福得如同修拉《大碗岛的星期天下午》一样。